LE COMTE DE COSNAC
(GABRIEL-JULES)

SOUVENIRS
DU RÈGNE
DE LOUIS XIV

TOME TROISIÈME

TYP. DRAEGER ET LESIEUR, 118, RUE DE VAUGIRARD.

SOUVENIRS

DU RÈGNE

DE LOUIS XIV

—

TOME III

Paris. — Typographie Adolphe Lainé, rue des Saints-Pères, 19.

SOUVENIRS DU RÈGNE DE LOUIS XIV

PAR

LE COMTE DE COSNAC
(GABRIEL-JULES)

CHEVALIER DE LA LÉGION D'HONNEUR
ET DE LA COURONNE DE CHÊNE (PAYS-BAS)
ANCIEN MEMBRE DE LA COMMISSION EXTRA-PARLEMENTAIRE
DE DÉCENTRALISATION DE 1870
ANCIEN CONSEILLER GÉNÉRAL

Ouvrage honoré de la souscription du Ministère de l'Instruction publique.)

TOME TROISIÈME

PARIS
Vᵛᵉ J. RENOUARD, ÉDITEUR
LIBRAIRE DE LA SOCIÉTÉ DE L'HISTOIRE DE FRANCE
6, rue de Tournon, 6
1872

Droits réservés.

A SA MAJESTE
GUILLAUME III
ROI DES PAYS-BAS

L'auteur de ces Souvenirs, remplissant un devoir de gratitude respectueuse, exprime, en tête de ce troisième volume, ses remercîments à S. M. Guillaume III, roi des Pays-Bas, qui lui a conféré, en 1868, son ordre de la Couronne de chêne.

Comme membre du Cercle connu sous le nom de Jockey-Club, qui a l'insigne honneur de compter le roi Guillaume III en tête de la liste de ses membres, l'auteur avait fait hommage au monarque d'un exemplaire de son ouvrage; il en a reçu une royale réponse; elle est pour lui une récompense et un encouragement à la continuation de l'œuvre entreprise.

A MES LECTEURS

L'auteur présente quelques explications à ses lecteurs sur l'intervalle considérable qui a séparé la publication de ce troisième volume de ceux qui l'ont précédé. Les graves et douloureux événements dont la France a été la victime en sont le premier motif; en second lieu, comme il l'a dit dans son Introduction, mêlé à une vie plus active, l'auteur ne se consacre pas exclusivement aux labeurs de l'historien. Élu en 1868 membre du conseil général de la Corrèze, il a dû, pendant la durée de ce mandat, se livrer aux soins des intérêts qui lui avaient été confiés. Nommé en 1870 membre de la grande commission extra-parlementaire de décentralisation, il a participé activement à l'élaboration d'une œuvre qui, bien conduite, peut devenir la base de la régénération de la France. Candidat à la députation dans la Corrèze, en 1869 et en 1871, il a échoué la première fois contre l'une de ces candidatures officielles qui, destinées à fournir des chambres complaisantes, ont été l'une des causes de la chute du second Empire; la seconde fois, bien qu'honoré de quatorze mille suffrages, il a échoué contre un écueil différent : les préventions d'une démocratie égalitaire qui a toujours placé la grandeur de la patrie au dehors, sa liberté, sa tranquillité et sa prospérité au dedans, bien au-dessous de la satisfaction de son envie et de son égoïsme étroit et jaloux. Heureusement pour le salut du pays, nombre d'autres élections ont constitué une majorité qui, portant haut et ferme l'affirmation des principes fondamentaux de toute société, ramènera la France dans les voies traditionnelles.

En n'acceptant pas le dévouement de l'auteur pur de tout intérêt personnel, le suffrage universel, tel qu'il est encore organisé, l'a rendu d'autant plus à l'agriculture et à l'histoire; il ne s'en plaint pas. En 1871, la coupe d'argent, qui constitue la *Prime d'honneur*, lui a été décernée pour ses travaux de sa terre du Pin par le ministère de l'agriculture; et, cette même année, ces *Souvenirs du règne de Louis XIV* ont été honorés, pour les bibliothèques publiques, d'une souscription par le ministère des Lettres, des Sciences et des Arts.

SOUVENIRS
DU
RÈGNE DE LOUIS XIV.

CHAPITRE XXIII.

A qui appartient l'initiative pour une réforme représentative de la France? — Une nation garde pendant toute sa durée les principes de la constitution de son enfance. — Coup d'œil rétrospectif sur les anciennes assemblées représentatives. — Marche suivie par la royauté pour abattre la féodalité. — Effets politiques du contact du peuple franc avec le peuple gaulois. — Différences entre les assemblées de la nation sous les trois races de ses rois. — Esprit libéral apporté par la noblesse dans les assemblées des états généraux. — Époque où l'initiative du tiers état commence à se manifester. — Cahiers des assemblées à diverses époques. — Première apparition de l'antagonisme de la bourgeoisie contre la noblesse; ses causes. — La division considérable déjà de la propriété en France étonne les étrangers. — Condition des paysans. — La dîme, les droits de lods et ventes, les rentes foncières inaliénables; la corvée, la milice, la taille. — Situation nouvelle faite à la noblesse. — Divisions entre la noblesse et le tiers état aux états généraux de 1614. — Programme politique comparé de la noblesse et de la bourgeoisie. — Le terrain politique admirablement préparé en 1652 pour une réforme représentative. — Désordres de la soldatesque. — Lettre inédite du 9 mai 1652 du baron de Courtalain-Montmorency victime, avec sa famille, de ces odieux excès. — Mouvement général de la noblesse pour une réforme représentative. — Ce mouvement s'accentue plus particulièrement dans le Poitou. — Poursuites contre le marquis de la Roche-Posay. — Lettre inédite du marquis de Paulmy, du 17 avril 1652. — Lettre inédite, du 3 mai 1652, du marquis d'Aumont, gouverneur de Touraine. — Curieuse lettre inédite, du 5 mai 1652, de Mme de Rochefort. — Qui peut être cette Mme de Rochefort, gouvernante de la ville et du château de Lusignan? — Lettre inédite, du 9 mai 1652, du marquis de la Roche-Posay. — Faculté sans limites d'un favori de la cour de persécuter ses ennemis. — Autre lettre inédite, du 11 mai 1652, du marquis de la Roche-Posay. — Prise et destruction des fortifications de ses châteaux. — Quel personnage était le duc de Roannès, gouverneur du Poitou? — Dépêche du roi, du 21 mai 1652, pour lui donner des ordres après le fait accompli. — Lettre inédite, du 22 mai 1652, du marquis d'Aumont. — Attitude de la noblesse ducale dans le mouvement représentatif. — Plan de la noblesse, dans sa campagne représentative. — Lettre circulaire, du 16 mai 1652, adressée à la noblesse. — Acte d'union de la noblesse. — Acte d'union du tiers état. — Lettre circulaire du tiers état. — Analyse comparée des actes d'union. — Acte particulier d'union de la noblesse du duché de Châtellerault, avec les signatures des adhérents, du 15 juin 1652. — Dépêche inédite du roi aux gouverneurs des provinces pour empêcher les assemblées de la noblesse, du 24 mai 1652. — Analyse de cet acte. — Instruction royale inédite à un commissaire envoyé en Poitou, du 20 juin 1652. — Analyse de cette instruction. — Le duc de la Trémoille égaré dans le parti représentatif. — Autres désordres commis par les troupes royales, révélés par une lettre inédite, du 7 juillet 1652, de M. de Montagu. — Dernière assemblée de la noblesse à Coulonges-les-Royaux. — Lettre inédite, du 9 juillet 1652, du maire de la ville de Poitiers. — Quel fut le véritable esprit de la Fronde?

Un chapitre entièrement nouveau de l'histoire de la Fronde, non point de la Fronde telle qu'elle fut, mais de la Fronde de convention telle que l'ont faite les historiens, sera certainement celui-ci ; il offrira au lecteur probablement surpris le tableau d'une Fronde constitutionnelle et représentative dans ses aspirations et dans ses efforts. Si cette tentative demeurée impuissante eût prévalu, son succès eût été le vrai remède non-seulement pour aplanir les difficultés du moment, mais encore pour prévenir les révolutions de l'avenir.

Cette initiative pour arriver à la solution indiquée par la logique, et par la saine appréciation des traditions de la France, ne fut due ni à la royauté qui préférait lutter au risque de périr, plutôt que de renoncer à son programme de la monarchie absolue, ni à la magistrature qui, malgré sa lassitude d'un état de troubles désormais sans profit pour son ambition, n'eût voulu pour rien au monde abdiquer ses prétentions d'être un corps politique, ni à la bourgeoisie qui, si fière au moyen âge de la conquête des franchises municipales, depuis cette époque, par le sentiment de jalousie qui la distinguait contre l'ordre de la noblesse, faisait volontiers litière des libertés de toute nature et de l'institution des états généraux, pour s'effacer derrière les parlements, ni au clergé dont telle n'était point la mission, il faut d'ailleurs le reconnaître, bien qu'il formât dans l'État un corps politique. Ce corps était en outre profondément divisé au point de vue temporel des affaires publiques entre le cardinal Mazarin et le cardinal de Retz, entre la cour de France et la cour de Rome. Néanmoins, comme la convocation des états généraux avait pour but d'amener les partis sur un terrain de conciliation, le clergé ne pouvait guère, par son essence et par sa mission, ne pas prêter l'oreille à une tentative de paix ; aussi donna-t-il son adhésion. Un document historique inédit jusqu'ici, comme tous ceux que nous allons dérouler sur cet intéressant sujet, nous signalera, il est vrai, l'adhésion du tiers état ; mais ce document révèle plutôt le germe des tentatives faites pour obtenir cette adhésion, qu'il n'indique l'intention sérieuse d'un concours qui fit d'ailleurs défaut.

L'honneur de cette initiative pour la conciliation des partis et la reconstitution du gouvernement sur la base des libertés publiques et de la représentation nationale, appartint au corps de l'État qui eût semblé le moins porté à un régime parlementaire, à celui qui portait alors l'épée de la France : nous avons nommé la noblesse.

Bien que les membres qui composaient ce corps fussent engagés dans la lutte, les uns du côté du parti royal, les autres du côté du parti des princes, le plus grand nombre qui, sans exception de parti, souffrait dans la sécurité de la famille, dans le patrimoine de ses pères, dans ses droits politiques méconnus avec tous ceux de la nation, de la persistance de cet état de choses, en appelait là cessation de vœux ardents qu'il était disposé à appuyer de tous ses efforts.

Ce point de vue, certainement le plus essentiel et le plus intéressant d'une étude sur l'époque que nous analysons, est resté inaperçu pour tous ceux qui n'ont su voir que la Fronde armée des combats, ou n'entendre que la Fronde loquace des parlements. Ces historiens sont-ils plus sérieux en vérité que les superficiels chansonniers de ces temps glissant sur les surfaces et traduisant tous les faits en gais refrains, lorsque, malgré leur prose plus grave dans la forme, ils aboutissent en chœur à celui-ci :

La Fronde fut une tentative irréfléchie et sans portée inspirée par la légèreté de l'esprit français?

La vérité, au contraire, est celle-ci : la France avait alors des aspirations bien sérieuses; elle déplorait ses maux avec amertume et ses maux s'aggravaient par l'impuissante recherche du remède. Si quelques chansons gaies ou satiriques venaient la distraire et l'aider à supporter ses malheurs avec plus de courage, chants de bivouac entre deux batailles, la France avait bien moins envie de rire qu'elle n'avait envie de pleurer!

Comme les individus, les peuples ont une constitution qui leur est propre. Une nation garde pendant toute sa durée les principes de la constitution de son enfance; ils forment son tempérament. Cette constitution se développe, s'améliore, se fortifie; mais ce n'est pas impunément que l'on tente de la modifier dans son essence. A cette constitution, il faut une hygiène appropriée; sa connaissance forme toute la science politique; si cette hygiène est mauvaise, la constitution est viciée, la maladie sociale engendre des crises qui se traduisent par des troubles, des révolutions, parfois même par l'anéantissement des nations elles-mêmes.

Pour bien pénétrer le fond de notre sujet, il est donc indispensable que nous reconnaissions quelle est la constitution primordiale de la France.

Les Francs avaient apporté dans les Gaules le principe fondamental du gouvernement: *la loi faite par la nation et appliquée par son roi.*

Ce principe est rappelé sous la seconde race dans la déclaration de Charles le Chauve:

Lex fit constitutione regis et consensu populi.

Sous la troisième race, cette autre maxime finit par prévaloir:

Si veut le roi, si veut la loi.

Cette maxime fondamentale du pouvoir absolu, en produisant le nivellement général, a conduit par une pente inévitable au renversement de la royauté et à l'avénement de la démocratie. A son tour, la démagogie républicaine applique cette maxime à son usage; minorité, elle prétend imposer ses lois à la majorité; avec le vain mot de liberté sur les lèvres, la forme de gouvernement qu'elle impose est toujours la dictature.

L'avénement de la troisième race fut accompagné de quelque altération des bases constitutives fondamentales; le duc de France, Hugues Capet, fut élevé sur le pavois à titre de *primus inter pares;* contrat synallagmatique dans lequel les deux parties contractantes se concédaient de réciproques avantages : d'un côté, la couronne et la suzeraineté héréditaire sur les grands vassaux; de l'autre, l'hérédité du gouvernement des grandes provinces, gouvernement qui n'avait été exercé jusque-là que par commissions temporaires. Ces provinces, dès lors, furent transformées en grands fiefs. Dans ce contrat, le duc de France recueillait encore, comme chacun des autres contractants, un avantage semblable au leur, l'hérédité consacrée dans sa province, c'est-à-dire dans son duché de France.

Nous avons dit ailleurs[1], comment, ce mouvement se propageant, la France avait été instantanément morcelée en une infinité de petites sou-

---

[1] Voyez chapitres II, IV et V du 1ᵉʳ volume.

verainetés, fractionnement constitutif de la période historique de la féodalité. Nous avons dit encore comment cette période avait eu son utilité, sa poésie et sa grandeur; mais pourquoi elle ne devait avoir qu'un temps et disparaître avec les circonstances qui l'avaient fait naître. La monarchie était donc dans le vrai lorsqu'elle travaillait à l'effacement d'un régime politique, qui perdait, avec la marche du temps, sa raison d'être; elle était dans le faux, lorsqu'au lieu de rentrer dans les principes constitutionnels fondamentaux, elle ne travaillait que dans le seul but d'accroître sans mesure sa propre autorité.

Traçons en quelques traits la marche suivie par la royauté pour abattre la féodalité sans rétablir les libertés qui accompagnaient le gouvernement des deux premières races, et construire avec les matériaux de la démolition l'édifice du pouvoir absolu. Ce programme devait se résumer moralement dans l'œuvre de l'excessive centralisation[1], de même qu'il devait avoir son image matérielle dans le *Versailles* de Louis XIV.

---

[1] L'auteur de ces *Souvenirs* s'est donné, dès le début de sa jeunesse, la mission patriotique de combattre le fléau de l'excessive centralisation. Dans l'*Introduction*, il a parlé du projet de décentralisation administrative qu'il avait alors rédigé et soumis aux discussions de la *Conférence d'Orsay*, en même temps qu'il le livrait à la publicité. En 1869, membre du conseil général de son département, il a signalé la ruineuse construction de

Ces deux entreprises parvenues à leur apogée séduisent sans doute ; mais elles sont semblables à l'épanouissement de la fleur qui va mourir, au bouquet du feu d'artifice dont l'éclat fait place à la nuit !

Les premiers rois de la troisième race n'avaient de souveraineté directe et réelle que sur leur propre domaine ; dans ce domaine seul ils pouvaient puiser leurs ressources financières. Un des premiers pas de leurs successeurs, pour agrandir leur puissance, fut de se créer par l'impôt des revenus sur les fiefs des grands vassaux, et même sur les fiefs des vassaux de ceux-ci. Les vassaux ne devaient au suzerain qu'aide de leurs armes en cas de guerre ; le suzerain étendit l'obligation en demandant aussi aide d'argent.

Jusqu'à cette entreprise, les impôts indirects sur le sel, sur l'entrée et la sortie des marchandises, perçus dans les provinces au profit des seigneurs, n'étaient accompagnés d'aucun impôt

---

l'hôtel de la préfecture de Tulle comme l'un des abus les plus palpables de la centralisation. Appelé en 1870, par un ministère qui paraissait sentir la nécessité des réformes, à faire partie de la grande *Commission extra-parlementaire de décentralisation*, par son discours en faveur de l'élection des maires, par l'exposition qu'il a faite des éléments constitutifs d'une bonne police rurale, par sa proposition de la réforme de l'article 75 de la constitution de l'an VIII, il a apporté son faible contingent aux travaux de ses éminents collègues pour la grande entreprise de la régénération de la France.

direct; car l'on ne pouvait guère donner ce nom aux simples redevances en nature payées par le vassal au seigneur, soit dans le domaine royal, soit dans les domaines des vassaux. Les revenus du roi, comme ceux des seigneurs, étaient, en première ligne, les produits qu'ils tiraient de certaines terres de leurs domaines à titre de propriétaires directs; en seconde ligne, certains droits qu'ils percevaient à titre de chefs politiques et de gouvernants pour faire face aux charges incombant à cette mission. Ces droits étaient bornés aux profits judiciaires des amendes, aux mutations, aux aides légales dues seulement dans quatre cas : 1° lorsque le roi ou le seigneur armait son fils chevalier; 2° quand il mariait sa fille; 3° pour le rachat du roi ou du seigneur captif; 4° quand le roi ou le seigneur partait pour les Croisades.

Les impôts indirects étaient de nature à ne pouvoir être perçus par la royauté que sur son propre domaine; ce fut donc à l'impôt direct qu'elle demanda, dans les domaines des feudataires, les ressources qu'elle cherchait. Cet impôt direct prit naissance sous le nom de taille et vint frapper tous les roturiers. Il parut pour la première fois au commencement de XIV° siècle à l'occasion de la guerre de Flandre. La royauté ne devait plus abandonner cet impôt; mais, comme il n'était fondé sur aucun droit antérieur, elle l'insinua avec une discrétion qu'il est curieux de surprendre dans l'ordonnance de 1301 :

« Et, contre la volonté des barons, ne faites pas ces finances en leurs terres. Et cette ordonnance tenez serrée, mesmement l'article de la terre des barons, car ils nous seroient trop grand dommage s'ils le savoient. Et, en toutes les bonnes manières que vous pourrez, les menez à ce qu'ils le veuillent souffrir, et les noms de ceux que vous y trouverez contraires, vous rescrirez hâtivement à ce que nous mettions conseil à les ramener; et les menez et traitez par belles paroles et si courtoisement qu'esclandre ne puisse en venir. »

Par ces moyens détournés, la royauté brisa l'une après l'autre les baguettes du faisceau qu'elle n'aurait pu rompre toutes ensemble; il lui devint loisible de disposer du nerf de la guerre et de la politique, de l'argent qu'elle vint puiser dans les coffres mêmes des sujets de ceux dont elle voulait anéantir la puissance. Sans doute, il était juste que la noblesse perdît toutes ses attributions de gouvernement local qui, ayant cessé d'être nécessaires pour la résistance aux invasions des Normands du Nord ou des Sarrasins du midi, n'étaient plus que des entraves à l'accomplissement de l'œuvre de la grande unité nationale; il était juste qu'elle fût assujettie à l'impôt dont l'exemption n'avait son motif que dans les charges du gouvernement local et dans l'obligation de servir gratuitement dans les armées, lorsqu'était fait l'appel du ban et de l'arrière-ban. La noblesse eût fait volontiers l'abandon de ces avantages; la nuit du 4 août 1789 est venue prouver que son patriotisme ne reculait devant aucun sacrifice. Elle eût simplement réclamé, en échange de ses priviléges abandonnés, sa part dans les fonctions diverses du gouvernement; elle eût voulu surtout former un corps parlementaire; mais, dans cette aspiration, elle n'était pas exclusive, puisqu'elle réclamait pour la nation tout entière sa participation à la représentation politique.

La participation de la nation française au pouvoir législatif se trouve être précisément un des éléments constitutifs de son origine. Les Francs étaient essentiellement un peuple libre composé de nobles ou compagnons du roi et d'hommes libres, peuple consulté par ses chefs sur toutes les affaires publiques, et chez lequel le principe de liberté était poussé aux dernières limites, puisqu'il s'appliquait au choix même de celui qui devait porter la couronne. Quand une nation a sucé un tel lait pour nourrir son enfance, elle est faite, pour toute la durée de son existence, pour vivre de la vie de la liberté, de même que les nations de l'Orient, nées sous le régime des théocraties et des satrapies, sont faites, pour toute la durée de la leur, pour vivre du régime du pouvoir absolu. Chez les premières, le progrès consiste à modérer le principe exubérant de la liberté pour l'associer au principe conservateur de l'hérédité monarchique; chez les secondes, le progrès consiste à modérer le principe exubérant du despotisme de manière à l'amener au respect des droits de l'humanité. Les premières comme les secondes, en marchant dans la voie de progrès qui leur est propre, se rapprocheront les unes des autres, mais à distance, sans jamais pouvoir arriver à un point de rencontre. La fausse politique consiste à vouloir, chez les unes, introduire le gouvernement absolu; chez les autres, à vouloir introduire un gouvernement de contrôle et de liberté. Cette fausse politique, contraire au génie de chaque nation, aboutit fatalement au malaise d'abord, et finalement aux révolutions. L'appréciation attentive de l'histoire de tous les peuples convaincra de cette vérité.

Du contact du peuple vainqueur, le peuple franc, avec le peuple vaincu, le peuple gaulois, naquit pour le premier quelque altération des principes de la liberté humaine. Les Francs trouvèrent chez le peuple gaulois l'institution de l'esclavage et se l'approprièrent; mais ils se l'approprièrent toutefois en y apportant une modification essentielle qui signala un progrès que comportaient à la fois l'institution du christianisme et le génie du peuple conquérant : ils transformèrent l'esclavage en servage ; la servitude personnelle cessa ; l'esclave de la veille fut seulement attaché au sol qu'il cultivait.

Le contact du peuple conquis produisit sur les destinées du peuple conquérant une action en sens inverse. Depuis longtemps déjà les Gaulois, soumis par les Romains, étaient façonnés aux formes du gouvernement de l'empire, à la soumission envers un pouvoir absolu ; les seules libertés dont la jouissance leur eût été laissée étaient les libertés municipales. Les hommes libres parmi les Gaulois, après la conquête des Francs, se concentrèrent principalement dans les cités où se conserva la tradition du municipe romain, que réveilla plus tard l'affranchissement des communes. Ces Gaulois constituèrent le noyau de la bourgeoisie. De cette origine de la bourgeoisie naquit son esprit plus porté aux libertés municipales qu'aux libertés politiques, disposé à accepter l'extension du pouvoir du gouvernement monarchique jusqu'au despotisme même, par tradition du gouvernement de l'empire romain.

Néanmoins, il y a bien loin encore de cet esprit à celui des peuples de l'Orient ; le culte seul des libertés municipales suffirait à établir une distinction profonde, sans compter que la tradition du gouvernement impérial chez les Gaulois était une plante parasite qui avait pris racine par l'effet seul d'une longue habitude; car, en remontant au-delà de la conquête des Romains, ces peuples avaient vu la liberté sourire à leur enfance.

Sans doute, l'esprit de franchise et de liberté apporté par les conquérants répandit sa teinte sur le peuple tout entier; mais néanmoins sa dualité d'origine servit les desseins ultérieurs pour constituer le pouvoir absolu; ce fût la bourgeoisie, tout empreinte encore des souvenirs de l'Empire romain, qui leur prêta son concours et servit de base à l'édifice.

Nous avons déjà retracé, à l'occasion de l'origine de la Fronde et des prétentions politiques du parlement, par quelles transformations les assemblées du Champ de Mars et les assemblées du Champ de Mai étaient devenues, sous la troisième race, la représentation distincte des trois ordres sous le nom d'états généraux[1]. Ceux-ci, du reste, ne constituèrent qu'un progrès relatif depuis la suppression des assemblées de la nation; car ils restèrent fort inférieurs sous le rapport de la régularité de leur convocation et sous celui de l'étendue de leurs attributions aux assemblées mérovingiennes et aux plaids carlovingiens. Ces

---

[1] Voyez tome I*er*, chapitre v.

assemblées, sous les deux premières races, se réunissaient chaque année; elles votaient les lois et n'émettaient pas seulement comme les états généraux, sous la troisième race, des vœux dans lesquels les rois puisaient les bases de leurs ordonnances suivant leur bon plaisir.

Les assemblées des deux premières races n'étaient pas exclusivement composées de la noblesse; les hommes libres avaient aussi le droit d'en faire partie. Pour tous, le droit d'y assister était direct; il ne s'exerçait point par représentation. Ce droit direct avait sa raison dans le nombre relativement petit à l'origine de ceux qui pouvaient faire partie des assemblées, et dans l'étendue restreinte du territoire. Plus tard, l'accroissement du nombre des ayants droit et l'extension du territoire offrirent l'inconvénient de rendre le droit de participer aux assemblées illusoire pour le plus grand nombre; la représentation par élection de mandataires pouvait dès lors seule assurer à tous l'exercice de leur droit politique; et la représentation, telle qu'elle fut pratiquée pour les assemblées des états généraux, constitua un progrès, mais le seul, de ces assemblées sur leurs devancières. Quant à la composition des états généraux, nous avons déjà dit, et nous n'y reviendrons pas, par quelles circonstances ces assemblées nouvelles furent fractionnées en trois ordres, parmi lesquels le Clergé parut pour la première fois comme corps politique[1].

La première réunion des états généraux authentiquement constatée par l'histoire est celle de 1302, convoquée par Philippe le Bel à l'occasion de sa querelle avec le pape Boniface VIII. Ce pontife avait publié la fameuse décrétale *Unam sanctam*, qui établissait que la puissance temporelle était soumise à la puissance spirituelle et que le Pape avait le droit *d'instituer, de corriger et de déposer les souverains*. Le roi de France cherchait dans l'opinion du pays un point d'appui contre les prétentions temporelles du pontife, et il le trouva : les trois ordres se rangèrent du côté du monarque avec une ardeur telle qu'ils décidèrent qu'un concile général serait assemblé à Lyon et que le Pape serait cité à y comparaître.

Philippe le Bel, monarque imbu de cupidité et de despotisme, s'était appliqué depuis son avénement à ruiner les priviléges féodaux et les franchises municipales; il avait porté de sensibles atteintes aux juridictions seigneuriales et ecclésiastiques; aussi y eut-il de sa part une habileté profonde à savoir intéresser dans sa querelle le pays légal de cette époque. Le succès obtenu à cet égard semblait de nature à faire bien voir par

---

[1] Voyez tome 1er, chapitre v.

la royauté la représentation nationale et à lui faire établir la périodicité de ses assemblées; mais de cette périodicité serait né le contrôle des affaires publiques, et la royauté ne voulait considérer ces assemblées que comme une force temporaire à invoquer dans ses plus pressantes nécessités. Cette périodicité fut formellement réclamée par les états de 1357, qui demandèrent le droit de réunion deux fois par an, sans convocation royale.

Quel que fût le terme assigné à la périodicité, pourvu que les époques n'en eussent pas été trop éloignées les unes des autres, la reconnaissance de ce principe était la voie véritable à suivre pour constituer l'unité nationale sur la double base du pouvoir et de la liberté; mais ce principe fut systématiquement écarté comme concourant à un but contraire à la politique nouvelle. La convocation des états généraux ne fut jamais faite qu'à des époques irrégulières, alors que les embarras de la couronne la contraignaient à recourir à la nation. Cette coïncidence était de nature à donner à cette convocation tous les symptômes d'un malheur public. De plus, comme la fin que se proposait la royauté en convoquant ces assemblées était invariablement des demandes de subsides, ces convocations étaient, à ce point de vue encore, loin de répandre aucun sentiment de satisfaction.

Au quatorzième siècle, la France et l'Angleterre virent se formuler cette maxime de droit politique :

Quod omnes tangit ab omnibus probetur;

le pouvoir, en France, s'évertua à restreindre les applications de cette doctrine.

Les assemblées des états généraux n'avaient en réalité de vote absolu que pour le consentement des impôts, à moins toutefois que la personne même du souverain ne fût mise en question, comme aux états de 1317 et de 1328 qui consacrèrent le principe de la loi salique, les premiers contre Jeanne de Navarre, fille de Louis X, le Hutin, en faveur de Philippe V, le Long, les seconds contre Édouard III, roi d'Angleterre, petit-fils par sa mère de Philippe le Bel, en faveur de Philippe VI, de la branche de Valois. A part ces cas d'exception, les états, au lieu de concourir avec la royauté à la confection des lois, émettaient des votes qui n'étaient considérés que comme des vœux dans lesquels le souverain puisait ensuite la part qui lui convenait pour la rédaction de ses ordonnances. Enfin, l'autorité morale des états généraux fut de plus en plus amoindrie par la division, que la politique sut habilement faire naître pour l'accomplissement de ses desseins, entre la noblesse et la bourgeoisie, division qui fit succéder tout à coup l'antagonisme à leur antique accord[1].

L'antagonisme n'existait pas originairement entre les deux ordres, parce que chacun avait sa sphère d'action distincte : à la noblesse, le territoire rural; à la bourgeoisie, l'enceinte des villes et leur banlieue. Si quelques villes avaient été astreintes primitivement à l'autorité féodale, le mouvement de l'affranchissement des communes, affranchissement auquel contribua certainement la royauté dans une large proportion, mais qui fut opéré d'un commun accord entre la noblesse et la bourgeoisie, affranchissement qui fut bien plus la consécration légale d'un fait existant que la création d'un fait nouveau, n'avait laissé à cette autorité que le lien d'une souveraineté nominale, quand elle ne l'avait pas brisé tout à fait.

Il faut être doué de passions aveugles, ainsi que beaucoup des hommes de notre temps, ou ne pas connaître l'histoire, pour prétendre que la noblesse de France, alors même qu'elle possédait dans ses domaines, d'après le droit féodal, une part très-

---

[1] Nous pouvons citer un témoignage non douteux de la réalité de cet accord entre les deux ordres; nous le trouvons dans l'ouvrage de M. Augustin Thierry intitulé : *Essai sur l'histoire de la formation et des progrès du tiers état*. Ce témoignage, appuyé sur des preuves historiques, est d'autant moins suspect que l'auteur ne dissimule pas ses préférences pour le tiers état.

réelle des attributs de la royauté, ne fût pas animée cependant d'un sentiment essentiellement progressif et libéral. Aux états généraux de 1484, un député de la noblesse de Bourgogne, le sire de la Roche, dans un discours qui reçut l'assentiment de son ordre, donna la vraie définition de ce que l'on doit entendre par ces mots le peuple où la nation : *Le peuple, c'est l'universalité des habitants du royaume.* Sa définition est peu conforme à la définition étroite et subversive de la démagogie ; mais il dépassa le but en mêlant à des principes vrais d'autres principes incompatibles avec un gouvernement monarchique :

« La royauté est un office, non un héritage. C'est le peuple souverain qui, dans l'origine, créa les rois. L'État est la chose du peuple ; la souveraineté n'appartient pas aux princes, qui n'existent que par le peuple. Ceux qui tiennent le pouvoir par la force ou de toute autre manière sans le consentement du peuple sont usurpateurs du bien d'autrui. En cas de minorité ou d'incapacité du prince, la chose publique retourne au peuple, qui la reprend comme sienne. Le peuple, c'est l'universalité des habitants du royaume ; les états généraux sont les dépositaires de la volonté commune. Un fait ne prend force de loi que par la sanction des états, rien n'est sain ni solide sans leur aveu. »

Ces idées, trop avancées encore pour l'intelligence du tiers état, même dans leurs parties compatibles avec la constitution monarchique, ne furent pas soutenues par lui; mais il n'opposa qu'une force d'inertie, sans élever aucun dissentiment avec la noblesse, qu'il suivait de loin dans la route tracée pour la revendication des libertés politiques; l'accord traditionnel entre les deux ordres n'avait pas encore cessé de régner, seulement la préoccupation exclusive du tiers état se concentrait sur les questions de subsides.

En dehors de ces questions, l'initiative du tiers état dans les questions politiques et économiques ne commence guère à se montrer qu'aux états d'Orléans de 1560. Il rédigea un cahier de doléances en 354 articles, parmi lesquels nous relevons ceux-ci :

« La tenue des états généraux, une fois au moins tous les cinq ans, et le choix immédiat d'un jour et d'un lieu pour leur prochaine convocation. L'élection des officiers de magistrature par le concours de l'ordre judiciaire, des magistrats municipaux et de la couronne. L'élection aux dignités ecclésiastiques par le concours du clergé et d'un certain nombre de notables; l'interdiction aux prêtres de recevoir des testaments; l'attribution d'une part des revenus ecclésiastiques à l'établissement de nouvelles chaires dans les universités et d'un collége municipal dans chaque ville. La restriction des justices seigneuriales au profit de la justice royale; la déchéance des droits seigneuriaux pour tout noble convaincu d'exactions envers les habitants de ses domaines. L'unité des poids et mesures, la suppression des douanes intérieures; l'élaboration de règlements prohibitifs pour la coupe des bois de haute futaie; l'établissement de tribunaux de commerce et de police nommés par élection. »

La portion économique de ces doléances devint la base des lois commerciales qui furent mises en vigueur dans ce siècle et dans les siècles suivants. La portion politique demeura généralement à l'état de simple théorie, excepté en ce qui concernait l'extension de la justice royale en restreignant les justices seigneuriales; la royauté s'y appliquait depuis longtemps déjà et dans cette voie n'avait pas besoin d'encouragements. Depuis qu'il était permis à celui qui avait subi une condamnation de prendre le juge seigneurial à partie en le citant devant la juridiction royale, l'exercice de la justice seigneuriale était devenue en réalité un inconvénient, un piége, un danger même, bien plus qu'un privilége, et les justices seigneuriales disparaissaient, sinon de droit, au moins de fait.

Il ne paraît pas que ces demandes restrictives

de la juridiction féodale aient élevé de sérieux dissentiments entre la noblesse et le tiers état; la noblesse sentait que le temps de la féodalité avait cessé d'avoir sa raison d'être, et acceptait, provoquait même toutes les réformes qui l'eussent constituée simplement en noblesse parlementaire. Son attachement au principe des états généraux est un indice indiscutable de ces dispositions; la pratique régulière des assemblées politiques qu'elle réclamait eût inévitablement conduit à cette transformation. Si elle ne l'eût pas souhaitée, sa politique eût été de se refuser aux états généraux et de lutter sur un autre terrain contre la royauté et la bourgeoisie pour le maintien de ses droits féodaux.

Le clergé fut sans doute plus sensible à l'ingérence du tiers état. Le principe électif, réclamé pour les hautes fonctions ecclésiastiques avec intervention des laïques, était conforme aux traditions de la primitive Église, mais avait cessé de s'accorder avec les vues des papes et des rois, qui trouvaient dans la nomination faite par leur double concours un moyen puissant d'influence sur les membres du clergé et d'action gouvernementale sur les sujets; il ne s'accordait pas davantage avec les vues du clergé lui-même, dont la tendance était de plus en plus de former un corps isolé de l'élément laïque. Une ingérence d'une autre nature fut relative à ses biens.

Le retour à la masse sociale de l'excédant superflu des richesses du clergé fut, en effet, sous l'ancienne monarchie, constamment réclamé sous une forme ou sous une autre. Les rois tiraient sur les biens du clergé une sorte de bons à acquitter par la collation à des laïques de certains bénéfices ecclésiastiques, collation certainement plus fâcheuse dans l'intérêt religieux que n'eût été dans une certaine mesure la suppression des bénéfices eux-mêmes.

A l'assemblée suivante, le clergé eut à parer un coup bien plus direct encore.

L'assemblée de 1560, close le 31 janvier 1561, ne s'était pas trouvée munie de la part de ses mandants de pouvoirs suffisants pour consentir les taxes nouvelles réclamées par la royauté. Il avait donc été résolu que les états provinciaux s'assembleraient le 20 mars 1561 pour en délibérer, et qu'ils enverraient ensuite un député de chaque ordre à Melun, pour le 1er mai suivant. La réunion de ces délégués des treize gouvernements, au nombre de trente-neuf membres, ne put pas avoir lieu à la date et au lieu indiqués, mais seulement au mois d'août, à Pontoise. La cause de cet ajournement provenait de ce que les députés du clergé, au nombre vingt-six, s'étaient rendus au colloque de Poissy, dont le but était, on le sait, de ramener les protestants dans le giron de l'Église catholique. Dans cette assemblée de Pontoise, plus encore que dans celle de l'année précédente, les cahiers des deux ordres et les délibérations de leurs délégués témoignèrent de l'entente qui existait entre la noblesse et la bourgeoisie pour arriver aux progrès et aux réformes. Au lieu de cinq années, la fixation de la période demandée pour la convocation des états généraux fut réduite à deux années. Ces délibérations furent la source à laquelle le chancelier de l'Hôpital puisa les éléments de l'ordonnance dite de *Moulins,* publiée en 1566, qui restreignit à la fois la compétence des justices seigneuriales et des justices municipales, et leur enleva particulièrement la connaissance des causes civiles. En outre, ces délibérations élaborèrent certaines règles, posèrent certains principes dont le sort fut de demeurer bien plus longtemps encore à l'état de théorie pour n'éclore que sous une forme violente et révolutionnaire, plusieurs siècles plus tard. Elles dénoncèrent comme abusif le fait de propriété privée concédé aux offices de judicature, de police, de finance, et proposèrent de réduire ces offices à de simples commissions triennales. Le principe de la tolérance religieuse fut proclamé, et le libre exercice de leur culte par conséquent demandé pour les protestants. Chose enfin singulièrement digne d'attention, les députés des deux ordres proposèrent la vente des biens de l'Église dont le produit fut évalué à 120 millions en indemnisant le clergé par des pensions payées par l'État. Comme les députés du clergé se présentèrent avant la fin de l'assemblée, qui se transporta à Saint-Germain où elle termina sa session, ceux-ci parèrent à une proposition qui eût été l'anéantissement de leur corps comme ordre politique, par l'engagement de prendre à la charge du clergé et d'éteindre en moins de dix années le tiers de la dette publique.

Les états généraux de 1576, 1588, 1593, furent plus préoccupés des luttes religieuses que de réformes sociales; la dissidence et la lutte si vives entre les croyances n'engendrèrent aucun dissentiment particulier entre la bourgeoisie et la noblesse; pour trouver le premier indice de ces dissentiments, il nous faut arriver aux états de 1614.

Cet antagonisme nouveau de la bourgeoisie contre la noblesse avait pris son origine dans la vénalité et l'hérédité des offices consacrée par la *Paulette*[1], impôt dont le résultat était de constituer la bourgeoisie en une sorte de noblesse ayant des

---

[1] Cet impôt annuel, établi par édit de Henri IV du 12 sep-

priviléges très-sérieux, plus sérieux que ceux de la noblesse elle-même, lesquels, depuis la suppression graduelle des droits féodaux, passaient de la réalité à un état purement honorifique. À la bourgeoisie appartenait de plus en plus toute l'influence; elle lui était assurée, non-seulement par la possession de tous les offices de judicature, mais encore par la possession de la plupart des charges de secrétaires d'État, de conseillers d'État, de maîtres des requêtes; et bientôt de toutes celles des intendances de province que Richelieu allait instituer. La royauté, partant de ce principe défectueux, que la monarchie était moins un office héréditaire qu'une sorte de propriété privée, la

---

tembre 1604, prit son nom de celui de son inventeur, Charles Paulet, secrétaire de la chambre du roi.

Par une erreur que nous rectifions, l'année 1615 est indiquée tome Ier, p. 181, comme point de départ de cet impôt.

Un moment cette taxe fut appelé la *Palotte*, du nom de Palot qui en fut le fermier après Paulet; mais la dénomination de *Paulette* prévalut.

Le payement de cette taxe était volontaire; mais, si le titulaire d'un office mourait sans avoir payé au terme assigné l'annuité courante, son office tombait aux parties casuelles; néanmoins les héritiers présomptifs et les créanciers étaient admis au payement de la taxe pour relever la déchéance.

La Paulette, un instant supprimée le 15 janvier 1618, fut rétablie le 31 juillet 1620.

Les officiers des cours souveraines furent exemptés de la *Paulette* par un édit de 1722; l'abus ne fut que plus grand, puisque l'hérédité des offices se trouva consacrée sans compensation d'impôt et sans possibilité de déchéance.

faisait administrer non par des gentilshommes qui eussent apporté dans cette gestion un esprit d'indépendance qui eût gêné et déplu, mais par des gens d'affaires d'autant plus souples, à l'origine surtout, qu'ils n'avaient pas comme les gentilshommes une prétention à une part de souveraineté comme seigneurs du sol, et qu'ils avaient tout à gagner à leur souplesse afin de grandir et de faire plus tard compter avec eux.

La jalousie de la bourgeoisie contre l'ordre nobiliaire naquit donc, non de l'accroissement de celui-ci en prérogatives et en puissance, mais du fait de son propre accroissement. L'ordre des gentilshommes, loin de suivre une marche ascendante, décroissait au contraire, non-seulement en prérogatives et en puissance par l'abolition ou la désuétude successives de la plupart des droits féodaux, mais encore en richesse par son exclusion de toutes les charges lucratives, par son abstention imposée par la règle, à de rares exceptions près, pour toutes les entreprises du commerce et de l'industrie, enfin par le service militaire pour lequel elle offrait généreusement à la patrie et son sang et son or. En un mot, la noblesse décroissait en puissance, et la bourgeoisie montait en autorité; la noblesse se ruinait malgré son privilége d'exemption d'impôts, tandis que la bourgeoisie s'enrichissait. Pour payer ses dettes croissantes, la noblesse avait été autorisée par la royauté à vendre ses fiefs, et elle les vendait à la bourgeoisie. Celle-ci à bon marché devenait propriétaire terrienne, et exerçait tous les droits utiles attachés à la possession du sol : rentes et cens sur les vassaux. Les bourgeois acquéreurs des fiefs nobles prenaient volontiers la qualité de seigneurs de ces fiefs, en prenaient même les titres, si ces fiefs étaient titrés, ainsi que le prouvent les listes authentiques des membres du tiers état aux états généraux [1]; néanmoins ils n'étaient considérés que comme pos-

---

[1] Aux états généraux de 1593, les députés du tiers état, possesseurs de fiefs ou de terres, font suivre pour la première fois leur nom patronymique du nom de ces fiefs ou terres, mais ils ne les font précéder que du mot modeste de sieur; ainsi, nous trouvons Boucher, sieur d'Orsay, pour la prévôté de Paris; Vincent, sieur de Tresfontaines, pour la ville d'Auxerre, et bien d'autres; mais, aux états de 1614, si quelques membres se contentent encore de se qualifier sieur de tel lieu, beaucoup d'autres se qualifient seigneurs, ou font précéder leur nom de la qualification de noble homme, ou même encore prennent ces deux qualités à la fois, parfois même ils portent des titres; citons entre cent au moins : noble homme M⁰ Perrot, seigneur du Chesnard, pour la ville de Paris; noble homme Claude Brosse, seigneur de Sérisin, pour la province de Dauphiné; noble François le Sain, pour le duché de Bourgogne; noble homme M⁰ Julien le Bret, vicomte de Gisors, en Normandie; noble homme Jacques de Fleires, sieur et baron de Bouzon, pour la sénéchaussée de Rouergue; Hévrard du Chastenet, sieur et baron du Murat, pour la sénéchaussée de Limoges; noble de la Chapoulie, pour le bas-Limousin; noble homme Florimond Rapine, sieur de Samxi, pour le bailliage de Saint-Pierre-le-Moustier.

Molière, lorsqu'il écrivit sa comédie du *Bourgeois gentilhomme*, ne manquait pas de types à choisir.

sédant ces fiefs en roture, et cette différence avec le possesseur noble les humiliait.

Tout bien considéré, l'œuvre de la politique absolue, arrivant à son développement, avait constitué pour la bourgeoisie une situation préférable, envisagée au point de vue solide, à la situation de la noblesse. La bourgeoisie possédait toutes les charges pouvant procurer l'influence ou la richesse; elle avait de plus un libre accès à la possession des fiefs. Elle formait donc un corps privilégié, plus privilégié même que celui de la noblesse, puisqu'aux priviléges des droits attachés aux fiefs elle joignait le privilége des charges.

Le tiers état ainsi que la noblesse et le clergé formaient donc trois corps privilégiés, vis-à-vis du peuple des campagnes; car celui-ci, bien que parfois appelé dans les comices pour l'élection des députés du tiers état, n'exerçait qu'un droit précaire, limité par son intelligence peu avancée et qui l'est encore si peu de nos jours, malgré une civilisation plus grande, parce que celle-ci est corrompue par tous les vices qui naissent de l'abandon des croyances et des pratiques religieuses. En réalité, le peuple des campagnes n'avait rien à gagner en extension de droits à passer, par la vente des fiefs, de l'autorité d'un seigneur gentilhomme à celle d'un seigneur roturier. L'autorité du seigneur avait déjà néanmoins subi une modification bien profonde; le servage proprement dit avait été successivement aboli, et, dans certaines provinces, depuis le xiiiᵉ siècle il n'en restait nulle trace. Bien plus, le paysan était généralement devenu propriétaire foncier par l'abandon consenti par les seigneurs de la majeure partie de leurs domaines, sous la réserve de rentes toujours relativement très-faibles comparativement au revenu des terres concédées. En France, avant même la grande révolution à laquelle on attribue à tort un résultat qu'elle ne fit que généraliser davantage, la grande division du sol attirait l'attention des économistes et des financiers [1], elle faisait l'étonnement des étrangers :

Quelques droits impopulaires se maintinrent néanmoins jusqu'à la grande révolution, tels que la dîme, les droits de lods et ventes, les rentes foncières inaliénables, elles-mêmes considérées, lors de leur création, comme un bienfait inestimable; mais ces droits étaient devenus impopulaires par le fait même de l'avantage acquis par le paysan français de devenir propriétaire; s'il ne l'eût pas été, ces droits eussent été pour lui ou nuls ou peu sensibles. Il est à remarquer, en effet, que dans les pays étrangers où les droits de la noblesse se

---

[1] Voyez les œuvres de Turgot et de Necker.
[2] Voyez Arthur Young, *Voyage en France*.

sont conservés dans leur intégrité jusqu'en 1789, la noblesse n'y était pas impopulaire.

La corvée, successivement adoucie, différait peu sensiblement des prestations d'aujourd'hui; la milice, qui prenait les habitants des campagnes pour les incorporer dans les armées du roi, avait bien des rapports avec la conscription moderne, si ce n'est qu'elle en prenait moins. Quant à la taille, c'est-à-dire l'impôt direct, la taille était impopulaire surtout par cette différence qu'elle n'atteignait point les privilégiés de la noblesse et du clergé. Mais la corvée, la milice, la taille, employées l'une à l'entretien des chemins, l'autre à la défense du territoire, la troisième à créer à l'État des ressources financières, n'étaient plus comme la première, ou n'avaient jamais été comme les deux dernières, entre les mains des seigneurs.

Chose étrange au premier aperçu, mais fait qui s'explique en y réfléchissant, la noblesse, jadis populaire ainsi que nous n'avons pas eu de peine à le démontrer [1], tombait vis-à-vis de la bourgeoisie et du peuple dans une impopularité qui alla grandissant, jusqu'aux jours de la grande révolution, bien moins par le fait des priviléges qui lui restaient que par le fait de la privation des priviléges et des droits qu'elle n'avait plus. Ce qu'elle avait perdu

---

[1] Voyez tome I de ces *Souvenirs*, page 56 et suivantes.

constituait ce qui pouvait la faire respecter et la faire aimer à la fois; ce qui lui restait ne pouvait que la faire jalouser et haïr.

La noblesse riche, privée de tout pouvoir dans les campagnes, les abandonnait pour Paris et pour la cour; la noblesse pauvre y restait par nécessité, mais y vivait dans l'isolement et sans influence. Ni l'une ni l'autre n'avaient plus d'autorité à faire respecter et aimer, mais il restait à l'une et à l'autre quelques droits féodaux qui se résolvaient en argent à percevoir. La première par ses intendants, la seconde directement, étaient portées à traiter désormais leurs tenanciers d'autrefois comme de simples débiteurs. L'esprit de patronage avait cessé. Alors la perception de ces droits devint odieuse aux campagnes. Ces droits n'avaient plus pour raison d'être les charges d'une part essentielle du gouvernement; ils n'étaient plus exercés par une autorité paternelle, mais par des créanciers; la condition des paysans devint par suite réellement plus malheureuse qu'elle n'avait été du temps de la souveraineté féodale. L'agriculture tomba dans le mépris par l'abstention des classes supérieures, la bourgeoisie continuait à vivre dans les petites ou dans les grandes villes; le paysan se trouva en face de l'abandon de tout ami, de tout protecteur. Le gouvernement royal, tout entier à la poursuite de son œuvre de conquérir les sympathies de la bourgeoisie pour achever de ruiner la puissance et le prestige de la noblesse, ne s'occupait nullement du sort de ce malheureux paysan affranchi; il ne le considérait qu'au point de vue de la taille ou de la milice pour remplir les coffres du trésor ou grossir les rangs des armées[1]. La taille comme la milice se levaient de la manière la plus arbitraire. Pour ce qui concerne la taille en particulier, elle était tellement variable que nul ne pouvait prévoir ce qu'il payerait l'année suivante. Son recouvrement était confié à un infortuné paysan pris au hasard, la plupart du temps ne sachant point lire, collecteur nommé pour une année; il était responsable sur son avoir de l'intégralité du recouvrement, et il était toujours ruiné par cette charge forcée. Cette victime n'en était pas moins armée du pouvoir le plus arbitraire; le collecteur taxait suivant son appréciation seule, et par conséquent, le plus souvent suivant son ignorance, parfois suivant ses passions, chacun des habitants de sa commune en proportion de son revenu. Les paysans, atteints toujours d'autant plus fortement par l'impôt qu'ils manifestaient plus d'aisance, finissaient par pré-

[1] Dans son remarquable ouvrage sur *l'Ancien Régime et la Révolution*, M. de Tocqueville a fait admirablement ressortir la situation déplorable du paysan français sur la fin de l'ancien régime.

férer la paresse et la misère au travail, qui ne pouvait leur procurer qu'un bien-être précaire ; c'est ainsi que l'agriculture et la production du sol tombaient dans une complète décadence. Faut-il s'étonner maintenant de l'épouvantable explosion de la révolution française après tant d'actes d'imprévoyante ambition accumulés par la dangereuse théorie du pouvoir absolu ?

La noblesse, finissant par accepter la situation qui lui était faite, s'habitua à la nullité. Elle montrait toujours le même courage à la guerre, mais dans la vie civile elle affectait les allures de la dissipation, le dédain des travaux utiles, un penchant aux idées antireligieuses et philosophiques, le mépris des classes inférieures. A l'antique orgueil qu'on eût pu lui reprocher peut-être, mais qui naissait de hauts sentiments, elle substituait la vanité, qui n'est que la supériorité mensongère que croient s'arroger les gens futiles. La noblesse ainsi transformée devint la noblesse suivant le cœur de la politique absolue : elle n'avait plus d'existence propre, plus d'autorité, elle était obligée de tout devoir à la faveur ; ruinée le plus souvent, tout en possédant encore de vastes terres dont son absentéisme, son aversion nouvelle pour l'agriculture et les malversations de ses intendants ne lui permettaient de tirer que de maigres revenus, elle demandait l'entretien de son existence luxueuse encore à des pensions prélevées sur le trésor public obéré. L'impôt, produit des labeurs populaires, devait alimenter des hommes parfois inutiles. La noblesse avait abdiqué son antique indépendance qui n'excluait pas le dévouement à la monarchie, pour la souplesse et la flatterie; le roi pour elle était devenu un dieu, son dévouement était un culte; il ne lui était resté qu'une vertu, la fidélité; semblable au chien fidèle, elle baisait la main qui l'avait cruellement frappée. Désertant les traditions de ses aïeux, oubliant l'étymologie du titre de gentilhomme [1], elle s'accoutuma à personnifier dans le prince la France et la patrie. Cet oubli des principes devait l'entraîner un jour dans l'émigration, généreuse erreur qui la perdit elle-même sans sauver la royauté.

Ces circonstances, dont nous avons déroulé les dernières conséquences afin de tracer un tableau d'ensemble, étaient loin, lors des états généraux de 1614, d'être arrivées à leur développement; mais elles donnent le secret de l'antagonisme nouveau qui éclata, dès leur ouverture, entre la noblesse et la bourgeoisie. En outre, la cour apporta une habileté calculée à susciter des propositions sur lesquelles elle savait que les trois ordres ne pourraient s'accorder [2].

[1] *Gentis homo*, l'homme du pays.
[2] Voyez l'*Histoire des états généraux*, par Boullée.

Pour la première fois le tiers état manifesta sa susceptibilité sur le cérémonial : il devait présenter au roi ses doléances à genoux [1]; lorsque le chancelier prenait la parole devant les trois ordres réunis, s'il s'adressait au clergé ou à la noblesse, il se découvrait; mais il se couvrait s'il s'adressait au tiers état. Ces susceptibilités sur un cérémonial qui n'avait jusqu'alors jamais froissé le tiers état ouvrirent le champ à des escarmouches préliminaires; mais la lutte devint plus sérieuse à l'occasion de la vénalité des charges de judicature et de l'hérédité des offices assurées par la Paulette. La noblesse réclamait cette double suppression. Cette demande était un coup sensible porté au tiers état, une attaque à ses priviléges nouveaux, source de sa nouvelle grandeur. Une telle proposition se présentait avec un caractère d'autant plus dangereux pour le tiers état, que la suppression de ces abus offrait un incontestable caractère d'intérêt public. Le tiers état, pour ne pas rester sur une périlleuse défensive, répondit habilement aux réclamations de la noblesse par

---

[1] D'après l'ancien cérémonial, les orateurs des deux premiers ordres mettaient un genou en terre en commençant leur harangue, puis se relevaient; mais l'orateur du tiers état devait prononcer la sienne tout le temps à genoux. On avait remarqué comme exception qu'aux états de 1560, l'orateur du tiers avait eu la permission de se relever après avoir prononcé les premiers mots.

une attaque : il se déclara disposé à adhérer ; mais il fit remarquer que, si l'on tarissait pour le trésor la source des revenus que lui fournissait l'impôt qui consacrait l'hérédité des offices, il était juste de lui assurer en compensation la ressource que procurerait la suppression des pensions. Cette contre-proposition était à son tour une sensible atteinte portée aux intérêts de la noblesse. Depuis que ce corps était en voie de courir à sa ruine non-seulement par les dépenses onéreuses que lui imposaient les guerres incessantes, mais encore par la modification successive des anciennes conditions de son existence, les pensions sur le trésor ou sur le domaine lui étaient devenues un soutien presque indispensable ; car il ne faut pas oublier que, pour les gentilshommes, le service militaire était gratuit. En même temps, pour donner plus de popularité à sa proposition, le tiers état l'accompagna de la demande de la suppression de la taille.

Le tiers état voulait que les propositions de la noblesse et les siennes ne formassent qu'un seul ensemble : la noblesse demandait leur disjonction. La querelle s'envenimant de part et d'autre, le clergé se porta comme médiateur ; mais il ne réussit qu'imparfaitement. La noblesse l'accusa d'avoir permis que des paroles prononcées par l'envoyé du tiers état cachassent quelque offense, et elle porta plainte au roi. Sous l'autorité du monarque, une réconciliation se fit; le tiers état désavoua toute intention d'offense envers la noblesse; mais la réconciliation était au fond plus apparente que réelle. En définitive, ce fut la noblesse qui en paya tous les frais, car le premier ministre, Richelieu, ne fit que de vaines promesses de supprimer la vénalité et l'hérédité des offices; mais il s'engagea à réduire annuellement d'un quart les pensions de la noblesse et à supprimer les plus inutiles.

D'autres divisions entre les trois ordres surgirent à l'occasion d'une proposition adoptée par le tiers état pour bien constater l'indépendance du pouvoir royal vis-à-vis du Saint-Siége, sorte de prélude à la célèbre déclaration du clergé de France en 1682. Mais, dans cette circonstance, le clergé, auquel s'unit la noblesse, repoussa une proposition trop radicale dans les termes qui avaient été adoptés; car ils pouvaient être interprétés comme tendant à provoquer une scission dans l'ordre spirituel. Le clergé demanda même la publication en France des actes du Concile de Trente, publication jusqu'alors toujours refusée pour tous ceux de ses canons qui impliquaient l'ingérence du pouvoir spirituel dans les affaires temporelles et politiques. La noblesse était au fond peu disposée à appuyer la demande du clergé;

mais elle y eût accédé, peut-être, en raison de l'initiative des démarches personnellement faites par ceux de ses parents appartenant à l'ordre du clergé et devant les craintes inspirées par quelques troubles, grossis à dessein, suscités par les protestants dans le Rouergue et dans le Béarn, si l'inflexible résistance du tiers état n'eût fait évanouir la tentative du clergé.

La noblesse inscrivit dans ses cahiers la demande pour les membres de son ordre de pouvoir faire partie des parlements du royaume; la faculté pour eux de participer aux charges civiles et municipales; l'autorisation de faire le trafic en grand sans déroger. Elle comprenait, en effet, qu'avec la transformation sociale qui marchait à grands pas, elle marchait elle-même d'un pas non moins rapide à l'anéantissement de sa fortune et de sa puissance politique; que, par conséquent, son intérêt même exigeait qu'elle entrât dans le droit commun. Cette aspiration ne faisait le compte ni de la royauté, ni de la bourgeoisie; ce vœu resta sans écho; on préféra laisser la noblesse cantonnée dans ses priviléges impuissants et surannés.

Le parti pris de la politique royale de repousser tous les vœux de la noblesse, de se montrer favorable à tous ceux de la bourgeoisie, était peu fait pour établir la conciliation entre les deux ordres;

de plus, leur dissidence s'était envenimée à l'occasion d'une querelle particulière sur laquelle nous aurons occasion de revenir, entre un député de la noblesse et un député du tiers état, le comte de Bonneval et le sieur de Chavaille, querelle dans laquelle chacun des deux ordres s'était jeté avec ardeur. Cette querelle fut cependant l'occasion d'un vote unanime des trois ordres pour une déclaration contre le duel.

La régente Marie de Médicis, et son conseiller Richelieu qui préludait à son système de gouvernement, virent avec joie le succès de divisions auxquelles leurs secrètes menées étaient si peu étrangères, divisions qui paralysaient tous les résultats salutaires que l'on eût été en droit d'attendre de la réunion des états généraux. Un jour, de la manière la plus inopinée et quelles que fussent ses protestations, l'assemblée fut déclarée dissoute. Malgré cet ordre de clôture, les députés, ayant voulu se réunir, trouvèrent le lieu de leurs séances démeublé par la prévoyance du ministre. Néanmoins ils restèrent isolément à Paris, attendant la réponse à leurs cahiers.

Le 24 mars 1615, les présidents des trois ordres seulement furent mandés au Louvre, où le chancelier leur fit connaître que le roi leur accordait leurs principales demandes : l'abolition de la vénalité des charges, la réduction des pensions, l'établissement d'une chambre de justice contre les malversations des financiers. Ces promesses étaient une manière de renvoyer chez eux les députés des trois ordres à peu près satisfaits; mais, après leur départ, nulle suite sérieuse ne fut donnée à ces réformes. Il fallut attendre trois années pour que la Paulette fût supprimée; encore cette suppression ne fut-elle qu'une éclipse de deux années après laquelle cette taxe et l'exorbitant privilége qu'elle consacrait furent rétablis[1].

La royauté méconnaissant ce principe, *on ne s'appuie que sur ce qui résiste,* et se sentant désormais assez forte, après avoir haussé son piédestal des priviléges féodaux, des franchises municipales[2], des libertés politiques, abattus sous ses

---

[1] Voy. la note de la p. 27 sur la *Paulette*.

[2] Un érudit distingué, M. de Ruble, a récemment exhumé de vieilles chartes qui donnent de précieux renseignements sur l'émancipation de la commune d'Ollioules, en Provence, par un commun accord entre le seigneur et un bourgeois qui s'était constitué le mandataire des habitants. L'émancipation obtenue conférait à ceux-ci le droit d'être administrés par des magistrats élus. Un jour vint où la royauté supprima ce droit d'élection et conféra elle-même les charges municipales. La commune jalouse de ses priviléges obtint du roi de lui racheter les charges afin de revenir à l'élection. Au bout d'un certain temps une suppression nouvelle des priviléges municipaux forçait la commune à un rachat nouveau, jusqu'à ce que la commune succombant sous le poids de ses sacrifices pécuniaires fût définitivement contrainte de renoncer à ses franchises et à l'élection de ses magistrats.

pieds, s'était faite à elle-même cette promesse que le système de la représentation nationale avait vu son dernier jour, que ces états généraux de 1614 et 1615 seraient les derniers de la monarchie.

Ce tableau rétrospectif des anciennes assemblées de la nation et des états généraux était nécessaire à placer sous les yeux du lecteur pour lui permettre de se rendre un compte exact du rôle essentiellement national et utile qu'eût été appelée à remplir une assemblée des états généraux en 1652. L'œuvre ébauchée, laissée par les précédentes assemblées, restait à achever tout entière; mais, pour peu que la royauté eût voulu y donner son concours en unissant les ordres au lieu de les diviser, en consentant au sacrifice du pouvoir législatif exclusif pour le partager avec les mandataires de la nation, en reconnaissant que la seule fonction qui lui appartienne sans partage consiste dans l'exercice du pouvoir exécutif, le

---

L'histoire de la commune d'Ollioules est, à bien peu d'exceptions près, celle de toutes les communes de France.

La France est ainsi devenue la nation de l'Europe chez laquelle les libertés municipales ont éprouvé le plus d'entraves. L'auteur de ces *Souvenirs* a eu l'occasion de signaler ce fait dont notre amour-propre national ne se doute guère, dans son discours à la *Commission de la décentralisation* en faveur de l'élection des maires, dans lequel il a présenté le tableau comparé des diverses législations étrangères sur cet important sujet. (*Discours publié en brochure*, Dentu, édit., 1870.)

programme tracé par la logique de la situation pouvait magnifiquement s'accomplir.

La noblesse avait alors une tendance prononcée à se séparer du parti des princes; leurs vues étroites et égoïstes ne lui étaient que trop clairement démontrées. Nous savons, par ses cahiers des états de 1614, combien ses prétentions eussent été peu exigeantes; elle désirait entrer dans le droit commun bien plus qu'elle ne tenait au maintien des priviléges qui lui restaient, alors que les plus importants, qu'elle ne réclamait plus, avaient été depuis longtemps déchirés. Elle tenait essentiellement au maintien du principe monarchique, mais elle voulait obtenir contre le pouvoir absolu les garanties que donnent les droits représentatifs et constitutionnels. Bien que l'irrégularité et la rareté de la convocation des états généraux ne l'eussent pas formée par une pratique constante aux institutions représentatives, elle comprenait admirablement le jeu théorique de ces institutions [1]. La noblesse du temps de la Fronde en donna la preuve par ses efforts pour obtenir la promesse de la convocation des états généraux, par sa courageuse persistance à poursuivre la réalisation de cette promesse; mais, la royauté ayant failli à son engagement, il

---

[1] Voyez tome Ier de ces *Souvenirs*, pages 246 et suivantes.

ne lui fut pas possible de faire connaître toute l'étendue des sacrifices qu'elle eût consentis, toute la générosité de son programme. Son programme aux états de 1614, renfermant des idées si avancées déjà, et celui que, près de deux siècles plus tard, elle apporta aux états généraux de 1789, nous font juger à peu près quel eût pu être le programme de 1652. En 1652, comme en 1789, nous ne craignons pas de dire qu'elle possédait à un plus haut degré que la bourgeoisie proprement dite l'intelligence des idées constitutionnelles. En 1652, la preuve de ce fait est facile; si la royauté put résister à la demande pressante de la convocation des états généraux, ce fut la tiédeur, l'animadversion même de la bourgeoisie pour cette convocation, qui lui en fournit les moyens. C'est que la bourgeoisie possédait alors, ainsi que nous l'avons établi, de très-sérieux priviléges, d'immenses avantages qui allaient grandissant à l'ombre du pouvoir absolu, et qu'elle craignait de les perdre dans la discussion d'un gouvernement libre. En 1789[1], l'entraînement général des idées

---

[1] La prédilection très-réelle de la bourgeoisie pour les priviléges se retrouve sous les divers gouvernements que les révolutions nous font traverser, dans sa soif insatiable pour les fonctions publiques dont les constitutions modernes ont rendu les titulaires des privilégiés véritables. On est arrivé à ce renversement des rôles, que les fonctionnaires ne sont plus faits pour le public, mais que le public semble fait pour les fonction-

pour une rénovation politique qui ne pouvait plus se différer en présence d'une monarchie absolue

naires. Il n'a fallu rien moins qu'une révolution nouvelle pour arriver à la suppression du privilége établi par l'article 75 de la Constitution de l'an VIII.

Lorsque nous avons fait à la dernière séance de la *Commission de décentralisation* la proposition de supprimer ou de modifier cet article, après avoir dit que chez aucun peuple, ni dans l'antiquité, ni dans les temps modernes, les fonctionnaires n'ont été protégés par un semblable privilége; après avoir fait ressortir tout ce que ce privilége renferme d'exorbitant, tout le danger qu'il présente pour le gouvernement lui-même contre lequel s'accumulent les griefs et les haines suscités par les abus commis par certains fonctionnaires contre lesquels des autorisations de poursuites ne sont presque jamais demandées, en raison de la faible chance de les obtenir, nous avons fait encore valoir ce motif que le privilége consacré par cet article, de même que les priviléges héréditaires autrefois conférés à la bourgeoisie et consacrés par la *Paulette*, étaient l'œuvre de la politique de centralisation. Cette politique de centralisation a créé l'antagonisme des classes, afin de rendre sa protection indispensable pour les garantir dans leurs rivalités; tandis que la décentralisation aurait pour résultat de rétablir l'harmonie entre les classes. Celles-ci, au lieu de se diviser, comptant sur le pouvoir pour le maintien de l'ordre social, sentiraient la nécessité de s'appuyer les unes sur les autres dans cette harmonie, condition indispensable du bonheur et de la prospérité durables d'une société politique. Nous terminions en disant : Le privilége dont jouissent les fonctionnaires, étant le plus grand obstacle à la décentralisation, puisqu'il prive les administrés des garanties nécessaires contre les administrateurs, ce privilége doit cesser !

M. Odilon Barrot, président de la *Commission*, nous remercia d'avoir soulevé la question, tout en ajoutant qu'elle se rattachait à une refonte de l'organisation judiciaire qui excéderait les limites déjà si étendues du travail de la *Commission*. L'honorable président, dans sa lettre au ministre de l'intérieur rendant compte de nos travaux, a inséré ce passage : « On ne sait pas

devenue impuissante parce que, si elle avait détruit tous les obstacles qui pouvaient limiter son autorité, elle avait du même coup renversé tous les étais qui pouvaient la soutenir, trouva certainement la bourgeoisie empressée pour la convocation des états; mais que remarquons-nous? La noblesse, renonçant à tous ses derniers débris des priviléges féodaux, acclamait la vie politique pour tous; elle eût borné ses désirs à former une chambre haute, et rien ne prouve que, la théorie appliquée de la pondération des pouvoirs, la prospérité et la liberté des citoyens, la dignité et la stabilité du gouvernement s'en fussent plus mal trouvées. La bourgeoisie, au contraire, en acclamant ces paroles de Sieyès : Qu'est-ce que le tiers état? Rien! Que doit-il être? Tout! a prouvé qu'elle ne poursuivait même pas l'éga-

---

assez que, grâce à cet article, un beaucoup plus grand nombre de privilégiés sont aujourd'hui soustraits à la justice ordinaire, qu'il n'y en avait sous l'ancien régime en vertu des évocations de la couronne, et cependant quel cri universel s'est élevé contre ces évocations dont presque tous les cahiers de nos pères, en 1789, demandaient l'abrogation! » A cette réflexion de M. Odilon Barrot, nous ajoutons celle-ci : Les évocations de l'ancien régime étaient une faveur qui pouvait être obtenue par toute espèce de personnes, et par conséquent, quelque fâcheuses qu'elles fussent, elles restaient bien loin du privilége de l'article 75 de la Constitution de l'an VIII qui couvre une classe tout entière et déjà la plus favorisée, puisque c'est la classe qui gouverne.

lité; mais, en réalité, un privilége exclusif à son profit.

Dans ce jugement sévère, mais juste, puisque nous l'appuyons sur des faits et sur des déclarations, nous sommes loin cependant de vouloir nous poser en détracteur systématique de la bourgeoisie; nous rendons, autant que personne, hommage à tout ce qu'elle renferme d'éléments honnêtes, intelligents, laborieux; elle est faite pour les affaires : aussi, dans la politique, c'est le côté pratique des questions qui lui convient plutôt que le côté de l'initiative et de la direction. La situation moderne, différente de celle qui existait en 1789, peut faire naître cette objection que le gouvernement de la bourgeoisie que nous signalons est légalement impalpable et insaisissable, par ce motif que la révolution ayant effacé la distinction des classes au point de vue légal, nulle classe n'a sa représentation dans le gouvernement de l'État. Les faits, plus forts que les fictions légales, se chargent de répondre à cette objection : les classes ne sont-elles pas une des conditions de l'ordre social et de la civilisation? La loi qui les nie ou ne veut pas les voir ne serait-elle pas une loi plutôt aveugle que clairvoyante? Ne serait-elle pas plutôt la pomme un peu verte des discordes et des passions que le fruit mûr de l'observation calme et philosophique? Ne voit-on pas, en dépit de la loi, les classes qui existent dans la société paraître dans le gouvernement; et, parmi elles, n'en existe-t-il pas une qui s'y montre avec un rôle prépondérant? car le résultat de la grande Révolution française, résultat préparé de longue main par l'ancienne monarchie qui faisait de la prose sans le savoir peut-être, a été de remettre toute l'influence politique entre les mains de la classe bourgeoise; la démagogie, qui parfois chasse cette classe du pouvoir, ne pouvant s'y maintenir par le fait même de sa violence et de son incapacité, les racines quelque peu coupées de l'influence prépondérante de la bourgeoisie repoussent promptement en chevelu serré.

L'équité, sans nul doute, exige que la bourgeoisie, part considérable de la nation, ait une part considérable aussi dans son gouvernement; mais elle ne doit y avoir qu'une part proportionnelle et non l'absorber en entier. En a-t-il été ainsi depuis la grande Révolution française?

La bourgeoisie, maîtresse exclusive dans les assemblées représentatives, a donné la mesure de son insuffisance constitutionnelle; elle porte dans les affaires politiques les défauts mêmes de son éducation sociale. Nous réservons des exceptions nombreuses, bien entendu; mais l'exception n'infirme jamais la règle. Elle voit de préférence dans les fonctions publiques le côté des positions lucratives; cet esprit de calcul diminue à la fois la considération des fonctions et celle de leurs titulaires, au grand dommage du respect que devrait toujours inspirer l'autorité; de plus, de même qu'elle est le plus souvent obséquieuse ou impolie dans les relations du monde, elle est vis-à-vis du pouvoir servile ou subversive. Qui ne sait dans quelle bassesse, et dans les expressions et dans les actes, ne saurait tomber un bourgeois courtisan? Qui ne sait à quelles insolences ne se laisserait pas entraîner un bourgeois démagogue? Dans le premier cas, la bourgeoisie compromet le pouvoir en lui donnant un appui aveugle auquel manque l'indépendance et la considération; dans le second cas, elle le compromet encore en se jetant dans les écarts d'une opposition brutale. Nos dernières révolutions sont les preuves accusatrices qui déposent contre elle.

Cette incapacité politique de la bourgeoisie pour la direction exclusive de l'État est traditionnelle. La Fronde l'a fait ressortir aussi clairement que l'ont fait les temps plus modernes. A cette époque, faisant passer, bien avant les sentiments patriotiques de liberté politique et de représentation nationale, un sentiment étroit de jalousie contre la noblesse, elle s'est effacée derrière les prétentions ridicules des parlements judiciaires et a fait avorter le grand mouvement constitutionnel qui, s'appuyant sur toutes les classes de la société, sans exclusion d'aucune, pouvait rendre la France, dès lors déclarée majeure, libre, grande et prospère.

Enfin la classe inférieure, après avoir fait ses débuts politiques lors de la grande révolution et prouvé ce dont elle était capable en 1793, parvenue depuis à une émancipation plus grande par la capacité électorale accordée à tous, vient de nous donner à Paris le spectacle de ce que peut produire sa domination exclusive : l'absence de patriotisme, la cupidité, la bassesse, l'ivrognerie, la débauche, le vol, l'incendie, l'assassinat, voilà le monstrueux assemblage qui a constitué cette infernale orgie qui s'est intitulée : *Gouvernement de la Commune de Paris!* Tels ont été les actes politiques de la classe inférieure émancipée sous l'inspiration d'une éducation étrangère à Dieu, à tout culte, à tout respect, à tout devoir, à toute conscience, distribuée par l'école révolutionnaire, laquelle, il faut le dire, à la charge et à la honte de la classe bourgeoise, recrute parmi celle-ci ses directeurs.

Sans paradoxe, on peut affirmer que le terrain alors était mieux préparé qu'il ne l'est aujourd'hui pour la pratique des libertés politiques. Outre la tradition des états généraux, institution qu'il ne

s'agissait que de transformer sous une forme plus
régulière et moins surannée, la France avait puisé
à l'école des fortes institutions municipales de ses
cités une éducation constitutionnelle sérieuse,
tradition perdue de nos jours où la centralisation
excessive a fait litière de toutes ces libertés sages
et fécondes de nos aïeux; le peuple proprement
dit, qui n'était réellement pas représenté par le
tiers état, représentation exclusive et privilégiée
de la bourgeoisie, eût trouvé dans sa longue habitude des corporations ouvrières un élément
pratique pour entrer par représentation dans les
affaires publiques, non point avec des idées utopiques et subversives, telles que le bouleversement
révolutionnaire les lui a généralement inspirées
de nos jours, surtout parmi les classes ouvrières
des usines et des villes, mais avec des idées conservatrices conçues dans la sphère des intérêts
à la portée de chacun. Enfin, à cette époque,
il existait des convictions et des caractères : le
sol varié du paysage moral montrait de hautes
cimes à côté des plaines fertiles, pour protéger ces dernières contre les ouragans; il montrait des rochers abrupts et durs que la main
de l'homme ne peut façonner qu'en monuments,
auprès de ces argiles molles et flexibles qu'elle
façonne en ustensiles utiles, mais fragiles; il
montrait des forêts aux arbres majestueux au-

près des moissons fécondes. Qui ne reconnaîtrait aujourd'hui que le nivellement général qui nous a envahis nous a conduits, dans le monde moral, à bien peu d'exceptions près, aux temps des petits caractères, des petites gens et des petites choses?

Une douloureuse expérience nous a prouvé, par l'humiliation inouïe que la France vient de subir, à quel niveau l'a fait descendre le gouvernement, soit alternatif, soit combiné, de la bourgeoisie et de la classe populaire. Dans la guerre engagée contre la Prusse, tandis que tant de représentants de la vieille noblesse de France offraient généreusement leur sang à la patrie, combien de bruyants et prudents démocrates criaient aux armes et couraient aux places!

En 1652, si la royauté et le parlement, qui représentait les idées de la bourgeoisie, ne se fussent concertés pour paralyser les efforts constitutionnels de la noblesse, dès lors une constitution analogue à la constitution anglaise, qui, à part quelques variations de détail conformes au génie de chaque race, est en définitive la plus stable et la meilleure qui puisse convenir à un peuple libre et monarchique, se serait établie en France. Cette forme de gouvernement se serait établie non comme une importation étrangère, non comme une imitation qui est toujours plus ou moins une contrefaçon, mais comme production indigène et nationale.

Nous remarquons, au contraire, que les prôneurs de constitution anglaise en France, et ils sont nombreux, ne sont que des importateurs de contrefaçon. Ils voudraient cette constitution, moins le ressort aristocratique qui en fait le nerf et la beauté; ils en remplacent le pur acier par une fusion de métaux divers, amalgame sans force; à la moindre secousse, le char de l'État casse ses ressorts et verse dans le précipice d'une révolution. Toutes nos chambres hautes, y compris même celle instituée par la Charte de 1814, auxquelles manquait ou beaucoup de choix différents, ou peut-être le principe électif exercé dans une certaine sphère et sous de certaines conditions, pour s'appuyer sur une base solide, nous présentent les lingots de cet amalgame impuissant[1].

Comme une comparaison, même vulgaire, fait parfois mieux ressortir une idée, que le lecteur nous permette encore celle-ci : ces artistes en constitution oublient tout simplement le précepte

---

[1] Nous avons abordé cette question du rôle conservateur impuissant joué par la Chambre des pairs de la Restauration et par la Chambre des pairs du gouvernement de Juillet, dans notre livre déjà cité, intitulé : *Questions du jour, République, Socialisme et Pouvoir*; Lecou, édit., 1849.

fondamental : pour faire un civet, prenez un lièvre.

Avant d'entreprendre le récit des tentatives faites en 1652 pour la convocation des états généraux, nous allons raconter, entre beaucoup d'autres faits de même nature qui se passèrent alors, une scène révoltante qui fera voir quel intérêt la noblesse avait au rétablissement de la paix et au fonctionnement d'une forme protectrice de gouvernement contre les excès d'une soldatesque effrénée. Depuis l'institution des armées permanentes, la moralité des soldats était généralement descendue au plus bas niveau : ce n'étaient plus des tenanciers allant faire leur service militaire sous le commandement de leur seigneur, et retournant aussitôt après aux devoirs de la famille et aux travaux des champs; mais des mercenaires le plus souvent étrangers à toute patrie, faisant métier de leur pertuisane ou de leur arquebuse, au service du plus offrant, et grossissant leur paye par les exactions et le pillage.

L'épisode inédit que nous détachons se passa non loin de Paris, au château de Courtalin [1]; la victime, le baron de Courtalin-Montmorency [2], en

[1] Le village de Courtalin, à huit lieues de Melun, fait aujourd'hui partie du département de Seine-et-Marne.
[2] L'auteur de cette lettre devait être François de Montmorency, marquis de Thury, baron de Fosseux, seigneur de Cour-

donne lui-même le récit dans sa lettre adressée au ministre Le Tellier :

De Courtalin, le neuvième de may 1652.

« Monsieur,

« Je me viens jeter entre vos bras pour vous demander justice de la violence commise dans le village de Courtalain et dans ma maison, estant sous la sauvegarde du roy, et de la contribution de la baste, sans avoir eu aucun éguard, son venu ce matin au point du jour quatre sent home de pié et sent chevaux commandé par aucun nomé. Ils sont entré dans ma maison comme des enragés et m'ont mis en chemise, ma femme, ma sœur, mes enfants, et ont saquagé la maison de la sorte qu'y n'y ont pas laissé la maille et n'ont pas mesme épargné l'église et pry tout ce quy restet à la réserve du Saint-Sacrement. Cela est bien fâcheux à un gentilliome de ma condition d'avoir esté treté de la sort. N'en pouvant tiré vanguance, je ne la puy que demander au Roy et à vous, vous supliant très-humblement de me faire faire justice

talin, mort en 1684, âgé de 69 ans, marié à Isabelle de Harville, fille d'Antoine de Harville, marquis de Palaiseau, gouverneur de Calais, et d'Isabelle Favier du Boulay, morte en 1712, âgée de 83 ans. Leur fils aîné entra dans les ordres et mourut en 1708, grand vicaire de Tournay ; leurs quatre filles se firent religieuses.

et que je demeure sous la sauvegard et protection du Roy. Je croy n'estre pas le seulle quy vous en portron la plainte aussi bien que moy, ayant esté traité de la mesme sorte que moy. J'espère de vostre justice un pron secourt et que vous me feré rendre tout se quille m'est esté pry. Sur cet assurance je vous pry de me croire,

« Monsieur,
« Vostre très-humble et obissan serviteur,
« Le baron DE COURTALIN-MONTMORENCY[1]. »

Ces pilleries et ces violences que le baron de Courtalin-Montmorency appelle la contribution de la *baste*, c'est-à-dire du bâton, contribution dont sa famille et lui n'avaient pas été les seules victimes, à ne prendre d'après son récit que dans ses alentours seulement, nous donne suffisamment l'idée de l'anarchie qui dominait, et sont une justification ajoutée à toutes les autres de la nécessité où était alors la France de faire cesser une situation intolérable. Pour en sortir, deux voies

---

[1] Nous avons tiré cette lettre inédite des *Archives du ministère de la guerre*, vol. 133. A cette époque, l'orthographe n'était pas encore fixée; si l'ortographe du baron de Courtalin-Montmorency est en retard sur celle généralement en usage alors, il s'y joint peut-être une cause: on voit aux caractères très-accentués que la lettre est écrite sous l'impression toute récente de l'outrage et de l'indignation, et que l'orthographe même de son auteur a pu s'en ressentir; c'est pour ce motif que nous l'avons d'autant plus religieusement conservée.

lui étaient ouvertes : celle de la monarchie absolue, ou celle de la monarchie tempérée par des institutions représentatives; ce fut de la première qu'elle fit, trompée par ses guides, le choix malencontreux.

La noblesse du moins n'eut pas à se reprocher de n'avoir pas indiqué le vrai chemin ; depuis la naissance même de la Fronde, depuis 1648, elle réclamait la convocation des états généraux; en 1651, elle s'était formée d'elle-même, à Paris, en assemblée régulière pour obliger la royauté à les convoquer et en avait obtenu la promesse [1]; depuis, forte de cette promesse solennelle, elle en réclamait l'exécution.

Le 27 février 1652, la noblesse de l'Ile-de-France, du pays Chartrain, du Blaisois, de la Touraine, de l'Orléanais, de la Picardie, d'une partie de la Normandie, s'était réunie à Magny [2], pour poursuivre ce but; elle signa un acte d'Union. Une seconde assemblée se tint à Maintenon, le 16 avril; une troisième à Nogent-le-Roi, le 16 mai, et, dans celle-ci, fut rédigée, discutée, adoptée une lettre circulaire pour généraliser l'acte d'union et en étendre les salutaires effets. Nous ferons en son lieu connaître ce document qui

---

[1] Voyez tome I, chapitre vi, pages 245 et suivantes.
[2] Petite ville aux environs de Mantes, qui fait aujourd'hui partie du département de Seine-et-Oise.

avait soin d'établir la légitimité et la régularité parfaite de ces assemblées autorisées à l'avance par une ordonnance royale contre-signée par quatre secrétaires d'État.

Nulle part en France plus que dans la province de Poitou, la noblesse ne prit une initiative plus marquée pour poursuivre l'exécution de la royale promesse, pour produire et accélérer le mouvement constitutionnel. La preuve de l'imprévoyance de la royauté dans ses résistances, de son aveuglement dans sa poursuite du pouvoir absolu, jaillit de ce fait que ce sont les descendants mêmes de ces gentilshommes constitutionnels du Poitou qui, aux jours héroïques de la Vendée, sont restés les derniers défenseurs de la vieille monarchie ; ils étaient à la fois assez royalistes pour se dévouer à la mort pour leurs convictions, et ils étaient demeurés assez populaires pour que les paysans leur demandassent, les forçassent même de marcher à leur tête.

Nous trompions-nous quand nous avons dit qu'un dénoûment représentatif donné à la Fronde eût été le salut de la royauté et le salut de la France? Il eût préservé l'une de sa chute, l'autre de la révolution.

Pour atteindre le but qu'elle poursuivait, la noblesse du Poitou se concertait afin de former, par une association régulièrement organisée, une réciproque entente pour obtenir la convocation des états généraux et pour se protéger contre les désordres commis par les troupes dans la province, désordres non moins grands que ceux des alentours de Paris.

Nous avons déjà signalé [1] une première assemblée tenue au bourg de Puybeillard, en Bas-Poitou. Des Rochers-Baritaud [2], qui exerçait, suivant toute apparence, les fonctions de lieutenant de roi dans la province, en raison de la mission de surveillance dévolue à ses fonctions, s'était rendu, par ordre, à cette assemblée pour en connaître et en contrôler les résolutions. Il avait été frappé à tel point de l'innocuité et de la pureté des intentions de la noblesse qu'il n'avait pas hésité à écrire à Le Tellier :

« Cette noblesse est bien intentionnée pour le service du roi. » Il ajoutait, donnant raison entière à ses griefs : « Il est nécessaire que Sa Majesté ne permette pas à l'avenir aux troupes de vaguer dans la province [3]. »

La noblesse, en voulant se protéger elle-même et protéger les campagnes contre les excès d'une

---

[1] Voyez tome I, page 432.
[2] De la maison de Chateaubriand.
[3] Lettre de M. des Rochers-Baritaud à M. Le Tellier, secrétaire d'État, Luçon, 5 mars 1652. (*Archives du ministère de la guerre*, vol. 133.)

soldatesque sans frein que la cour était impuissante à contenir et à réprimer, ne poursuivait donc pas une œuvre factieuse; non plus que lorsqu'elle réclamait l'accomplissement de la promesse solennelle et royale de la convocation des états généraux. Elle ne voulait point du triomphe des princes avec le programme d'ambition personnelle qu'ils s'étaient tracé; elle était, en demandant de simples et justes garanties, foncièrement dévouée au triomphe de la cause royale. Cette noblesse constitutionnelle ne se prononçait même pas contre le cardinal Mazarin; mais nous supposons pourtant avec quelque vraisemblance, et nous croyons aussi que le tout-puissant ministre le supposait comme nous, qu'à l'exemple du maire d'Angoulême, royaliste dévoué également, elle eût volontiers porté *la santé du roi sans Mazarin*[1]. Cette seule supposition était déjà aux yeux de la reine mère et de son ministre un grief aussi impardonnable que celui d'avoir inscrit sur son drapeau le programme éminemment national de la convocation des états généraux.

Dès lors le pouvoir royal s'ingéra à apporter aux aspirations de la noblesse toutes sortes d'entraves, dont le récit authentique qui va suivre est demeuré jusqu'à ce jour complétement ignoré de

---

[1] Voyez tome I, pages 369 et suivantes.

l'histoire. Mesures générales contre les assemblées, rigueurs particulières contre les personnes dont les intentions étaient adroitement incriminées, nul moyen ne fut épargné. Sur ce fond d'ensemble des moyens employés pour faire avorter ce réveil représentatif, se détache l'épisode des poursuites, des vexations, des accusations de toutes sortes dirigées contre le marquis de la Roche-Posay [1], d'une ancienne maison du Poitou, investi des fonctions de lieutenant de roi dans cette province, l'un des chefs du mouvement constitutionnel qui se dessinait. Le marquis de Paulmy [2], gouverneur de Châtellerault, achève de le dé-

---

[1] Charles de Chasteigner, seigneur d'Abain et de la Rocheposay, petit-fils de Louis de Chasteigner, baron de Preuilly, chevalier de l'ordre du Saint-Esprit, qui s'était distingué aux combats de la Roche-Abeille, de Jarnac, de Montcontour et au siége de La Rochelle. Charles de Chasteigner ne laissa de son mariage avec Charlotte Jousseran de Londigny qu'une fille, mariée, en 1662, à René Isoré, marquis de Pleumartin. (Voy. l'*Histoire généalogique du P. Anselme*.)

[2] De la maison de Voyer de Paulmy. Antoine-René de Voyer d'Argenson, marquis de Paulmy, fils de René de Voyer, comte d'Argenson, ambassadeur à Venise, surintendant de Poitou, avait reçu de son père la subdélégation des élections de Saintes et de Cognac. Il appartenait à une branche cadette de la maison de Voyer, vouée à la magistrature, qui avait repris le nom de Paulmy lors de l'extinction de la branche aînée, en 1690, par la mort de son dernier représentant, tué à la bataille de Fleurus. Le château de Paulmy, situé en Touraine, à quelques lieues de Loches, avait été entièrement pillé et dévasté par les protestants en 1569. Antoine-René succéda à son père, à l'ambassade de Venise.

noncer au ministre Le Tellier dans la lettre suivante[1] :

A Paulmy, ce 17 avril 1652.

« Monsieur,

« Ma dernière lettre en date du 13 du courant vous donnoit avis des levées de gens de guerre que faisoit le marquis de la Roche-de-Pozay, celle-cy vous la réitère en touts ses points, crainte que vous ne l'eussies pas reçue, vous ayant envoyé exprès un courrier, il y a douze jours, qui vous portoit ce mesme avis; mais je viens tout présentemant de recesvoir nouvelles qu'il a esté volé près de Cléri, ses pacquets emportés et luy fort blessé. Il est constant que mon dict sieur de la Roche-de-Pozay fortifie sa maison de la Roche-de-Pozay, et l'a desjà renduë fort bonne; qu'il a mis fortes garnizons dans les maisons dépendantes de l'évesché de Poictiers, qui sont très-fortes, et bonnes pour des maisons particulières, à sçavoir Dissay, à deux lieuës de Chasteleraud, Chorizé à cinq lieuës au-dessus sur la mesme rivière, et Angle, ville et chasteau qui est très-fort. Il a faict plusieurs assemblées de gentilshommes; à eu grande conférence par deux ou trois fois avec le

[1] Lettre inédite, *Archives du ministère de la guerre*, volume 133.

lieutenant-général de Chasteleraud, et lui envoye encore souvent des dépesches par des lacquais. Il dit qu'il a commission pour lever un régiment de cavalerie et d'infanterie. A tout cela, Monsieur, il seroit bien nécessaire que le peuple fût destrompé; car sa charge de lieutenant de roy faict croire que cela peut estre véritable; pour moy je n'en crois rien; mais cela ne suffist pas. Depuis vostre partement de Tours que vous renvoyastes mon courrier, qui vous avoit reporté la commission que vous m'aviez envoyée pour establir une garnizon à Chasteleraud, le fonds ne s'estant pas trouvé comme vous aviez creu, j'ay tousjours attendu, sur ce que vous luy distes que vous vouliez prendre du tems pour y songer, et trouver un fonds asseuré pour ceste garnizon, et que vous m'envoiriez le tout par la poste à Chasteleraud, ne voyant point de seureté à me faire obéir en ce lieu là sans une bonne garnizon, et y pouvoir servir utilement le roy, la brigue du lieutenant-général estant très-grande, et comme c'est un homme passionné, et qui a pris un ascendant furieux sur les habitants par le moyen de sa charge, ayant touts les jours affaire à luy dans leurs procès, cela est cause que je n'ay pas voulu hazarder moymesme de peur que le soulèvement entier se fist; et je les tiens tousjours par mes ordres que je leur envoyés par personnes de créance et belles parolles, pour les maintenir dans le service du roy. Ces derniers jours, M. de la Roche-de-Pozay fit donner des peurs aux habitants de Chasteleraud, qu'il y avoit des troupes qui debvoient y passer et qui leur pourroient bien faire du désordre, et le tout affin de se faire souhaiter pour en empescher, et prendre ce prétexte pour ce désir des principaux de l'endroit; mais comme il est apprehendé de grande partie des habitants qui craignent qu'il n'uzast de son auctorité avec violence quand il auroit le pouvoir sur eux, cela les fist murmurer contre un desseing qu'il faisoit semblant de projetter, qui estoit de venir à Chasteleraud, et à quoy le lieutenant-général tesmoignoit grande passion, et c'estoit pour les sonder, et le lieutenant-général leur disoit que s'il venoit, qu'on ne pouvoit pas luy refuzer les portes, estant lieutenant de roy. Mais, voyant naistre une combustion de ceste nouvelle, commença à dire avec la pluspart de sa brigue qui sont les plus forts, qu'il falloit députer vers le marquis de l'Isle-Rouet, intime amy du lieutenant et dudict sieur de la Roche-de-Pozay, pour le prier de les vouloir protéger, ledict marquis de l'Isle-Rouet est parent et porte mesme nom que le baron des Ouches qui est à Son Altesse Royale, et c'est luy qui l'a faict considérer par Mademoiselle qui luy a accordé son logement dans sa maison de Chasteleraud depuis quatre ou cinq ans qu'il y demeure presque tousjours; sa maison à la campagne n'en estant qu'à deux petites lieuës, et tout cela subject et relevant de la duché de Chasteleraud. Pour moy, je suis en Touraine; mais sur la frontière du duché, à cinq petites lieuës de Chasteleraud, de sorte que sur un cheval on peust estre en deux heures chez moy. Je vous faicts, Monsieur, toute ceste description pour vous faire voir le mauvais desseing du dict lieutenant de vouloir avoir recours à un aultre qu'à moy qui suis leur gouverneur, et qui suis en estat de les mieux protéger en toutes façons; mais il sçait que je suis entier en mes résolutions, principalement quand elles sont fondées sur la raizon, et dans le debvoir, comme il se trouve en ceste occasion icy. De tout ce narré vous pouvez conjecturer que le marquis de l'Isle estant intime amy du lieutenant à qui il a l'obligation entière pour la nomination qu'on a faict de luy pour l'assemblée des estats généraux, et de voir que le dict lieutenant avec quelques aultres des principaux habitants l'ont voulu intéresser dans leur protection, sçavoir si je ne suis pas bien fondé de faire voir que j'ay besoing de quelques forces, puisque leur brigue est si puissante; ce n'est pas que je n'en sache bien venir à bout des uns et des aultres, pourveu qu'on me donne deux-cents hommes de garnizon, et ferai bien en sorte de maintenir les habitants dans le service du roy, et ayant desjà beaucoup d'amis, grande partie de ceux qui ont pris leur parti par crainte, reviendront à moy lorsqu'ils verront que je seray en estat de les protéger. Je crains plus ceste faction intestine que celle du dehors du marquis de La Roche-de-Pozay, car si vous m'en demandez mon sentiment, je vous diray franchement qu'il ne doibt point estre appréhendé, estant un homme sans argent et sans crédit, aussy ne voye-t'il pas un gentilhomme qui passe seulement huict-cents livres de rentes qui se soit trouvé à ses rendez-vous; et je juge bien que ce n'est que pour faire du bruit, et se faire détester pour voir si cela luy apportera de l'utilité, et je tiens si peu de compte de tout ce qu'il faict jusques à présent, que j'aurois encore retardé à vous en donner avis, sans que j'aie creu que vous seriez bien aise de sçavoir au vray l'estat de ceste affaire là pour y donner vostre jugement. Cependant je continuray dans le service que je doibs au roy, et dans la passion que j'ay très-forte de vous tesmoigner en vostre particulier que je suis sans réserve, comme je doibs,

« Monsieur,
« Vostre très-humble, très-obéissant et
« très-asseuré serviteur,

« Paulmy. »

« Monsieur, je viens tout présentement d'apprendre que M. de La Roche-de-Pozay avoit faict deux assemblées depuis six jours, et dans la première qui estoit près de Dissay, dans un village, s'y rencontra le comte de Chémeraut qui brigue aussy en son quartier; mais comme il est fort esloigné de moy, je n'en puis parler avec certitude, non plus que de M. de Fontaine-Chalandre qui est aussy fort esloigné et qu'on m'a dit s'estre trouvé à la dernière assemblée, il y a quatre jours, à deux lieues de Poictiers où quelques frondeurs de la ditte ville se sont trouvés, et cela ensemble seroit à craindre, car pour M. de la Roche-de-Pozay seul, il ne feroit pas grande choze. Le lieutenant-général de Chasteleraud s'est encore trouvé à ceste première assemblée cy-dessus, et effectivement c'est un brouillon et malfaisant, qui mériteroit qu'on le chassast ou qu'on s'en cézit, et plus tost que plus tard. »

Le marquis de Paulmy, en raison de ses fonctions de gouverneur de Châtellerault, fonctions évidemment réduites pour lui à l'état nominal, s'attache plus encore à faire ressortir le danger de ce qui se passe dans l'intérieur de cette ville, par suite du parti embrassé par le lieutenant-général[1];

---

[1] Nous n'avons pas besoin de faire remarquer au lecteur que le lieutenant général signalé dans la lettre du marquis de

et à demander les moyens d'y rétablir son autorité, qu'il n'appuie sur les faits extérieurs reprochés au marquis de la Roche-Posay. Néanmoins, il insiste sur les châteaux fortifiés par celui-ci, et sur la conduite du marquis de l'Isle-Rouet, élu député aux états généraux, conduite qu'il s'efforce de rendre suspecte; mais le *post-scriptum* de sa lettre restitue aux faits toute leur importance au point de vue des assemblées préparatoires de la noblesse.

Le gouverneur de Touraine, le marquis d'Aumont[1], vient à la rescousse :

A Tours, ce 3 mars 1652.

« Monsieur,

« Je croy vous debvoir avertir comme M. de la Roche-Posay fortifie sa maison de la Roche-Po-

---

Paulmy n'est point un officier des armées, mais un lieutenant général de sénéchaussée chargé de fonctions judiciaires.

[1] César d'Aumont, marquis de Clairvaux, vicomte de la Guerche, dit le *marquis d'Aumont*, mort à Paris, le 20 avril 1664, dans sa 61e année. Il avait épousé, en premières noces, Renée aux Espaules, dite *de Laval*, fille de René aux Espaules, marquis de Nesle, et de Marguerite de Montluc; en secondes noces, Marie Amelot de Carnetin, fille de Jacques Amelot, président aux requêtes du Palais, et de Charlotte Girard du Tillay. Il laissa de sa seconde femme une nombreuse postérité. Son frère cadet, Antoine d'Aumont, maréchal de France, duc d'Aumont, est devenu le chef de la branche ducale de la maison d'Aumont. (Voyez l'*Histoire généalogique du P. Anselme*.)

say où il a mis cent hommes; c'est un passage de la rivière de Creuse qui peut nuire à la province d'autant plus qu'elle est dans ce gouvernement. Je vous supplie, Monsieur, de considérer la conséquence de ce que je vous escripts; l'on m'a aussy dit que quelque noblesse s'assemble pour se joindre par députation aux autres provinces voisines; je n'ay point de troupes icy, et, ma compagnie de gensdarmes pouvant dissiper et donner de la crainte, vous m'obligerez extrêmement de vouloir escouter M. de Mattufelon [1] qui a l'honneur d'estre cognu de vous et que j'ai choisy pour estre mon lieutenant. Sy vous luy donnez les moyens qu'il vous proposera pour la mettre sur pied, vous suppliant aussy de me considérer pour le service que je suis tenu de rendre au roy et qu'il n'y aie autre personne que moy qui puisse prétendre la qualité de lieutenant général dans mon gouvernement dont vous me ferez l'honneur de m'en faire expédier les ordres. J'espère ces faveurs de vous, ayant tousjours esté,

« Monsieur,

« Vostre très-humble et très-obéissant serviteur

« D'AUMONT [2]. »

---

[1] Lisez *Mathefelon*. M. de Mathefelon appartenait à la maison d'Épinay-Duretal; le fief dont il portait le nom était échu à sa maison pour une alliance avec la maison de Scepeaux, titulaire du fief de Mathefelon. (Voy. l'*Histoire généalogique du P. Anselme*.)

[2] Nous avons tiré cette lettre inédite des *Archives du Ministère*

Le château de la Roche-Posay, dominant la petite ville du même nom, dont le marquis d'Aumont signalait au ministre les fortifications réparées ou augmentées, commandait en effet un passage important sur la rivière de la Creuse, dont il occupait la rive gauche, un peu au-dessous de son confluent avec la Gartempe; mais le paragraphe le plus important de sa lettre est, sans contredit, celui qui signale l'entente qui s'établissait par députés avec la noblesse des autres provinces pour arriver au développement du mouvement constitutionnel mis à l'ordre du jour, entente qui ne tardera pas à se traduire par des actes.

Auparavant, donnons au lecteur le spectacle d'une autre charge à fond contre le marquis de la Roche-Posay, dirigée par la plume d'une femme qui appuyait même ce perfide engin de son épée, plus innocente probablement :

A M. Le Tellier, conseiller du Roy en ses conseils d'Etat et privé.

De Lusignan, le 5 mars 1652.

« Monsieur,

« Je croy que M. le duc de Rouanès vous ora bien informé des chauses qui se pase an saite

---

de la guerre, vol. 133. Elle est adressée à M. Le Tellier, conseiller d'Estat, secrétaire des commandements de Sa Majesté, en cour.

prouvinse depeuis peu de jours et particullièrement an se lieu..

« Sur l'avis que l'on luy a donné et à moy que les assosiés de M. de la Roche Posé avest desain de s'an sesir et de lever avecque pleus de fasillité les tailles, aiant une retrete fut inquemode pour Poitiers et qui le bloquet du cauté de desa.

« Je fis à l'ainsetant relever quelque brèche qui il y avoit; fis fere reveue des hommes capables de porter les armes qui se trouvèrent bien au nombre de deux-sans, tant des fosbours que de la haute ville, où je les mis tous, et j'ai abandonné les fosbourgs estant imposible de les peuvoir garder à cause de la quantité d'avenues qu'il y a, y eust fallu pleus de catre-mille hommes pour défandre les bariquades, et mayme lorsque le château estet dans sa forse, ceux qui commandoient dedans au siége firent la mayme chause que je fis à présant.

« Y pasa le premier jour de may par les dis fosbours quelque catrevains chevaux, je présume en fain, tant en vallets qu'en maîtres, y alloient à se qu'ils disent pour charier le réjiment d'Armagnac; maïs y ne furent pas sy mouvais qui l'avest jeuré de l'estre; car, je vous assure, Monsieur, qui n'ant na prochère pas de dix-huit lieus.

« Pandant ce temps là, je faises faire très-bonne garde qui obligea seus qui avest desain de se saisir de se lieu, de ne parestre pas et mayme quelque gans de l'intelligence des Roche-Poses dirent en mayme mot : « La mèche est découverte, nous n'entrerons point dans la haute ville. » Il y avoit peu de jantisommes parmy ces catre-vains qui fusent Roche-Pose, au contrere je croy que M. le duc de Roanès an estoit le maitre absoluement; leur pront retour à Poitiers le tesmoigna ases.

« Le lendemain, sur les sis heures du matain, monsieur d'Avianton qui les commandoit fit fere une assemblée entre eux et trouvèrent à propos de m'envoier deux jantisoumes me fere aufre de leur personne, m'asurer qui estest tous dans le servise du roy et que pour sela y périrest avecque moy pour la défanse de ce lieu an quas que je fuse attaquée.

« Lorsque ses deus jantisoumes demandèrent à parler à moy, j'étois au corps de garde dès trois heures du matain et en estoit sortie à minuit. Vous remarquerez, sy vous plest, ma vigilance que je n'oublie pas à dire. Y me dirent donc, Monsieur, les complimans de ces nobles. Je les fus resevoir avecque trante mousequeteres antre la barière et le rateau; ils n'entrèrent pas pleus avant; chacun se retira.

« Voilà, Monsieur, la relation véritable de se

qui s'est passé isy. Je sere ravie sy japrans par un mot de lettre de quelque un de vos commis que vous estes satisfet de moy; c'est la chause du monde que je passionne le plous et la seule gloire où j'aspire, car je mourerès de honte et de déplésir sy je vous donnois sujet de vous repantir de m'avoir fet donner se sy; c'est, pour le présant, une plase frontière; car nous avons les ennemis fort proches de nous, mais néanmoins, Monsieur, je vous en répons et vous proteste qui n'y a personne au monde qui soit plous dans vos intéres que moy ny pleus véritablement,

« Monsieur,

« Vostre très-heunble et très-aubéisante et très-aubligée servante,

« ROCHEFORT [1]. »

Quelle peut être cette madame de Rochefort, jusqu'ici demeurée si inconnue, qui commandait la ville et le château de Lusignan, veillant la nuit au corps de garde avec les hommes d'armes, abandonnant savamment la défense des faubourgs trop ouverts, pour la concentrer dans un espace proportionné au nombre des défenseurs de la place? Serait-ce la fée Mélusine elle-même, cette création fantastique liée d'une manière si intime

---

[1] Nous avons tiré cette lettre inédite des *Archives du Ministère de la guerre*, vol. 133.

aux antiques seigneurs de Lusignan, ces héros des Croisades, qui avaient donné des rois à la ville de Jérusalem et à l'île de Chypre ?

Si nous écrivions une légende, nous pencherions en vérité pour cette hypothèse ; comme nous écrivons l'histoire, nous avons cherché à donner un corps à cette ombre ; mais nous ne saurions assurer si nous avons été heureux dans notre hasardeuse tentative.

Nous ne trouvons anciennement que trois maisons ayant porté non point le nom patronymique, mais le titre seigneurial de Rochefort : les maisons de Montmorency, de Brancas, de Rohan. L'héroïne de Lusignan, en 1652, ou du moins celle qui était si disposée à le devenir, si les événements s'y fussent prêtés, ne pouvait être alliée par mariage à un membre de la maison de Montmorency ; le rameau des Montmorency, comtes de Rochefort, de la branche de Montmorency, seigneurs de Montlhéry, ayant pris fin au commencement du douzième siècle. La maison de Montmorency écartée, entre les maisons de Brancas et de Rohan s'ouvre notre hypothèse :

Honoré de Brancas, qualifié des titres de seigneur de Forcalquier, baron de Céreste et de Villeneuve, avait épousé en premières noces, en 1635, Marie Adhémar de Monteil de Grignan, qu'il perdit après en avoir eu un seul fils ; il épousa, en secondes noces, Françoise de Cambis, dont il eut cinq enfants. L'aîné, André-Joseph de Brancas, est qualifié dans l'*Histoire généalogique du P. Anselme*, de marquis de Courbon, comte de Rochefort, seigneur de Vitrolles, de Saint-Roman, etc. Si le titre de comte de Rochefort, au lieu d'avoir été acquis personnellement par lui, par son mariage ou autrement, lui avait été transmis par sa mère, bien que le P. Anselme n'en qualifie pas son père, et ce point fait notre doute, l'héroïne en expectative de 1652 pourrait être trouvée, ce serait Françoise de Cambis; d'autant plus que le *P. Anselme* nous apprend que son mari, accablé d'infirmités contractées dans les guerres, s'était retiré, dès avant 1651, dans son gouvernement d'Apt. A mari impotent siérait bien femme si vaillante.

La maison de Rohan nous offre la seconde et dernière candidature : Louis de Rohan, septième du nom, prince de Guemené, duc de Montbazon, comte de Rochefort-en-Yveline, reçu en cette qualité chevalier de l'Ordre du Saint-Esprit, le 31 décembre 1619, grand-veneur de France, avait épousé par dispense, en 1617, sa cousine germaine, Anne de Rohan, fille unique de Pierre de Rohan, prince de Guemené, et de Madeleine de Rieux-Châteauneuf, sa première femme. Anne de Rohan mourut à Rochefort le 14 mars 1685, âgée de quatre-vingt-un ans; son corps fut apporté à Paris et mis dans un tombeau de marbre blanc, dans l'église des Feuillants. La fameuse duchesse de Montbazon, Marie d'Avangour de Bretagne, était la seconde femme du père de son mari; la célèbre duchesse de Chevreuse, Marie de Rohan, était la sœur de celui-ci. La différence de l'éloignement des lieux, la seigneurie de Rochefort des maisons de Brancas et de Rohan n'étant évidemment pas la même, la première devant être Rochefort en Dauphiné, et la seconde Rochefort situé en Bretagne, le grand rôle joué par la maison de Rohan à cette époque, un gouvernement donné à une femme, faveur qui ne pouvait guère être justifiée que par une situation exceptionnelle, nous font pencher vivement pour l'hypothèse que Marie de Rohan est l'héroïne que nous cherchons.

Après avoir donné la parole aux persécuteurs, écoutons la voix du persécuté. Le marquis de La Roche-Posay écrit à Le Tellier la lettre suivante, qui ne porte pas de date par oubli sans doute de son auteur, mais qui porte en note qu'elle fut reçue par le ministre le 9 mai :

Reçue le 9 mai 1652.

« Monsieur,

« Il y a quelques jours que M. de Touchepré m'apporta, de la part de M. le duc de Roannès, un ordre du roy, par lequel Sa Majesté m'ordonne de me rendre auprès d'elle. J'aurois eu grande passion d'obéir, dès ce mesme moment, si la foiblesse de ma santé, sortant d'une très-grande maladie, et la crainte de demeurer malade par les chemins, ne m'eussent faict désirer d'employer encore quelques jours, pour me fortifier, et faire mieux le voyage. Toutefois mon dit sieur de Roannès ayant joint à son devoir une sévérité peu commune envers des parens, je me suis résolu d'obéir ponctuellement, au hazard mesme de ma vie, et oster par là tout prétexte audit sieur de Roannès de me persécuter, dont il tesmoignoit avoir quelque dessein caché, et pour des motifs esloignés de sa charge, ce qui n'a que trop paru, lorsque m'ayant veu disposé à l'obéissance de l'ordre du roy, il m'a mendé qu'il désireroit que je quittasse quelques petits chasteaux, dans lesquels, pour faire le zélé, j'avois, en vertu d'un ordre du roy, duquel je vous ay envoyé copie, mis, payé et norri des gens depuis sept mois; et que je luy remisse lesdits chasteaux entre les mains. Cette proposition, venant d'un homme que j'avois creu mon amy, comme il est mon parent, m'estonna, pour ce qu'elle me sembloit également injuste et extraordinaire, et qu'il n'y en avoit pas un mot dans l'ordre du roy qu'il m'envoyoit, et je luy respondis que j'allois, par mon voyage, obéir ponctuellement au roy; mais qu'aiant pris soin de la garde desdits chasteaux par un ordre exprès de Sa Majesté, je ne pouvois les rendre avec honneur, à moins de voir aussi un ordre du roy. Pour cela, il ne s'en est pas contenté, et m'a mendé qu'il les alloit assiéger; et, pour cet effect, a travaillé à tirer du canon de Poictiers, et faire venir des troupes dans la province. Il croy qu'il y réussira facilement; car pour ne contribuer en rien au désordre qu'il prépare, je n'ay pas voulu employer un amy, pour m'opposer à son dessein, et je suis parti pour la cour, ne pouvant croire qu'il soit si prévenu d'un conseil contre les formes, et de son propre intérest, pour lequel seul il agit, que de vouloir, sans ordre, faire des siéges pour me despouiller de ce que je tiens du roy; cependant que, pour obéir à Sa Majesté, je mets ma vie en hazard et sors de la province. L'injustice et la violence de ce procédé seront sans doute condamnés par le roy, qui ne m'ordonne pas de l'aller trouver affin de me despouiller en obéissant, et je vous supplie très-humblement, Monsieur, de supplier Sa Majesté de ma part de faire cesser une persécution qui, ne pouvant se couvrir de l'autorité du roy, abuse au moins de l'autorité de sa charge, et la veust estendre contre moy, au-delà de ses bornes. J'attens, Monsieur, cette bonté de vous, et cette justice du roy, que je vas trouver à petites journées, pouvant à peine me soutenir. Je suis, avec le respect qui m'est ordinaire,

« Monsieur,

« Vostre très-humble et très-obéissant serviteur,

« La Roche-Pozay. »

« Je suis contrainct de chercher des routes incogneues et cacher mon chemin, pour ce que le dit sieur de Roannès s'est vanté de me faire niche en ma personne, et qu'il avoit ordre du roy de m'arrester encore que j'obéirois, ce que je tiens impossible; mais, s'il m'avoit faict un affront, il me seroit fascheux d'avoir de quoy courir après mon escu. Ce n'est pas l'ardeur de la jeunesse, mais de mauvais conseils qui font ce trouble[1]. »

Cette lettre démontre à quel excès pouvait impunément porter la persécution un favori de la cour et du cardinal Mazarin, assuré à l'avance que toutes les plaintes ne seront pas écoutées et qu'on lui en fera même un mérite, en n'y voyant qu'une constatation de dévouement et de zèle. Aussi cet épisode inédit des poursuites de toute nature exercées contre le marquis de La Roche-Posay.

[1] Nous avons tiré cette lettre inédite des *Archives du Ministère de la guerre,* vol. 133.

nous a paru d'autant plus intéressant, d'autant plus important même à rapporter, qu'il s'ajoute comme une preuve de plus de la réprobation dont doit être frappé le pouvoir absolu dans les monarchies, surtout quand ce pouvoir est remis aux mains d'un ministre tout-puissant entouré de flatteurs ambitieux ; ceux-ci s'empressent à l'envi de lui offrir pour victime tout opposant à sa politique ou à ses caprices. Un autre abus se produit constamment encore : les dépositaires du pouvoir absolu s'en servent impunément, non dans l'intérêt de la chose publique, mais pour la poursuite de leurs intérêts particuliers ou pour la satisfaction de leurs animosités personnelles. Le marquis de La Roche-Posay est nanti d'une commission régulière du roi pour lever des troupes et pour tenir garnison dans certains châteaux de la province dont il est lieutenant-général; peu importe, il est suspect, parce qu'il a pris au sérieux la royale et solennelle promesse de la convocation des états généraux et qu'il en réclame l'exécution avec toute la partie intelligente de la noblesse. Il reçoit un ordre de se rendre à la cour pour rendre compte de sa conduite; malgré son état grave de maladie, il s'y soumet; mais, comme ses explications pourraient être bien accueillies, ce qui ne saurait convenir ni au gouverneur de la province de Poitou, ni au cardinal

Mazarin, des embuscades sont dressées sur sa route par le gouverneur même qui lui a fait donner l'ordre de se rendre à la cour. La lettre qui suit, adressée à Le Tellier, nous prouve que ces appréhensions incroyables n'étaient point une chimère d'une imagination malade et effrayée, mais une sérieuse réalité :

A la Haye, ce 11 mars 1652.

« Monsieur,

« Vous aurés peu sçavoir les effects violens qui ont suivi les menasses de M. de Roannès, et les siéges qu'il a mis, sans ordres du roy, devant les chasteaux que Sa Majesté m'avoit ordonné de conserver; desquels il est venu à bout par la seule trahison et lascheté des miens, qui se sont rendus à l'approche d'un unique canon, en des lieux où ils pouvoient résister six semaines. Cet excès de persécution n'auroit peu divertir d'un jour le voyage que j'avois commencé vers la cour, pour obéir aux ordres du roy, si, dans les premiers jours de ma marche et de mon obéissance, le dit sieur de Roannès à qui je l'avois déclarée, ne m'eust dressé trois embuscades sur les grans chemins, de vingt-cinq hommes chacune, les deux premières desquelles ayant évitées heureusement et sans m'en pouvoir deffier, je fus attaqué, couru, et quasi pris par la troisiesme. Ce qui, m'ayant faict juger que le reste du chemin ne me seroit pas plus libre, je me suis résolu de n'y pas avancer sans prendre auparavant toutes les précautions desquelles je seray capable, sçachant très-bien que l'intention du roy ne peut estre de me faire prendre ou assassiner dans le propre chemin où je ne m'estois mis que pour obéir à ses ordres et me rendre auprès de luy. Faictes moy l'honneur de croire, que rien ne m'empeschera jamais d'estre,

« Monsieur,

« Vostre très-humble et très-obéissant serviteur,

« La Roche-Pozay[1]. »

Quel était donc ce gouverneur de Poitou qui pouvait impunément envoyer ses soldats dresser, comme des brigands, des embuscades sur les grands chemins pour assassiner ceux mêmes qui se rendaient, obéissants et soumis, aux ordres du roi ? Ce ne pouvait être évidemment, pour être si sûr de l'impunité, qu'un très-zélé *Mazarin*. En effet, ce dévouement était le premier mérite du descendant d'une race de favoris. Qui ne sait combien la faveur de Guillaume Gouffier, connu sous le nom d'amiral de Bonnivet, fut fatale à la

---

[1] Lettre inédite, *Archives du Ministère de la guerre*, vol. 133.

France? Nous ignorons s'il serait possible de relever quelque fait historique autre que l'épisode dont nous nous occupons dans la vie d'Artus Gouffier, duc de Rouannois, gouverneur de Poitou, si ce n'est qu'au sacre de Louis XIV, il eut l'honneur de représenter l'un des grands feudataires de la couronne, le comte de Flandres, alors qu'il était d'usage de faire reparaître ces grandes ombres des grands feudataires du passé, dans la personne de simples figurants dont le rôle d'apparat apportait quelque honneur à la cérémonie, sans apporter d'ombrage. Le duc de Rouannois a fini par embrasser l'état ecclésiastique; dans cette vocation, est-il entré quelque repentir de sa conduite à l'égard du marquis de La Roche-Posay? Nous voulons lui donner l'honneur de le croire. Il vendit son duché de Rouannois à François d'Aubusson, comte de La Feuillade, maréchal de France, qui avait épousé Charlotte Gouffier, sa sœur; le maréchal obtint une nouvelle érection de ce duché en sa faveur.

La lettre du marquis de La Roche-Posay, adressée au ministre Le Tellier le 11 mai, nous a appris qu'à cette date les châteaux dont il avait la garde s'étaient rendus sans résistance à l'apparition d'un seul canon et de quelques faibles détachements de troupes, envoyés sans ordre du roi, par le duc de Rouannois pour s'en emparer.

Comment se fait-il alors que nous ayons trouvé aux *Archives du Ministère de la guerre* un ordre royal pour se saisir desdits châteaux daté postérieurement du 21 mai? Nous avons anticipé sur la réponse, lorsque nous avons observé que la qualité de zélé *Mazarin* était suffisante pour obtenir l'impunité ; bien plus, elle assurait l'approbation la plus entière de tout excès commis contre ceux qui étaient suspects au ministre favori, ne fussent-ils suspects que de tiédeur. Il est évident que, pour couvrir sa responsabilité, le duc de Rouannois se fit envoyer l'ordre du roi après les faits accomplis.

Dépêche à M. le duc de Rouannois.

Du 21 may 1652, à Saint-Germain.

« Mon cousin, ayant été informé par le sieur de Matefelon de la continuation des entreprises du sieur de La Roche-Posay, je vous adresse une lettre pour luy par laquelle je luy ordonne très-empressement de remettre en vos mains son château de La Roche-Posay, ensemble les villes et places de Dicé, Angle et Chauvigny, où il a mis des gens de guerre en garnison de son autorité privée; et je vous fais celle-cy pour vous dire que vous ayez à lui faire rendre ma dite dépêche selon et ainsy que vous l'estimerez à propos, et, qu'en cas de refus d'exécuter ce que je luy ordonne, vous ayez à faire tout ce que vous jugerez à propos pour l'y contraindre par la force et vous rendre maître des dites places.

« Qu'aussitôt qu'elles seront en votre pouvoir en quelque manière que ce soit, vous ayez à faire razer et démolir tout ce qu'il y a de fortifié au dit château de La Roche-Posay et tout ce qui y sert de défense, en sorte que l'on ne s'en puisse plus prévaloir contre mon service.

« Qu'à l'égard des autres, vous y mettiez garnison, si vous jugez qu'il soit nécessaire et à propos pour mon service et pour le repos et soulagement de mes sujets de ma province de Poitou, et fassiez le semblable pour vous assurer des autres châteaux dont l'on se pourroit emparer pour la troubler.

« Et parce que j'ai sceu que les sieurs Du Plessis-Bellière et de Montausier vous devoient envoyer les régiments d'infanterie de Périgord et Jonzac, celuy de cavalerie d'Armagnac avec votre compagnie de gensdarmes et celle du sieur Desroches qui seront des forces suffisantes pour ranger ledit sieur de La Roche-Posay dans le devoir, je désire que vous employez les dites troupes; et que si elles ne vous avoient encore joint, vous les envoyez demander auxdits sieurs Du Plessis-Bellière et de Montausier suivant la lettre que je vous adresse pour eux à cette fin, désirant que vous exécutiez ce qui est en cela mon intention le plus déligemment qu'il vous sera possible. Ledit sieur de Matefelon m'ayant aussy fait entendre qu'il y a beaucoup de gens qui prennent part à ces factions que l'on veut exciter dans la province pour soustraire mes sujets à l'obéissance qu'ils me doivent, mon intention est que vous fassiez arrêter tous ceux de qui vous aurez juste sujet de méfiance, et usiez en ces occasions, ainsy qu'en toutes celles qui regardent mon service, du pouvoir que votre charge vous donne; et me remettant audit de Matefelon de vous expliquer plus particulièrement mes intentions sur le contenu de la présente et de vous dire de mes nouvelles. Je ne vous la ferai plus longue que pour prier Dieu [1]..... »

L'œuvre de s'emparer des châteaux personnels du marquis de La Roche-Posay, et de ceux dont il avait le gouvernement au nom du roi, n'avait pas séduit le seul duc de Rouannès : le marquis d'Aumont, gouverneur de Touraine, que nous avons vu déjà intervenir dans cette affaire, y avait trouvé l'occasion d'un facile exploit. Sa lettre à Le Tellier

[1] Document inédit, *Archives du Ministère de la guerre*, vol. 133.

nous apprend que ce fut lui qui s'empara du château et de la ville de La Roche-Posay ; placés sur les limites du Poitou et de la Touraine, ils appartenaient à la circonscription de ce dernier gouvernement.

A la Guierche, ce 22 mai 1652.

« Monsieur,

« Voicy la troisième que j'ay eu l'honneur de vous escrire, comme j'ay réduit dans l'obéissance du roy les ville et chasteau de La Roche-Posay qui est une tour située sur un passage de la rivière de Creuse; les fortifications estant imparfaites, les ayant empeschées. Il s'y est trouvé soixante ou quatre-vingts mousquets et six petites pièces de fonte. J'ay mis dans la place un gentilhomme de cœur et fort expert avec vingt soldats, en attendant que m'ayez fait la grâce de m'envoyer les ordres du roy.

« Il y a quelques députés de la noblesse de plusieurs provinces qui se doivent assembler à Montrésor, dans mon gouvernement, et comme je crains que cela pourroit estre préjudiciable au service du roy, j'aporteray tous mes soins dans la douceur pour destourner cette assemblée, n'ayant des troupes ni forces pour l'empescher. Je vous supplie, Monsieur, d'en avertir Leurs Majestés et de me faire la grâce de m'envoyer les ordres nécessaires à ce subject, lesquels j'exécutteray avec toute la dilligence et fidellité possible, vous suppliant de me croire,

« Monsieur,

« Vostre très-humble et très-obéissant serviteur,

« D'Aumont [1]. »

Cet épisode des aventures du marquis de La Roche-Posay réfléchit comme dans un miroir, dans un cadre restreint mais concentré, le double mouvement qui s'opérait en sens opposé entre la noblesse de province et la noblesse de cour : la première, attachée profondément au principe monarchique comme couronnement de l'édifice politique, mais non moins dévouée au principe traditionnel du contrôle de cette autorité par les assemblées du Champ de Mars, du Champ de Mai, des états généraux ; la seconde, acquise au principe du pouvoir absolu exercé par tout ministre favori sous l'autorité duquel elle est toujours prête à courber la tête avec autant d'empressement que d'humilité. Quel avait été le secret pour former cette classe de gentilshommes renégats des traditions de leurs aïeux ? Des brevets de ducs accor-

---

[1] Lettre inédite, *Archives du Ministère de la guerre*, vol. 133.

dés ou offerts en perspective. Nous avons signalé suffisamment pour ne pas y revenir [1] le rôle effacé des ducs aux séances du parlement, et leur antipathie pour les états généraux, dans lesquels, en dehors de l'élection, s'ils l'obtenaient, le droit traditionnel ne leur donnait ni rang, ni séance. La politique royale et la politique ministérielle n'avaient donc eu, pour réussir dans leur plan, qu'à exploiter le riche filon des vanités humaines. Pour les maris, un siége au parlement, siége sur lequel ils n'avaient même pas à opiner, puisqu'ils n'y paraissaient que lors des lits de justice où il s'agissait de fermer la bouche aux magistrats, ce qui plaçait les pairs, au point de vue de l'influence, au-dessous du dernier conseiller ; pour leurs femmes, un tabouret chez la reine, tandis que les autres femmes de gentilshommes, souvent d'extraction supérieure, devaient se tenir debout : il n'en avait pas fallu davantage. Ces titres pompeux de ducs étaient d'autant plus recherchés qu'ils n'avaient été portés jadis que par de grands feudataires aussi puissants que des rois dont plusieurs même n'avaient eu que le titre de comte, tels que les grands feudataires de Toulouse, de Champagne, de Provence ; ils flattaient d'autant plus leurs nouveaux titulaires, que ceux-

---

[1] Voyez tome I, page 168 et suivantes.

ci ne sortaient fréquemment que des rangs de la petite noblesse. Citons, en choisissant, parmi les maisons éteintes, les de Bonne, ducs de Lesdiguières, les Potier, ducs de Tresmes et de Gesvres, les de l'Age, ducs de Puylaurens, les Neufville, ducs de Villeroy. Quand ils étaient accordés dans les grandes maisons, une branche cadette en obtenait souvent la faveur. Parmi ces dernières, les maisons d'Aumont, de Lévis, de Choiseul-Praslin, d'Harcourt, de Rochechouart, où la branche cadette de Mortemart est devenue ducale, nous suffiront à citer [1]. Néanmoins, pour être complet dans nos appréciations, nous ne pouvons omettre la raison qui fit fréquemment parvenir de préférence les branches cadettes à ce titre éminent. Les chefs des branches mères se reposaient parfois davantage dans l'immobilité d'une situation faite, tandis que leurs cadets qui avaient une situation à se faire, plus capables, plus aventureux, ou plus courtisans, parvenaient par leur mérite, par leur courage, ou par leur souplesse, à monter plus haut que leurs aînés. Nous passons sous silence les érections trop nombreuses qui n'eurent d'autres motifs que celui de couvrir du manteau ducal de royaux désordres, comme pour les rendre plus éclatants.

[1] Voyez, pour contrôler l'exactitude de ces observations, *l'Histoire généalogique du P. Anselme.*

La noblesse de cour s'était donc groupée autour du cardinal *Mazarin*; quelques-uns de ses membres figuraient, il est vrai, dans la faction des princes; mais nous savons que les princes n'avaient d'autre politique que la politique de cour, proprement dite, à part cette nuance, toute d'intérêt personnel, qu'ils trouvaient mauvais de ne pas en être les directeurs. Cette noblesse de cour, autant dans le parti du roi que dans le parti des princes, avait figuré cependant dans la première et nombreuse assemblée de 1651, tenue aux Cordeliers, à Paris, pour réclamer la convocation des états généraux: c'est qu'alors la cour et les princes étaient encore dans l'incertitude sur la conduite à tenir à l'égard de cette convocation. Lorsque bientôt la politique royale, comme la politique des princes, se furent tacitement prononcées contre cette convocation, la noblesse de cour se sépara de la noblesse de province, laissant à celle-ci l'honneur et le péril de ses tentatives constitutionnelles, pour s'effacer elle-même derrière le principe nouveau du pouvoir absolu auquel elle avait aliéné pour des faveurs son antique indépendance.

Plus tard, le triomphe incontesté de la politique d'absolutisme et de centralisation vint absorber presque en entier la haute noblesse de province dans la noblesse de cour. Jusque-là la noblesse ne s'était ruinée qu'en s'équipant pour de glorieuses campagnes pour le service de son pays; elle acheva sa ruine pour attirer sur elle, dans les galeries de Versailles, quelque regard du maître.

Après l'exposé des faits particuliers, des documents d'un intérêt général vont développer le plan d'ensemble de la noblesse dans la poursuite de sa campagne représentative. La circulaire suivante était sortie des délibérations de l'assemblée tenue à Nogent-le-Roi[1] :

Lettre circulaire envoyée dans les provinces à tous les gentilshommes de ce royaume avec l'Union de la noblesse pour empescher les désordres, les excès et les ravages des gens de guerre et pour parvenir à la paix générale, faite le 16 du mois de may 1652, à Nogent-le-Roy[2].

« Messieurs,

« Les nécessitez générales de l'Estat et l'oppression particulière de la noblesse ayant obligé quantité de gentilshommes, princes, ducs et pairs et autres de ce corps, de s'assembler aux Corde-

---

[1] Petite ville qui fait aujourd'hui partie du département d'Eure-et-Loir, arrondissement de Dreux.

[2] Imprimé à Paris, chez la veuve J. Gillemot, rue des Marmouzets, proche l'église de la Magdeleine, 1752.

Cette lettre est insérée parmi les papiers de Dubuisson Aubenay, tome VII, page 843. *Bibliothèque Mazarine.*

liers à Paris, en février 1651, sous l'aveu de S. A. R., lieutenant-général de l'Estat, après avoir demandé et obtenu la jonction du premier ordre; enfin, il fut conclud que l'unique remède à tant de maux ne pouvoit se rencontrer que dans les estats généraux, lesquels Sa Majesté accorda à la très-humble supplication de ces deux premiers ordres pour l'entremise de sadite A. R. et de nos seigneurs les princes du sang, en des formes si solennelles, que tout le monde eut sujet de croire que nostre soulagement estoit proche, puisqu'un moyen si salutaire nous estoit assuré.

« Vous remarquerez, Messieurs, que le Roi et la reine régente nous accordèrent les Estats au 8 septembre suivant, avec permission de nous rassembler pour les solliciter, en cas d'inexécution de leurs promesses données par un escrit signé de Leurs Majestés et contresigné des quatre secrétaires d'Estat.

« Les misères publiques ayant depuis augmenté par l'augmentation de leurs causes, lesquelles nous ont non-seulement privez jusques icy du secours attendu, mais encore fourni matière de nouvelles plaintes, et principalement par la licence effroyable des gens de guerre dont le débordement est arrivé à tel poinct qu'ils ont pillié et prophané les Eglises et commis contre le Saint-Sacrement tant d'irrévérences et d'impiétez, que les chrétiens ont horreur de les exposer, et se tiendroient coupables de les dissimuler et de les souffrir, et qu'il semble que l'on aye traité avec eux à forfait au prix de nos biens et de nos vies et encore de l'honneur de nos femmes et de nos filles.

« Tant de maux qui paroissent désormais incurables par l'esloignement de cet innocent remède, ayant remply la bouche de tous les ordres de gémissements, ont obligé l'Eglise aux prières continuelles, et la noblesse à recueillir ce peu de vigueur qui lui reste pour rechercher chez elle-même la ressource du salut public.

« A cette fin, quelque partie de cet illustre corps, qui est naturellement uny, mais qui se trouve malheureusement divisé par la diversité des intérêts particuliers et par le deffaut de communication, jugea que le seul moyen de parvenir à quelque chose d'utile pour le service du Roy, la conservation de son authorité, et le soulagement général des trois ordres de l'Estat, estoit de le réunir en son entier.

« Après plusieurs propositions à cet effet, il fut conclud qu'il estoit nécessaire de signer un acte d'Union réciproque pour nostre maintien, non-seulement entre les particuliers, mais aussi entre les baillages, ce qui s'exécuta à Magny, le 27 février dernier, par députez chargez de pouvoirs, entre ceux de Senlis, Chaumont, Magny, Mantes et Meulan, Montfort-Lamaury, Dreux, Châteauneuf en Thymerais, et Chartres, auxquels se sont depuis joints à différents temps, Estampes, Baugency, partie d'Orléans, Romorentin, Dunois, Blaisois, Vendosmois, Saumur et la Flesche.

« Les baillages unis, s'estant trouvez par leurs députez à Maintenon le 16 avril dernier, jugèrent à propos de communiquer nostre dessein aux baillages voisins, vers lesquels ils députèrent, afin que comme nous n'avons tous qu'un mesme intérest, aussi nous travaillassions tous par mesmes-moyens à nostre conservation, et creurent que le mal estant parvenu à son période, il y auroit désormais de la honte à cet illustre corps de demeurer muet et sans mouvement, lorsque les soupirs des peuples oppressez demandent un secours qu'ils ne peuvent obtenir que par la paix.

« C'est ce qui a esté le motif de l'arresté qui y fut fait de proposer par chacun des députez en leur baillage particulier, de demander au Roy cette paix tant désirée et les estats généraux cy-devant promis, comme l'unique moyen qui nous la peut donner bonne et ferme.

« Et, en-attendant le consentement desdits baillages, il fut résolu d'en donner advis à Messieurs du clergé, comme à ceux que nous connaissons pour nos aisnez, et avec lesquels nos intérests estant communs dès nostre origine, et comme il a paru non-seulement dans tous les estats-généraux, mais aussi dans les deux dernières assemblées de Paris sur le sujet dont il s'agit.

« Et pour recevoir response de nos susdites députations, l'assemblée fut indiquée à Nogent-le-Roy au 15 may.

« En ce lieu de Nogent se sont trouvez à jour nommé les députez des baillages ci-devant unis, ausquels se sont encore venus joindre quelques autres, et rapport nous a esté fait par nos députez que plusieurs baillages n'ayant eu assez de temps pour y envoyer dans les formes nécessaires, approuvent nostre dessein et se préparent à s'y joindre.

« Nous y avons pareillement reçeu deux lettres de l'agent général de Messieurs du clergé, par lesquelles nous avons appris en substance que Messieurs de leur corps approuvent nos intentions et promettent de travailler à les insinuer et de les solliciter avec nous dans le temps favorable et pour cet effect ont demandé quelque surséance.

« Cette double raison nous a fait différer l'exécution de la députation vers le Roy jusques au 8 de juin prochain, auquel jour l'assemblée a arresté que deux députez de chaque baillage, tant de ceux qui sont unis que de ceux qui s'uniront, se rendront à giste à Rocheguion-sur-Seine, proche Vernon, pour de là exécuter ladite députation vers le Roy arrestée audit Nogent, et que cependant il seroit envoyé coppie du présent arresté à l'agent général de Messieurs du clergé, et qu'il seroit supplié de le communiquer à Messieurs de son ordre, et de nous faire sçavoir leurs sentiments au mesme lieu.

« Il fut aussi résolu par ladite assemblée de vous donner advis de nostre conduite et de nos intentions, vous convier d'y concourir et de vous tenir prests et en estat dans ces occasions présentés d'exécuter les premiers ordres que vous recevrez pour le service du Roy, le bien de la paix, et la gloire particulière de nostre corps, comme aussy d'envoyer vos députez au jour et au lieu cy-dessus indiqué, afin de convenir ensemble des moyens de faire réussir nos justes desseins. Ce sont les véritables sentiments de tous ceux qui forment cette assemblée, qui sont en général et en particulier,

« Messieurs,

« Vos très-humbles et très-affectionnez serviteurs. »

A cette lettre circulaire était joint l'acte d'union destiné à être signé dans chaque bailliage par tous les adhérents, union qui n'était point une association égoïste de la noblesse pour se protéger uniquement elle-même, mais qui comprenait la protection de tous les opprimés ecclésiastiques, gentilshommes, bourgeois et paysans.

Union de la noblesse faite en l'année présente 1652.

« Nous sous-signez, connoissans les excez que commettent les gens de guerre à la ruine des trois ordres du royaume et au préjudice du service du Roy, et nous voyans menassez d'une guerre civile, promettons et nous engageons les uns envers les autres sur nostre Foy et nostre Honneur de monter à cheval, et nous assembler avec le plus de gens à nostre suitte que nous pourrons, afin d'obliger les troupes de quelque party qu'elles soient à vivre selon les ordonnances de Sa Majesté, nos intentions estant de ne rien faire contre son service et ce par toutes les voyes jugées raisonnables par..
....
lesquels nous avons choisis et nommez pour cet effect, qui seront changez dans deux mois sans pouvoir être continuez, et ainsi tous ceux qui leur succéderont, par l'ordre desquels nous marcherons toutes les fois qu'ils nous en donneront advis, et nous rendrons au lieu qu'ils nous

auront désigné, sans que nous puissions nous séparer, jusqu'à ce que l'on aye délibéré sur les choses qui seront proposées à l'assemblée, ou que les outrages qui auront été faits aux ecclésiastiques, gentilshommes, bourgeois et paysans qui nous seront unis, soient entièrement réparez, et pour empescher qu'aucuns inconvéniens ne puissent ruiner cette Union. Nous promettons de ne nous point faire la guerre les uns aux autres, si ce n'est en gros et nous trouvans présents dans les troupes de partis contraires, et que quelque party qu'un chacun de nous prenne en son particulier, il ne pourra estre dispensé d'aucunes des conditions portées en cet escrit ; au contraire, il sera obligé d'employer son crédit partout où il sera pour nostre conservation, et au cas que quelques troupes de son party entreprissent quelque chose contre le dessein de cette Union, il sera aussi obligé, se rencontrant dans le pays, à nous servir contre icelles de sa personne et de tous les gens qu'il pourra assembler en la mesme manière, que s'il n'avoit d'employ; et si quelques particuliers ou communautez refusent de signer la présente Union, nous nous engageons de les abandonner, quelques proches ou amis qu'ils puissent estre d'aucuns de nous, et de ne leur donner jamais aucun secours sur ce qui est icy compris, mesme de déclarer aux troupes que nous ne prenons aucun intérest à leur conservation; comme aussy si quelqu'un entreprenoit sous prétexte de guerre contre le bien ou la liberté d'aucun de nous, nous obligeons à le prendre ou luy faire quitter le pays et d'exercer contre luy tous actes d'hostilités, jusqu'à ce qu'il aye pleinement satisfait ceux auxquels il aura fait dommage; en outre nous donnons pouvoir auxdits nommez de signer nostre Union avec les desputez de tous les baillages qui la voudront recevoir et s'y engager; nous donnons aussi pouvoir à chaque particulier d'entre nous de recevoir à nostre Union toutes les paroisses et communautez de nos baillages qui s'y offriront, et de nous obliger à la leur, à condition que les minutes des Unions faites, tant avec les baillages qu'avec les paroisses et communautez, seront mises quinze jours au plus tard après qu'elles auront été acceptées entre les mains du secrétaire, lequel en donnera récépissé, promettant sur nostre Foy et sur nostre Honneur d'employer nos biens, nos vies et tout nostre pouvoir pour le maintien de nostre corps, tant en général qu'en particulier, sans qu'aucun des sous-signez s'en puissent départir sous quelque cause ou prétexte que ce puisse estre; et afin que rien ne puisse affoiblir cette Union, nous promettons de nous sousmettre à la pluralité des voix pour la résolution des propositions qui seront mises en avant et d'appuyer avec autant de fermeté ce qui aura passé dans la Compagnie contre nostre advis, comme s'il avoit esté suivy; en outre, nous donnons pouvoir aux susnommez et à ceux qui leur succéderont de s'employer pour l'accomodement des querelles et différends d'honneur qui pourroient naistre entre quelques-uns de nous, et nous obligeons de déférer à leur advis. Ce présent escrit a esté signé sans distinction, ni différence de rangs et maisons, afin que personne n'y puisse trouver à redire et sera mis en dépôt és mains de   qui en donnera trois copies collationnées et signées de sa main, à   au bas desquelles il confessera être chargé de l'original.

« Fait ce   jour de   1652. »

Cet acte d'union, outre ses clauses remarquables au point de vue politique, contient cette clause non moins remarquable au point de vue humanitaire, de l'accord convenu entre les gentilshommes qui, dans ce temps de guerre civile, pourraient se rencontrer dans les partis contraires, d'empêcher toutes déprédations, tous dommages, et d'obliger à les réparer tous ceux qui en auraient commis.

En même temps que l'acte d'union de la noblesse, fut rédigé à Paris un acte d'Union du tiers-état dont voici la teneur[1] :

Union générale du tiers-estal de France.

1652

I

« Nous Provinces, Villes, Bourgs et Bourgades du royaume de France sous-signez, n'ayant que trop ressenty pendant nos longues souffrances et persécutions tous les malheurs que les plus cruels ennemis armez peuvent causer de meurtres, incendies, vols, viols et tous autres actes d'hostilité dans toute la France, exercez par ceux qui ont cy-devant usurpé l'authorité royale, et voyant la continuation et l'accroissement journalier de tant de désordres que commettent les gens de guerre à nostre très-grand préjudice et mespris de la justice, ordres du Roy et des cours souveraines, et qu'il est impossible d'y trouver du remède qu'en faisant observer auxdits gens de guerre les

---

[1] Nous avons tiré ce document imprimé des *Archives du Ministère de la guerre*, vol. 134. L'exemplaire qui se trouve dans ces archives est celui qui fut envoyé de Paris au maire et aux échevins de la ville d'Angoulême, ainsi que l'apprend une note à la plume inscrite sur cet imprimé.

ordonnances en leur marche par estapes réglées et payées, routtes, séjour et lieu de garnison, ce qui ne sçauroit réussir sans les y forcer et contraindre, et pour ce faire establir parmi nous des forces suffisantes pour faire observer les ordres du Roy et contenir lesdits gens de guerre dans leur devoir, mesme au sujet des guerres présentes où l'on fait des actes d'hostilité qui ne sont pas imaginables : et comme tous ces maux tombent principalement sur le tiers-estat que nous composons, par une fausse maxime que nos biens et nos vies sont à ceux qui les ravissent et abusent de l'autorité du Roy, et en attendant que par une tenue d'Estats libres à Paris, on réforme les grands abus de l'Estat et que des chastiments convenables soient donnés à ceux qui ont volé le Roy et le peuple; ayant encore considéré l'union cy-devant faite des cours souveraines, du clergé, de la noblesse, toutes à une bonne et salutaire fin, nous avons creu n'y avoir rien de plus naturel et équitable que de NOUS UNIR COMME NOUS FAISONS par la présente pour le bien et service du Roy; conservation de son Estat et de ses subjects : Et afin de lui faire cognoistre et à un chacun que nos intentions sont pleines de sincérité pour la royauté et la justice, nous protestons de les maintenir et promettons de disposer et establir en chacune province des milices de pied et de cheval autant que chacun de nous en pourra préparer et fournir selon nos estendues et nos forces et par l'ordre que les provinces jugeront le plus convenable, afin qu'au premier advis que les gens de guerre feront quelques désordres, soit pour prendre des vivres sans payer, qu'en toute autre manière que ce soit, les milices plus proches des lieux s'assemblent en tel nombre qu'aparemment la force nous demeure pour appréhender lesdits gens de guerre, leur faire réparer les désordres qu'ils auront faits, et les faire punir selon la rigueur des ordonnances, promettant nous entre-secourir de province en province, si nous en sommes invitez.

II

« Promettons aussi de députer de nostre corps une personne de chacune province, pour, avec la qualité de scindic d'icelle, résider auprès du Roy, à Paris, et des cours souveraines, et demander tous ensemble la justice et réparation de tous les torts et outrages, foulles et oppressions qui nous ont esté ou seront faits dans les provinces.

III

« Que les députez porteront au plustost que faire se pourra le nombre et la qualité des milices de chacune province à Paris, afin que chacun de nous en ait une entière cognoissance.

IV

« En cas que quelque Province, Ville, Bourg ou Bourgade refuse d'entrer et signer la présente Union, elles ne seront assistées en quoy que ce soit.

V

« Que si à raison de la présente union faite à une si bonne et nécessaire fin, aucun de nous est injustement poursuivy par ceux qui voudroient continuer les désordres, voleries et brigandages dans l'Estat sous quelque prétexte, nom ou autorité dont ils puissent colorer leur persécution, nous promettons et jurons en nos consciences de maintenir le présent traicté par toutes les voyes qu'une juste défence et la nécessité nous obligeront et nous entresecourir les uns les autres, et dès maintenant nous y engageons nos honneurs, familles, biens et vies, et à l'entretenement de la présente Union pour tousjours nous et nostre postérité, parce qu'elle a sa fin pour la conservation de l'Estat, l'obéyssance et l'exécution des loix et ordres du Roy, et ceux des cours souveraines et nostre conservation générale et particulière.

VI

« Et d'autant que lesdites milices ne sont faites qu'à l'exemple de celles establies du règne de très-bons et augustes rois, François Ier et Henri II, ni cette union faite qu'en intention de servir l'Estat et faire observer les lois du royaume et qu'elles peuvent beaucoup ayder au maintien de la monarchie, et le Roy en tirer de très-grands et notables services, nous espérons que Sa Majesté donnera son consentement pour cet établissement, ayant le naturel trop bon et trop équitable pour empescher l'observation des justes loix de ses prédécesseurs et des fondamentales de l'Estat.

VII

« Ayant aussi tousjours recogneu la bonté et fidellité de son Altese Royale et de Monseigneur le prince de Condé, à la conservation de la France, pour la grandeur de laquelle ils se sont tant de fois exposez pendant le bas aage de nostre jeune Roi et que toutes les injustices et désordres de l'Estat ont esté faits contre leurs bons sentiments, tousjours portés au bien, support de la justice, et à nostre soulagement; nous les supplions d'approuver et d'autoriser la présente Union et de recevoir en bonne part les très-humbles submissions et obéissances que nous leur protestons.

VIII

« Nous ne saurions douter que les parlements et cours souveraines qui font la plus illustre partie de nostre corps, après tant de généreuses remontrances qu'ils ont faites, d'arrests qu'ils ont rendus, et vérifié d'ordonnances pour faire observer l'ordre et la justice en toutes choses, et qu'ils auront considéré la nécessité de la présente Union pour faire exécuter leurs décrets, n'approuvent ce que nous faisons, comme utile à l'Estat, à eux, et à toute la France.

IX

« Nous invitons aussi Messieurs du clergé et de la noblesse à joindre à nos Unions, et de ne persister point au peu de compte qu'ils ont tenu au tiers-estat dans leurs premières propositions au sujet de l'Union qu'ils ont faite entre eux, sans en parler ni en conférer à aucun de nous ; ce qui nous a fait résoudre à composer cette Union séparée, laquelle vray-semblablement leur sera plus utile qu'ils n'en ont fait d'estime : et comme nous sommes un corps incomparablement plus grand que tous les autres de l'Estat, et qu'il n'y manque que la bonne conduitte, l'union et l'exercice des armes, nous avons grand sujet d'espérer qu'à l'advenir ces Messieurs auront pour nous plus de bonne volonté que de mespris, nos intentions estant de leur faire voir que nous faisons autant estat de leur amitié que de leur union. »

« Du 1652.

« Messieurs,

« Les désordres qui sont dans l'Estat et particulièrement ceux que font les gens de guerre depuis beaucoup d'années, sont trop universels pour n'en pas souhaiter le soulagement, que nous ne devons attendre que de nous-mesmes dans l'effet de l'Union jointe à la présente, laquelle nous vous prions d'exécuter et signer le plus promptement qu'il vous sera possible, et establir vostre milice dans un ordre convenable, avec desputation au plustost d'une personne de vostre corps à Paris pour l'effet de nostre Union, et qui apportera le nombre de la milice de vostre province. Nous conférerons tous ensemble à Paris dans la cour du palais ou à la place Dauphine aux jours de lundy et jeudy, depuis neuf heures jusques à midy, afin de nous conformer et assister en ce qui sera nécessaire, estimant qu'il n'y pourra avoir que des ennemis d'eux-mesmes qui dilayeront ou refuseront d'entrer dans nostre Union. Vous y travaillerez donc s'il vous plaist incontinent, puisqu'il s'agit de la conservation de nos familles, honneurs, biens et vies exposez à la discrétion de personnes qui n'en ont point : Et dans cette espérance nous vous supplions de croire que nous effectuerons cette Union avec toute diligence, et nous serons tousjours,

« Messieurs,

« Vos très-humbles serviteurs le TIERS-ESTAT des autres provinces [1]. »

La lecture de l'acte d'union du tiers état frappe à première vue par l'absence du sentiment de dignité politique qui caractérise ce document : il abrite la résolution d'une union du tiers état derrière l'exemple donné par l'union des autres corps et parmi ceux-ci il place les cours souveraines en première ligne. Or les prétentions politiques de la magistrature étaient un attentat aux droits de la nation en général et du

---

[1] Cette lettre, en caractères italiques, est imprimée sur une feuille distincte de l'acte d'*Union générale du tiers-état de France*.

tiers état en particulier; ces prétentions entraînaient la négation, la suppression des états généraux. L'union des cours dites souveraines, par abus de langage, ne pouvait être frappée que de réprobation; sinon elle devait être passée sous silence. Ce silence, plus digne et plus politique, avait été adopté par la noblesse.

Dans cet acte d'Union du tiers état nous trouvons néanmoins formulé le principe de la convocation des états généraux; et, en plus, le rétablissement des milices telles qu'elles avaient existé sous les règnes de François Ier et de Henri II. Nous y remarquons que la noblesse et le clergé sont invités à ne point persister dans le peu de compte qu'ils ont fait du tiers état dans les conventions de l'Union qu'ils ont établie entre eux, sans en conférer avec le troisième ordre. Nous voyons cependant que dans la lettre circulaire et dans l'acte d'Union de la noblesse pour la convocation des états généraux, mention expresse est faite du tiers état comme l'un des ordres participant de tout droit et de toute nécessité à la constitution de ces assemblées. La plainte du tiers état ne paraît donc avoir d'autre fondement que cette susceptibilité dont nous avons signalé la naissance à l'époque des états généraux de 1614. Il est possible seulement et même probable que la noblesse avait pris l'initiative, sans demander l'initiative simultanée du tiers état, dans la crainte de trouver dans ce corps moins un concours que des entraves; et qu'elle avait pensé qu'il valait mieux l'entraîner dans un mouvement déjà organisé. Ces appréhensions de l'ordre de la noblesse trouveraient leur justification dans la rédaction même des articles de l'acte d'Union de l'ordre du tiers état, puisque toute la force de cet acte se trouve infirmée par deux de ses articles : l'un qui demande pour la constitution de l'Union l'approbation du duc d'Orléans et celle du prince de Condé; l'autre, le concours des parlements et des cours souveraines. Nous n'ignorons pas que de ces deux côtés, et du dernier plus encore, non-seulement la convocation, mais l'institution même des états généraux, était unanimement repoussée. C'était donc anéantir l'acte d'Union par avance que d'en faire dépendre la réalisation de l'approbation de ceux qui ne pouvaient être disposés à la donner. Il en est résulté que, tandis que la noblesse poursuivait ses efforts, l'acte d'Union du tiers état est resté lettre morte; impuissante et illusoire tentative demeurée inconnue et que nous enregistrons en la révélant à titre de curiosité historique.

Tandis que le tiers état continuait à abriter son impuissance volontaire derrière la robe des parlements, la noblesse continuait son œuvre en s'unissant de province à province, de bailliage à bailliage; elle multipliait ses actes d'union, et parmi ceux-ci nous avons découvert le suivant entre la noblesse du duché de Châtelleraut et celle de la province de Poitou, document dont l'intérêt consisté encore dans la nomenclature des noms des gentilshommes choisis pour constituer le bureau de l'assemblée et des noms de ceux qui apposèrent leurs signatures au bas de cet acte, noms qui méritent d'être tirés de leur oubli.

Acte signé de la noblesse du duché de Chastelleraut portant qu'elle se joint à celle du Poictou[1].

« Ce jourd'huy quinzième jour de juin mil-six-cent-cinquante-deux, les gentilshommes de la duché de Chastelleraut se sont assemblés au bourg de Turé[2], ensuite de la résolution et conformément à l'assemblée faite à Chandenier, laquelle ils ont approuvée ne voulant se distraire de la province de Poictou, lesquels ont ratifié et approuvé la présente assemblée et ont signé le présent acte engageant leur honneur et leur foy de s'employer comme frères, de s'assister les uns les autres dans ce canton pour faire exécuter

---

[1] Nous avons extrait ce document inédit des *Archives du Ministère de la guerre*, vol. 134.
[2] Thuré, bourg qui fait aujourd'hui partie du département de la Vienne, arrondissement de Châtellerault.

ponctuellement la déclaration du Roy du   décembre dernier, avec protestation de ne se despartir jamais pour quelque occasion que ce soit de la fidélité qu'ils doibvent à Sa Majesté et de leur obéissance, lesquels ont nommé pour leur secrétaire François le Bossu, escuyer, sieur de Beaufort; pour président M. le marquis de Marmande [1]; pour conseillers Messieurs de la Tour-Signy, du Mourier et de Beaupré [2]; pour trésorier M. de la Croix; pour cantonnier M. le baron de Sigournay [3]; pour premiers, Messieurs de Saint-Philibert, des Aubiers [4], des Chezaux, du costé de Vienne; pour le costé de Marmande, Messieurs du Gué [5] et Villiers-Vilecuit; et pour le costé entre les deux rivières de la Vienne et du Dix, M. de Montigny. Laquelle nomination ne pourra subsister que pendant trois mois.

« Et avant signer mesdits seigneurs ont esté d'avis de député M. du Mourier, lequel a esté prié d'aller trouver Messieurs de l'assemblée de la

---

[1] Georges Gillier, marquis de Clérambault et de Marmande.

[2] Louis de Choiseul, baron de Beaupré.

[3] De la maison de Gillier, probablement René Gillier, fils aîné du marquis de Marmande.

[4] On trouve, dans l'*Histoire généalogique du P. Anselme*, une alliance au xive siècle de Joachim des Aubiers avec Jacquette du Gesclin.

[5] On trouve, dans l'*Histoire généalogique du P. Anselme*, Jean et François du Gué qui furent successivement, en 1586 et en 1611, hérauts rois d'armes des ordres du roi.

province à Coullonges-les-Royaux, le premier jour de juillet prochain, pour les assurer de leur bonne intention, volonté et fidélité et adjonction à leur corps. Ils ont prié pareillement M. de la Tour-Signy d'aller trouver M. de Rohan¹ pour l'informer de l'assemblée qui est faite ce aujourd'huy.

« A esté aussy adresté que les présidents et autres officiers se pourront assembler pour résoudre ce qu'ils jugeront estre à propos pour l'intérest de la noblesse.

« Ainsy signé en la minutte

« Georges Gillier, Beaupré, La Croix, du Mourrier, La Tour-Signy, Saint-Philibert, Montigny, des Chézaux, Villiers, du Gué, des Fraîns, des Aubiers, Bussy, Desouché, Haultfleuray, Boismorin, La Caute, La Fontaine, du Magnay, Fallaise, Fumée, de Griain, La Touche, F. de Vaucolle, La Touche, La Mailletrye, Malconville, Charles de la Mer, Grandchamp, de Refugé, La Maistrye, La Motte, Dusseau, d'Arnois, Rebrefort, Marthel, Moririvière et Mondidier.

« Deslivré pour copie par moy secrétaire susdit de l'ordonnance de Messieurs de l'assemblée. »

En présence de ces manifestations de la noblesse, la cour s'émut plus encore qu'en face des

---

¹ Probablement Pierre de Rohan, prince de Guemenée, comte de Montauban, sénéchal d'Anjou et de la Flèche.

menées séditieuses des princes. Les intentions de la noblesse étaient cependant pacifiques, tandis que les menées des princes étaient conduites les armes à la main; mais les premières renfermaient en elles tout un système de gouvernement représentatif en opposition avec l'œuvre du gouvernement absolu; tandis que les secondes, ne s'appuyant sur aucun principe politique, n'étaient qu'une guerre civile, qui, une fois étouffée, si on y réussissait, ne laisserait aucun germe après elle. Les manifestations pacifiques, jugées plus redoutables que les manifestations guerrières, furent donc l'objectif sur lequel le ministre directeur de la politique royale fit converger tous les efforts et toute la puissance de l'autorité.

La dépêche suivante fut adressée aux gouverneurs de chaque province :

Dépêches générales aux gouverneurs des provinces pour empêcher l'assemblée de la noblesse[1].

Du 24 may, à Corbeil.

« Mon cousin, ayant apris que quelques gentilshommes se sont assemblez à Nogent-le-Rotrou en mon pays de Perche et ont écrit à ceux de quel-

---

[1] Minute inédite; *Archives du Ministère de la guerre*, vol. 135.

ques autres provinces pour faire une union ensemble et demander la tenue des états généraux du royaume, et considérant la conséquence de telles assemblées particulières et qu'encore que je désire singulièrement de voir tenir lesdits états généraux pour le bien qui en peut réuscir au public, néantmoins n'étant point convenable, ny possible d'y pourvoir dans le trouble présent, j'ai bien voullu vous faire cette lettre pour vous dire que vous ayez à empêcher qu'il ne se fasse de pareilles assemblées de la noblesse dans l'étendüe de votre charge comme étans contraires à mon autorité et à mon service, et que vous fassiez connoître à tous ceux, et en la manière que vous verrez à propos, que mon intention est de faire tenir l'assemblée desdits états généraux aussitôt que le tems et les affaires de mon royaume le pourront permettre et que je m'assure bien que ma noblesse continuera à me témoigner dans les occasions présentes la mesme fidélité et affection que mes prédécesseurs en ont éprouvées dans leurs plus urgentes affaires, et les plus grandes nécessitez de l'État, pour le maintien duquel ils ont tant de fois et si librement employé leur sang et leur bien, en sorte que j'auray sujet de l'honorer de plus en plus de ma bienveillance et estime, et de la gratiffier de mes bienfaits en toutes les occurences où les moyens s'en offriront, et me remettant sur vous de faire encore plus particulièrement entendre mes bons sentimens à ceux que vous verrez avoir le plus besoin d'en estre informés, je ne vous ferai la présente plus longue que pour prier Dieu, etc. »

« Il a été écrit de semblables lettres à tous les gouverneurs ou lieutenans généraux des provinces pour le même sujet le dit jour. »

Dans cette dépêche, le roi fait appel aux sentiments de fidélité de la noblesse pour lui interdire toutes les assemblées qui avaient pour but la réalisation de la convocation des états généraux; et, pour ôter tout motif à ces assemblées, il renouvelle solennellement la promesse de cette convocation, aussitôt que le calme rétabli pourra le permettre. Captieuse assurance du ministre favori qui ne l'engageait pas plus, dans l'élasticité de sa conscience, que les précédentes promesses! Étrange motif d'ajournement que d'attendre le rétablissement du calme! Mais le but de la convocation des états généraux n'était-il pas précisément la recherche des moyens propres à rétablir la paix dans le présent et à assurer la sécurité de l'avenir? Les convoquer après le triomphe de la force brutale et matérielle, c'était les convoquer alors que le pouvoir absolu, ayant dit son dernier mot, ne voudrait plus les entendre; en définitive c'était les ajourner à une époque où leur non-convocation ne ferait même plus une question.

L'instruction suivante est un corollaire explicité de la dépêche aux gouverneurs des provinces; le nom du titulaire de la mission y est resté en blanc; il ne dut être rempli que sur l'expédition de l'instruction qui fut remise au commissaire choisi dont le nom nous est resté inconnu :

Instruction donnée au sieur   s'en allant en Poittou pour empêcher l'assemblée de la noblesse[1]

« Le roy ayant été averty par le sieur duc de Roannois, gouverneur de Poittou, de l'assemblée de la noblesse de la dite province, qui a été tenue à Chandenier au commencement du présent mois, et qu'il y a esté arresté diverses choses contraires à son autorité et entre autres de tenir encore une assemblée de la dite noblesse et plus ample que la première, qui est assignée à Coulonges-les-Royaux, au premier jour de juillet prochain, Sa Majesté ne voullant pas souffrir une entreprise de cette conséquence, a résolu d'envoyer une personne exprès de sa part en la dite province pour en faire les deffenses nécessaires, et ayant choisy

---

[1] Minute inédite; *Archives du Ministère de la guerre*, vol. 135.

pour cet effet le sieur   en la capacité et bonne conduite duquel elle prend toute confiance, elle luy a voullu faire donner le présent mémoire pour luy servir d'instruction.

« L'intention de Sa Majesté est qu'il aille ensuitte au dit lieu de Coulonges-les-Royaux et qu'il fasse entendre à ceux qu'il y trouvera, que Sa Majesté n'a pu apprendre sans étonnement que des gens bien intentionnez pour son service comme elle sçait que le sont les gentilshommes de la dite province en général et comme ils en ont fait profession ouverte même dans la dite assemblée, se soient laissez porter par quelques factieux dont il est difficile qu'une grande province soit du tout exempte; et qui sont gagnez par ceux qui ont les armes à la main contre Sa Majesté, à entreprendre de se trouver à une assemblée convoquée sans sa permission, et sans y avoir des officiers ou commissaires de sa part, étant chose que chacun sçait estre contraire aux lois et à l'ordre observé de tout tems dans le royaume, qui renversé les fondemens de l'obéissance et du respect qui lui sont deus et donné ouverture à venir contre elle un des principaux membres de l'État qui ne s'est jamais séparé de son chef dans les siècles passés, et qui a toujours été le plus utile à sa conservation et à sa deffense.

« Que ceux qui assistent à ces assemblées étans

abusez par des gens mal intentionnez, et préoccupez d'intérests ou d'affections pour le party contraire à celuy de Sa Majesté se font non-seulement le tort que de tremper dans une contravention manifeste à leur devoir, mais aussi d'attirer un préjudice notable à tout leur corps, puisque tous leurs priviléges ne peuvent estre maintenus que par Sa Majesté, et en donnant l'exemple de fidélité et d'obéissance à tous les sujets, comme ont fait ceux de cet ordre dans les plus grandes nécessitez de leurs Roys et de l'État.

« Que Sa Majesté est bien avertie que l'on a uzé d'un tel artifice plusieurs d'entre eux d'assister à ces assemblées qu'on leur a persuadé qu'elle ne les auroit pas désagréables, que l'on a pris pour prétexte d'empêcher la licence des gens de guerre, de faire observer le règlement des étappes et porter Sa Majesté à tenir les états généraux pour remédier aux troubles et désordres présents.

« Et cependant il est véritable que la chose s'est faite sans le sceu et le gré de Sa Majesté, ny du gouverneur de la province; que l'on y a délibéré de s'unir avec la noblesse des autres provinces pour même fin, qu'on y a éleu et nommé des présidents, conseillers cantonniers, et secrétaires de ces assemblées; que l'on monteroit à cheval selon les ordres des dits présidents et conseillers, et que l'on s'est proposé de traitter plus avant de toutes choses en celle qui a été assignée au premier jour du mois prochain.

« Que ne se pouvant rien ajouter au règlement que Sa Majesté fait depuis peu de tems pour les étapes de la dite province, puisqu'elle a pourveu au soulagement général du peuple, et a eu un soin particulier d'employer pour l'exécution ceux de la noblesse, elle n'a plus rien à désirer à ces égards sinon qu'il soit observé, comme il ne manquera pas de l'estre par les ordres que Sa Majesté en a donnez au gouverneur de la province, qui a toute autorité et l'affection nécessaire pour cet effet.

« Que pour la tenüe des états généraux du royaume il n'est pas besoin que Sa Majesté soit invitée à y pourvoir, puisqu'il y a longtemps qu'elle l'a résolue, que personne ne peut ignorer les empeschemens que l'on y a aporté de tems en tems par les troubles excitez dans le royaume qui ont obligez nécessairement Sa Majesté à se porter où le feu a été allumé pour l'éteindre, comme elle a fait presque partout par sa présence et qu'enfin elle a mandé par toutes les provinces et baillages qu'elle feroit l'ouverture des dits états en la ville de Tours au premier jour du mois de novembre prochain, et c'est en ce lieu là où, en une assemblée génerálle et légitime, chacun se pourra faire entendre par les députtez des baillages et sénéchaussées de tous les ordres, de ses griefs et des désordres que l'on souffre, que l'on en proposera les avis à Sa Majesté et qu'elle en résoudra les remèdes pour les apliquer utilement. Qu'elle désire les états comme un moyen pour parvenir à la paix et qu'il n'y a rien qu'elle ne veuille faire pour la donner à son royaume et pour la voir rétablir dans toute la chrétienneté.

« Que par ces raisons, n'ayant ny prétexte, ny titre à la noblesse de s'assembler, Sa Majesté luy deffend de le faire, soit audit lieu de Coulonges-les-Royaux, ou autres, et commande à ceux qui seroient assemblez de se séparer sur peine de désobéissance et d'encourir son indignation.

« Qu'à l'égard des présidents, conseillers, cantonniers et secrétaires, Sa Majesté deffend à tous ceux qui ont été nommez pour ces qualitez ou charges prétendües et qui les ont acceptées, de les prendre à l'avenir, ny d'en faire aucun acte, ny fonction pour quelque cause et occasion que ce soit, sur les peines.

« Qu'elle leur deffend aussy à tous en général et à chacun d'eux en particulier de monter à cheval, si ce n'est par ordre du général de la province et des lieutenants-généraux pour Sa Majesté en icelle en son absence, ou autres ayant autorité pour cela, que la noblesse et lesdits officiers ayant beaucoup de sujets de se loüer de la bonté de Sa Majesté, l'ayant exemptée depuis son règne de

monter à cheval suivant les formes de l'arrière
ban, comme il a été pratiqué par les Roys ses prédécesseurs, afin de ne luy estre point à charge et
lorsque ceux de la dite province l'ont assistée de
leurs forces comme il est arrivé en ces dernières
occasions dont elle luy sçaura beaucoup de gré,
ça été volontairement et en les invitant ou fesant
inviter de sa part sans uzer d'aucune voye de
contrainte, ny les obliger, ny à aucune dépense,
ny service précis et de durée ; et parce que Sa
Majesté se promet que les dits gentilshommes, et
même ceux qui ont été élus pour présidents qui
sont des personnes d'âge, de condition, et de
fidélité ancienne et éprouvée, se départiront bien
volontiers de ces qualitez et de ces assemblées,
elle désire que le dit sieur . . . les y exorte
premièrement par les termes plus favorables qu'il
pourra, suivant les lettres que Sa Majesté fait
mettre en ses mains pour les dits sieurs d'Argenton,
de Lisle-Rovel, et la Boolle, qui ont été nommez
pour présidents, et s'ils y fesoient difficulté, qu'il
s'acquitte tant en l'endroit des dits sieurs, que
des autres, de ce que Sa Majesté luy ordonne en
termes exprès et qui notent combien leur contravention à ses ordres luy pourra déplaire.

« Que s'il arrivoit qu'ils ne se voulussent pas séparer, et quitter cette assemblée, elle entend qu'il
leur déclare que Sa Majesté est résolüe d'employer

la force pour se faire rendre l'obéissance qui luy est deue par ses sujets, que pour cet effet M. le comte d'Harcourt a ordre d'envoyer un corps de cavalerie au sieur du Plessis-Bellière, pour avec celui d'infanterie et de cavalerie qu'il a présentement, se rendre en Poittou et agir à cette fin de concert avec le dit sieur duc de Roannois, auquel le dit sieur porte commandement exprès de s'employer par toutes voyes pour empêcher la tenüe de cette assemblée et même de demander ce secours à M. le comte d'Harcourt en cas de besoin, sur quoy Sa Majesté entend que le dit sieur ne vienne à cette menace qu'en cas que les autres moyens soient absolument innutils.

« Et parce que le sieur duc de la Trimouille a recherché les gentilshommes qui se sont trouvez dans la dite assemblée tenüe à Chandenier pour se joindre à eux, à quoy l'on prétend qu'il s'est porté sur ce que le dit du Plessis-Bellière avoit dessein d'attaquer ses maisons avec les forces de Sa Majesté qu'il commande, bien que le dit sieur du Plessis-Bellière soit assez connu pour estre si sage qu'il n'aura eu garde d'avoir eu une telle pensée, et moins encore qu'il ait voulu l'exécuter, toutefois comme elle a apris que ce qui a donné lieu au bruit qui en a été répandu, est que le prince de Tarente, fils aîné dudit sieur duc de la Trimouille, a publié qu'il avoit ordre des princes pour lesquels il a pris les armes contre Sa Majesté de démolir la maison dudit sieur du Plessis-Bellière, ce qui seroit à la vérité une entreprise que Sa Majesté ne pourroit pas souffrir, elle désire que le dit sieur   aille trouver le dit sieur duc de la Trimouille de sa part, selon que le dit duc de Roannois l'estimera à propos, pour le détromper par ces raisons de l'opinion qu'il pourroit avoir prise que le dit sieur du Plessis eust dessein de rien entreprendre, pour divertir le dit sieur duc de la Trimouille d'assister ny se joindre aux dites assemblées, luy fesant connoître comme Sa Majesté prend toute confiance en son affection et fidélité à son service et désire lui donner en toutes occasions des effets de l'estime qu'elle fait de sa personne et de sa bienveillance et promet bien qu'il ne prendra nulle part aux choses qui peuvent estre contraires à son service et au repos de la province, fesant mettre ès mains du dit sieur une lettre pour le dit sieur duc, afin de luy donner toute créance sur ce sujet.

« Que s'il y a quelque autre personne considérable qui se trouve à ces assemblées ou qui eust dessein d'y aller, le dit sieur   agira ainsy qu'il verra estre à propos pour l'en dissuader et au surplus se conduira en toutes choses suivant les avis et les ordres du dit sieur duc auquel Sa Majesté se remet de tout ce qu'elle pourroit ajouter à la présente, l'assurant que les services qu'il luy rendra en une affaire de cette conséquence luy seront en particulière considération.

« Fait à Melun le 20ᵉ juin 1652. Il a été écrit audit sieur duc de la Trimouille pour le même sujet et en créance dudit sieur . . . . . . ledit jour. »

Cette instruction, sous ses fallacieux dehors, dessine avec plus de netteté, s'il est possible, que les documents précédents, les véritables intentions de la cour. La promesse de la convocation des états généraux y est renouvelée d'une manière aussi explicite que possible, évidemment parce que moins que jamais le cardinal ministre a l'intention de la tenir; mais, pour conjurer l'orage redouté, la duplicité lui paraît plus que jamais l'auxiliaire nécessaire de sa politique. Le lieu et la date de la convocation sont même soigneusement indiqués : à Tours, le 1ᵉʳ novembre 1652! Mais si après cette promesse dont la réalisation ne saurait être mise en doute sans crime, la noblesse n'obtempère pas à l'interdiction portée contre ses assemblées; si les présidents qui ont reçu chacun une lettre de défense particulière, si les secrétaires, si les délégués qu'elle a choisis ne considèrent pas les fonctions électives qui leur ont été conférées comme nulles et non avenues, les foudres royales retentiront de tout leur éclat. Le marquis du Plessis-Bellière abandonnera ses opérations militaires en Saintonge contre le comte du Dognon; le comte d'Harcourt dégarnira l'armée royale en Guyenne de tout un corps de cavalerie. Si carte blanche se trouve ainsi donnée au développement de la révolte armée des princes à Bordeaux et dans les provinces environnantes, si l'Espagne vient à mettre un pied triomphant dans la Guyenne, peu importent les inconvénients, les dangers même les plus graves, pourvu que de pacifiques assemblées, considérées comme si redoutables parce qu'elles symbolisent tout un système politique, soient rendues impossibles. Il paraissait bien moins essentiel à la politique absolutiste, qui tendait à s'affermir, de vaincre la Fronde militante des princes que de courir sus à la noblesse royaliste, mais attachée aux principes représentatifs, de la France en général et du Poitou en particulier.

Faudra-t-il attendre la fin des temps pour que les gouvernements apprennent à connaître leurs vrais intérêts et leurs vrais amis?

En seconde ligne, signalons encore, dans ces instructions royales, la défense faite à la noblesse de monter à cheval pour quelque cause que ce soit, si ce n'est sur la convocation du gouverneur de la province ou de ses lieutenants; et pour engager plus fortement la noblesse à s'y conformer, elles lui font remarquer que l'arrière-ban, conservé jusqu'au règne du roi Louis XIII, a été supprimé depuis le nouveau règne par sollicitude pour elle. Précédemment, elle était obligée à monter à cheval chaque fois qu'elle en était requise; depuis, elle n'avait reçu que de simples mais fréquentes invitations; comme elle les considérait comme des ordres, chaque fois elle n'avait pas manqué d'y obtempérer. Voici en réalité l'avantage prétendu qui lui avait été fait. Qui pourrait douter que cette suppression en principe de l'arrière-ban, invoquée comme un motif de reconnaissance, n'avait d'autre but réel que d'arriver au désarmement de la noblesse comme corps et à l'extension de plus en plus considérable du système des troupes soldées, plus faciles sans doute à diriger, plus redoutables dans une guerre extérieure; mais à l'intérieur, plus maniables aussi pour le pouvoir et par suite plus redoutables contre la liberté?

Les instructions royales abordent enfin un fait particulier qui ne manque pas de quelque importance en raison de celle du personnage auquel il se rapporte. Tandis que nous avons vu le prince de Tarente[1] combattre en Poitou et au faubourg

---

[1] Voyez sur lui, tome I, page 313 et la note.

Saint-Antoine avec l'ardeur d'un fougueux lieutenant du prince de Condé, le duc de La Trémoille, son père, était demeuré étranger à la Fronde; mais tout récemment, sorte de membre égaré de la noblesse ducale parmi la noblesse constitutionnelle, il semblait donner la main à ses assemblées. Sa haute situation dans la province de Poitou donnait à son adhésion une importance que redoutait la cour. Les instructions, à tort ou à raison, supposent que le duc de La Trémoille n'avait pris cette attitude que dans un intérêt personnel : le bruit s'était répandu que le marquis du Plessis-Bellière voulait attaquer ses châteaux et les démolir, par représailles d'une menace semblable faite contre ses possessions par le prince de Tarente. Comme un intérêt personnel est supposé seul en jeu, le commissaire royal a reçu toutes les instructions nécessaires pour le satisfaire.

Pendant que la politique ministérielle et royale mettait la noblesse dans l'impuissance non-seulement d'obtenir la réalisation de la promesse des états généraux, mais dans l'impuissance encore de se protéger et de protéger les populations contre les plus affreux désordres, nous aurons la démonstration de l'impuissance de cette politique à accomplir au moins par elle-même cette œuvre de protection. La lettre suivante adressée à Le Tellier par un seigneur de la cour, M. de Montagu [1], révèle des actes dignes de ceux que nous a fait connaître la lettre adressée au même ministre par le baron de Courtalin-Montmorency :

« Monsieur,

« J'estois asses poltron pour me promettre un peu de repos et de soulagement à Pontoise; mais icy j'ai trouvé plus de sujet de peine et d'inquiétude que dans la cour où le grand bruit ne nous laisse pas entendre les abominations de la campagne. Icy nous trouvons tous les curés de la vallée de Montmorenci quasi refugiés, ceux qu'ont eschappé les tourments des gens de guerre, entre autres il y a le curé de Saint-Prye qui a esté fouytté tout nud avec des ronces et des espines pour faire déceler la caché du village. Les violements et les meurtres sont si communs qu'on ne s'en plaint plus. Les offenses et indignités au Saint-Sacrement sont celles qui font le plus d'horreur dans l'armée du roy très-chrestien. Mais je ne vous fais pas cette lamentation pour des choses irrémédiables, mais pour vous conjurer de donner ordre qu'on fasse retirer des voleurs qui attaquent,

[1] De la maison de Gérard, seigneur de Montagu, bourgeois de Paris, anobli, en 1363, par le roi Jean. Le frère de Gérard, Jean de Montagu, évêque de Chartres, fut chancelier de France, en 1405, et archevêque de Sens, en 1406.

il y a trois jours, l'Esglise de Saint-Leu-Tavernier à la veue de Pontoise. C'est une retraite où la paroisse s'est sauvée. Je vous supplie, Monsieur, de faire secourir ce pauvre peuple au plus tost. C'est une chose assez estrange que cela se souffre. Je ne doute pas que vous ne facies vostre possible pour mériter auprès de Dieu dans une occasion si pitoyable. Je me suis trouvé obligé à vous en donner l'avis, cognoissant asses vostre piété pour croire que vous l'estimerez une marque de combien je suis,

« Monsieur,

« Vostre très-humble et très-obéissant serviteur,

« MONTAGU. »

« A Pontoise, le 7 juillet 1652 [1]. »

En présence de l'inébranlable résistance de la cour à toute solution constitutionnelle, si la noblesse eût persévéré dans son attitude, elle eût inévitablement donné naissance à une nouvelle guerre civile à côté de la guerre civile des princes qui continuait son cours, et placé la royauté aveuglée dans le plus sérieux péril. Tel n'était pas le but de cette noblesse constitutionnelle, toujours fidèle au roi, qui ne demandait le triomphe de ses principes qu'à la raison

---

[1] Nous avons tiré cette lettre inédite des *Archives du Ministère de la guerre*, vol. 134.

et à de pacifiques moyens. D'ailleurs, bien qu'elle eût droit de se tenir en défiance par l'expérience du manque de parole aux promesses passées, elle trouvait, dans les actes mêmes qui lui interdisaient ses assemblées, un renouvellement de la promesse solennelle de la convocation des états généraux; la date précise en était même fixée. Avec la loyauté qui faisait son plus bel apanage et dont elle se plaisait à ne pas douter de la part de la politique royale, même dirigée par un ministre italien, elle dut croire et se résigner à attendre.

La noblesse ne paraît avoir tenu, à partir de ce moment, qu'une dernière assemblée à Coulonges, dans laquelle, avec soumission, elle déclara s'en remettre au roi sur toutes choses, particulièrement pour la répression des désordres et des brigandages de ses armées.

Une lettre adressée par le maire de la ville de Poitiers au ministre Le Tellier, lettre qu'il termine, suivant l'usage du temps, par un paragraphe consacré à ses intérêts particuliers, vient clore notre épisode, nouveau dans l'histoire, d'une Fronde constitutionnelle tout autre, et autrement nationale et logique que la Fronde factieuse et illogique des parlements, et que la Fronde factieuse et illogique des princes :

« Monseigneur,

« L'ordre du roy que j'ay receu de vos mains et que j'ay faict public en tous lieux a enfin réussi à calmer les esprits, et quoique l'assemblée aye esté faicte à Coulonges, néanmoins les gentilshommes qui s'y sont trouvés ne se sont pas esloignés de leur debvoir, obéissant de poinct en poinct à ce qui leur a esté prescrit par M. de Rouannès. Inévitablement, comme l'on a faict espérer qu'il y auroit un fond d'estapes pour la subsistance des trouppes, ils ont desputez d'entre eux quatre personnes d'honneur vers le roy pour le prier de ne trouver pas mauvais s'ils empeschent que les trouppes ne vivent si désordonnément et avec telle licence qu'elles ont faict jusques icy, et que les estapes soient fournies. Vous avez sceu, comme je crois, que M. d'Estissac[1] envoia un gentilhomme pour prier tous ceux de l'assemblée de le venir trouver. Pour en sçavoir le desseing, nous ne le connoîtrons point en ce pays, si ce n'est qu'il a affaire à un peuple peu maniable. Je crois qu'il n'aura pas esté beaucoup satisfaict de leur réponse, du moins je sçai que ces Mes-

---

[1] Benjamin de la Rochefoucauld, comte d'Estissac; voyez sur lui, tome I, page 336.

sieurs ne se mettront point en debvoir de l'aller joindre.

« Si je ne craignois de passer pour importun je vous convierois encore à me faire récompense des advances que j'ai faictes pour le service du roi; mais les grands embarras d'affaires me font laisser cela à sa justice quand l'occasion sera venue, aussi bien qu'à vous, de me faire la grâce de m'en procurer le remboursement. Si néanmoins il y avoit quelque jour, j'oserois vous supplier d'en vouloir parler à la reine et à Monsieur le cardinal. Je crois que mes services les toucheroient à ce poinct que j'aurois quelque pension pour mes enfans sur de bons offices. Je ne le puis espérer que de vostre générosité et protection que je réclamerai toute ma vie comme estant,

« Monseigneur,

« Votre très-humble et très-obéissant serviteur,

« DE LA COURT CHAUVEREAU, »
« maire et capitaine de Poitiers. »

« A Poitiers, ce 9 juillet 1652 [1]. »

L'histoire attend encore la réalisation de la rassurante promesse de la convocation des états généraux, à Tours, pour le 1er novembre 1652.

[1] Nous avons tiré cette lettre inédite des *Archives du Ministère de la guerre*, vol. 134.

Ainsi périrent les aspirations représentatives de la grande majorité de la noblesse française et de toute la partie patriotique et intelligente de la bourgeoisie, étouffées à l'envi par la reine mère, par le cardinal Mazarin, par les princes, par les parlements; mais ces aspirations n'en formaient pas moins le côté sérieux et le fond vrai du mouvement; nous en avons dégagé le *véritable esprit de la Fronde*.

CHAPITE XXIV.

Coup d'œil rétrospectif sur l'histoire de la ville de Bordeaux. — Importance de cette ville sous la domination romaine. — Les ducs d'Aquitaine au moyen âge. — La Guyenne passe sous la domination de l'Angleterre par suite du mariage d'Éléonore d'Aquitaine avec Henri Plantagenet. — Alternatives de la possession française et de la possession anglaise. — Libertés municipales développées sous ces deux dominations. — Établissement du parlement sous Charles VII. — Construction des châteaux Trompette et du Hâ. — Influence originelle de la domination anglaise sur l'esprit de la Fronde à Bordeaux. — Troubles de cette ville à diverses époques. — Les trois partis de la Fronde à Bordeaux : la grande Fronde, la petite Fronde et l'Ormée. — Origine et caractères de chacun de ces trois partis. — Suppression des Archives de Bordeaux pour toute la période historique correspondant à la Fronde. — La terreur règne dans Bordeaux ; extrait de la Gazette. — Tentative infructueuse de la cour pour transférer à Limoges le parlement de Bordeaux. — Lettre inédite de refus du conseiller du Burg, chargé de cette mission, au cardinal Mazarin. — Nombreux excès de l'Ormée. — Le parlement de Bordeaux supprimé et rétabli. — Nouvelles proscriptions. — La présence à Bordeaux de la princesse de Condé, de la duchesse de Longueville, du prince de Conti, met en présence les éléments les plus opposés. — Les forces navales de l'Espagne réunies à Bourg. — Commerce naval de Bordeaux inquiété. — Expédition projetée par la flotte espagnole. — Le prince de Conti court risque d'être écrasé dans sa maison. — L'espionnage dans les deux partis. — Habileté en ce genre de l'abbé Baron et de sa famille découverte par le marquis du Plessis-Bellière. — Commencement de l'influence de Daniel de Cosnac sur le prince de Conti. — Les intrigues galantes autour de la personne de la duchesse de Longueville ; le duc de la Rochefoucauld, le marquis de Sarsay, le prince de Conti. — Placard injurieux affiché dans Bordeaux contre l'honneur de la princesse et de son frère. — Vers adressés par Sarrazin à la duchesse de Longueville. — Chagrins de la princesse. — Ses tardives aspirations pour la paix. — Curieux fragments d'une lettre inédite à ce sujet.

Pendant que la cavalerie du comte d'Harcourt s'éloigne de Bordeaux[1], portons notre attention sur cette grande cité. Il est intéressant et il ne sera pas inutile de jeter un coup d'œil rétrospectif sur l'histoire de cette ville qui a joué un rôle prépondérant dans les événements que nous racontons, ville que nous pouvons justement qualifier du titre de seconde capitale de la Fronde. Nous verrons se manifester dans l'esprit des habitants de Bordeaux un amour de liberté, mais en même temps une tendance, une sympathie pour l'alliance de l'Angleterre, qui ne sauraient trouver leur explication qu'en remontant aux origines.

Cette ville existait à l'époque de la conquête des Gaules par les Romains, et, si elle n'était déjà une grande cité, elle le devint bientôt. Les vestiges importants qui se voient encore, tels que

[1] Voyez tome II, page 384.

ceux des arènes, connus sous le nom de palais Gallien, et ceux qui ont disparu depuis une époque peu reculée, tels que les élégantes colonnes du temple du Dieu tutélaire, vulgairement appelés piliers de Tutelle, l'attesteraient suffisamment; mais nous avons encore des monuments écrits; le géographe Strabon, le poëte Ausone, nous parlant, l'un de son port de mer fréquenté, l'autre de son sénat. L'histoire et la tradition nous apprennent que l'apôtre saint Martial vint y jeter les premiers germes de la religion chrétienne. Cette importance antique a donc toutes ses preuves; mais, comme elle n'a pour notre sujet qu'une importance relative, nous ne faisons que la mentionner, sans l'approfondir.

Aussi ne parlerons-nous ni de l'invasion des Visigoths conduits par Alaric, auxquels Clovis infligea une défaite dans un lieu près de Bordeaux qui en a retenu le nom de camp Arrian[1]; ni de l'invasion des Sarrazins, dont le dernier flot vint expirer en Touraine aux pieds de Charles Martel, ni de la défaite, par Pépin, de Gaifer, duc d'Aquitaine, dernier rejeton des Mérovingiens dépossédés, dont le tombeau se vit longtemps sur les bords de la Divise, non loin du château de Hâ, château dont la dénomination rappelle malgré la

---

[1] Chronique bordelaise, à Bordeaux; chez Simon, imprimeur de la cour de Parlement et de la Ville, 1703.

corruption de langage le nom, d'origine juive, de la tombe de Caïphas. Nous déplorerons aussi les incursions des Normands, sans nous y fixer davantage; mais, lorsque nous voyons Bordeaux et la Guyenne passer, par le mariage d'Éléonore, sous le sceptre d'un roi d'Angleterre, ici nous nous arrêtons.

Depuis le règne de Charles le Chauve, neuf ducs héréditaires d'Aquitaine relevant féodalement de la couronne de France s'étaient succédé. Guillaume IX, dernier duc de cette lignée, n'eut qu'une fille, Éléonore; le roi de France, Louis VII, dit *le Jeune*, l'avait épousée en 1137; il avait par cette alliance considérablement augmenté la puissance de son sceptre. Ce monarque, écoutant les ressentiments de l'époux plus que les intérêts de sa couronne, répudia, en 1150, la reine Éléonore, malgré les conseils de Suger et les efforts de Geoffroy, archevêque de Bordeaux. Celui-ci, au concile de Beaugency, saisi de cette demande de divorce appuyée sur un prétexte de parenté, soutint énergiquement la cause d'Éléonore. Vains efforts d'une sage politique : le divorce fut prononcé. Éléonore, remise par Louis VII en possession de son duché d'Aquitaine, épousa Henri Plantagenet, comte d'Anjou, duc de Normandie, six semaines après avoir été répudiée. Henri Plantagenet, souverain de tant de provinces, devenait un vassal bien redoutable; il le devint bien davantage, lorsque bientôt, sous le nom d'Henri II, il fut proclamé roi d'Angleterre. Bordeaux et l'Aquitaine se trouvèrent, par le droit féodal, relever directement du roi d'Angleterre, et indirectement, par le faible lien de la suzeraineté, relever du roi de France.

Cette possession anglaise ne fut pas sans vicissitudes; on sait les longues guerres entre la France et l'Angleterre qui ensanglantèrent le sol de la patrie. En 1200, Philippe-Auguste confisqua l'Aquitaine sur Jean-sans-Terre; mais, en 1259, Louis IX la rendit à Henri III, roi d'Angleterre, avec ses dépendances, le Périgord, le Limousin, le Quercy, la Saintonge, à titre de duché-pairie, à la simple condition d'hommage lige. Philippe III, par le traité d'Amiens, du 23 mai 1279, y joignit l'Agenais. Dans ce siècle seulement, le nom de duché de Guyenne paraît se substituer à celui de duché d'Aquitaine. Le traité de Brétigny conclu, en 1360, par le dauphin Charles, pendant la captivité du roi Jean, abandonna ce duché en toute souveraineté au roi d'Angleterre; le lien féodal de la suzeraineté se trouva même rompu. Mais il faut ajouter qu'une compensation importante était obtenue relativement aux conjonctures malheureuses dans lesquelles se trouvait alors la France. Édouard III renonçait à ses prétentions sur la couronne de France et sur le duché de Normandie. Dix ans plus tard, la Guyenne fut confisquée sur Édouard III par un arrêt du parlement de Paris du 11 mai 1370; mais il fallut plus de quatre-vingts ans de guerre pour que cette province fût définitivement réunie à la France par la bataille de Castillon, qui consomma, en 1453, l'expulsion des Anglais.

Durant ces alternatives d'existence étrangère ou française, il arriva que chaque parti voulut, à chaque possession nouvelle, consolider son triomphe en s'attachant les habitants de Bordeaux et de la Guyenne par des concessions d'immunités. Les constitutions municipales de Bordeaux et de la plupart des villes du duché en retirèrent une vive empreinte d'esprit de liberté, mais en même temps de domination sur les campagnes d'alentour. Dès le douzième siècle, on trouve la municipalité de la ville de Bordeaux composée d'un maire annuel, de cinquante jurats, et d'une assemblée de trois cents membres nommés *défenseurs*. La plupart des villes de la Guyenne copièrent l'organisation municipale de leur métropole et s'intitulèrent *alliées et filleules de Bordeaux*. Les villes qui portèrent ce titre furent celles de Libourne, Saint-Émilion, Bourg, Blaye, Podensac, Cadillac, Castillon, Rions et Saint-Macaire.

L'élection du maire par les habitants fut accordée à la ville de Bordeaux par Henri Ier, roi d'Angleterre; et le sieur de Monedey fut le premier élu à cette charge. Philippe-le-Bel, roi de France, accorda au maire et aux jurats, sur la ville de Bordeaux et sur sa banlieue, les droits de haute, moyenne et basse justice qu'ils convoitaient ardemment.

Vers la fin du treizième siècle, le nombre des jurats fut réduit à vingt-quatre, celui des défenseurs à cent. Un édit d'Édouard III, roi d'Angleterre, modifia encore cette organisation de la manière suivante : les jurats, réduits au nombre de douze, continuèrent à être chargés, sous la présidence du maire, du gouvernement et de l'administration; et il leur fut adjoint pour toutes les affaires importantes un conseil de trente bourgeois annuellement élus. Les douze jurats étaient élus eux-mêmes par les douze quartiers de la ville appelés jurades : la Rousselle, la porte Bouqueyre, Saint-Éloy, les Eyres, le Caffernan, Saint-Pierre-sous-le-mur, Saint-Siméon, Saint-Projet, porte des Paus, Porte-Médoc, Saint-Christoli.

En 1548, le nombre des jurats et des jurades fut réduit à six : Saint-Éloy, Saint-Pierre, Saint-Michel, Saint-Rémy, Sainte-Eulalie, Saint-Mexens. L'édit d'Édouard III ordonnait de ne choisir que des bourgeois pour les fonctions de jurats;

mais cette règle ne fut pas observée dans la suite d'une manière absolue. Quant aux fonctions de maire, l'élection y appela de tout temps un gentilhomme.

En 1575, un bourgeois de la ville, le président Eymar, ayant été choisi par exception pour ces fonctions, le roi Henri III enjoignit de procéder à une élection nouvelle; il consentit ensuite à confirmer celle du président, mais sous la réserve que cette dérogation ne tirerait pas à conséquence. La composition, d'abord exclusivement bourgeoise, de la jurade, ne tarda pas à être modifiée; il parut juste que toutes les classes y fussent représentées. En conséquence, il y eut deux jurats pris dans la noblesse, deux dans l'ordre des avocats, deux dans la bourgeoisie; ils étaient nommés pour deux années et renouvelés par moitié chaque année. Leur élection était le résultat d'un vote à deux degrés; vingt-quatre électeurs nommés prud'hommes les choisissaient. Les fonctions des jurats étaient exécutives et administratives, sous la présidence du maire; mais, pour la délibération, il leur était adjoint un conseil électif de trente membres. Une entente si étroite existait, du temps de la domination anglaise, entre l'administration civile et l'administration religieuse, que les chanoines des chapitres Saint-André et de Saint-Seurin avaient la faculté d'assister aux séances de la jurade, et, par réciprocité, les jurats avaient séance aux réunions des chapitres. Pour que cette faculté pût, de part et d'autre, s'exercer sans entraves, le chapitre de Saint-André se tenait les mardis et jeudis, et les séances de la jurade les mercredis et samedis. Cet accord se maintint longtemps, et l'intérêt général y trouvait son avantage.

Des concessions accordées pour gagner la sympathie des habitants, par les monarques français ou anglais qui, tour à tour, étendaient leur sceptre sur Bordeaux, étaient nés, avons-nous déjà dit, l'esprit et le fait des libertés municipales. De cette alternative de gouvernements différents, était né un autre esprit que nous allons caractériser : mécontentement contre le gouvernement existant et irrésistible penchant à trouver préférable le gouvernement qu'on n'avait plus. C'est ainsi que la Guyenne, se plaignant des impôts trop lourds prélevés par le roi d'Angleterre, s'était soulevée, en 1368, en appelant le secours du roi de France; c'est ainsi qu'en 1369, le comte d'Armagnac et d'autres seigneurs, en déférant au parlement de Paris le roi d'Angleterre qui n'y comparut pas, avaient donné lieu à l'arrêt du 13 mai 1370 qui prononça la confiscation de la Guyenne au profit du roi de France. Ces oppositions, ces protestations, ces révoltes contre le gouvernement de l'Angleterre, pourraient à bon droit passer pour n'être que de patriotiques élans, si nous n'avions à en signaler la contre-partie. Lorsque les victoires du comte de Dunois et de ses braves compagnons eurent placé la Guyenne sous le sceptre et sous l'épée victorieuse de Charles VII, ce monarque, pour assurer sa conquête d'une manière plus sûre en lui donnant pour garantie la reconnaissance des habitants, outre la confirmation de leurs anciens priviléges, libertés et constitutions municipales, exemption de toutes tailles, subsides extraordinaires et emprunts; leur accorda l'établissement d'un parlement à Bordeaux et celui d'un hôtel des monaies. Mais l'esprit de mécontentement contre le gouvernement établi, l'habitude plus que séculaire d'une union étroite avec l'Angleterre, reprenant le dessus, les Anglais furent secrètement rappelés. Le prélat pieux qui, de simple pâtre, était devenu archevêque de Bordeaux, le célèbre Pey Berland, fut compromis lui-même dans cette entente avec les ennemis de la France. Talbot reparut à la tête des Anglais. Ils rentrèrent dans la ville de Bordeaux par la porte de Cor qui leur fut livrée, et les villes voisines les accueillirent également. Il fallut que Charles VII envoyât en Guyenne une nouvelle armée. Celle-ci joignit l'armée anglaise sous les murs de Castillon, et la défit entièrement; Talbot perdit la vie dans ce combat;

après lequel ceux des Anglais qui échappèrent au désastre regagnèrent leurs vaisseaux. A la suite de ces événements, un grand nombre d'habitants de Bordeaux s'expatrièrent pour aller s'établir en Angleterre.

Afin de tenir en bride désormais les sympathies anglaises des Bordelais, Charles VII construisit, l'un sur les bords de la Garonne, l'autre dans un lieu marécageux, sur les bords du ruisseau du Peugue, le château Trompette et celui du Hâ, appelé aussi château du Far. Ces deux citadelles, par leur impopularité, jouiront désormais d'une grande importance dans l'histoire de Bordeaux. Des mesures spéciales de surveillance furent prises en même temps à l'égard des Anglais que des intérêts de commerce appelaient à Bordeaux. Leurs navires devaient attendre dans le bas de la rivière un sauf-conduit pour remonter à Bordeaux; ils étaient obligés de déposer à Blaye leur artillerie et leurs munitions de guerre. Arrivés dans Bordeaux, les Anglais ne pouvaient habiter que le logis qui leur avait été marqué par le fourrier de la ville; il ne leur était permis de circuler dans les rues que de sept heures du matin à cinq heures du soir; ils ne pouvaient aller acheter des vins dans le pays de Grave ou autres localités circonvoisines qu'escortés et surveillés par des archers. Une déclaration de Louis XI, en 1475, vint abolir une partie de ces précautions sévères; mais l'obligation imposée aux navires de désarmer à Blaye fut strictement maintenue.

De nos jours, cette sympathie que créa jadis entre l'Aquitaine et l'Angleterre l'acte impolitique de la répudiation d'Éléonore, n'est même pas un souvenir que la tradition ait conservé dans les masses; mais, sous l'aspect matériel, l'observateur qui connaît ces deux cités peut remarquer que Bordeaux et Londres sont, dans leurs constructions, un peu vêtues du même costume de sœurs : absence de cours dans les maisons, point de portes cochères, façades élevées et de minime étendue, nécessitant plusieurs étages pour le logement d'une famille. Enfin la Garonne et ses mille navires n'apparaît-elle pas comme une seconde Tamise plus splendide encore?

Nous pouvons dérouler maintenant les événements pour lesquels ces préliminaires historiques étaient une utile introduction. Ils nous ont révélé l'origine de cet entraînement qui, du temps de la Fronde, poussait les habitants de Bordeaux à rechercher l'alliance de l'Angleterre. Cet entraînement avait pour cause bien moins cette déplorable tendance du moment à rechercher l'appui de toute alliance étrangère quelle qu'elle fût, que les sympathies traditionnelles dont nous venons de parler; car, si les Bordelais profitaient alors des secours de l'Espagne, cet appui néanmoins était impopulaire parmi eux. L'alliance de l'Espagne n'était celle ni de leur sympathie, ni de leur politique ; mais elle était celle de la sympathie et de la politique des princes. Ces préliminaires nous ont fait également remonter à la source de cet esprit de liberté que nous verrons, faute d'être contenu dans de sages limites, dégénérer en licence effrénée.

Le plus grand désordre intérieur qui ait précédé les troubles de la Fronde est sans contredit celui qui eut lieu en 1548, à l'occasion de l'établissement de la gabelle. Le peuple, forçant l'hôtel de ville, s'empara des armes, et attaqua ses magistrats ; ceux qui ne purent se dérober par la fuite furent indignement maltraités, plusieurs même furent tués, et parmi eux Moneins, lieutenant de roi. Un grand nombre de maisons de bourgeois furent dévalisées, et déjà il était question de mettre toute la ville au sac et au pillage, lorsque l'extrême danger donnant du cœur à la population honnête qui, dans tous les temps et dans tous les lieux, généralement timide, à le tort de ne se montrer qu'aux dernières extrémités, une réaction se fit, on lutta, et au bout de deux jours l'émeute fut domptée. Le connétable Anne de Montmorency et le duc de Guise, qui accouraient à la tête d'une armée, trouvèrent, à leur arrivée, le calme rétabli. Ils imposèrent néanmoins des punitions rigoureuses : les habitants furent désarmés, l'artillerie et les munitions de guerre en dépôt à l'hôtel de ville furent enlevées; les capitaines de la ville et des châteaux qui avaient laissé par leur négligence le désordre commencer et grandir, furent mis à mort; les priviléges municipaux et la jurade furent supprimés; enfin, pour laisser un témoignage matériel et éclatant de la répression, en l'aggravant encore, les tours de l'hôtel de ville furent découvertes et ses cloches enlevées; celles de toutes les églises le furent également.

A l'instante prière des habitants, le roi Henri II, l'année suivante, révoqua les sévérités du connétable et rétablit la ville de Bordeaux dans ses priviléges municipaux.

En 1635, le peuple se souleva à l'occasion d'une imposition nouvelle sur le vin; les mutins se réunirent aux alentours de l'église de Sainte-Eulalie pour se porter sur l'hôtel de ville qu'ils emportèrent; il y eut des tués et des blessés. Le duc d'Épernon, gouverneur de la Guyenne, accourut de son château de Cadillac et rétablit le calme. L'année suivante, il jeta les germes de la terrible impopularité qui, de sa personne, rejaillit plus tard sur tous les siens, en faisant suspendre le droit à l'élection des jurats : les jurats nouveaux qui entrèrent en charge furent désignés par le roi. L'effet produit fut si mauvais que l'élection fut rétablie l'année suivante.

En 1648, l'exportation d'une cargaison de blés fut l'occasion de nouveaux désordres; le mécontentement populaire se tourna encore contre le duc d'Épernon dont le changement fut demandé au roi.

Cette exportation de blé, en réalité, n'était qu'un prétexte; la cause des troubles avait des racines plus profondes, la Fronde commençait.

En 1649, le duc d'Épernon accrut l'irritation par la construction de la citadelle de Libourne et de plusieurs forts sur la Dordogne. Six mille Bordelais, autorisés par arrêt du parlement, allèrent en armes attaquer les travailleurs et détruire leurs ouvrages. Ils revenaient à Bordeaux joyeux et fiers de leur expédition, lorsqu'ils se trouvèrent face à face avec les troupes du gouverneur qui les massacrèrent sans qu'il en échappât presque un seul. Après le siége de Bordeaux que nous avons précédemment décrit à grands traits [1], une des conditions de la paix fut le retrait du gouvernement de la Guyenne au duc d'Épernon. Le prince de Condé fut nommé à sa place. La paix éphémère de 1650, qui suivit, divise en deux

---

[1] Tome Ier, page 231 et suivantes.

séries la longue période des troubles de la Fronde à Bordeaux. Nous sommes entrés dans la seconde, depuis que cette ville est devenue, après Paris, un nouveau centre d'action d'où les princes s'efforcent de faire rayonner sur la France leurs ambitieuses témérités.

Par suite d'antiques priviléges et de susceptibilités municipales, très-ombrageuses dans les villes de l'ancienne France sur les questions d'indépendance et de liberté locales, aucune troupe de l'armée des princes n'occupait Bordeaux [1]. Cette ville était en mesure de pourvoir à sa propre défense par l'existence de tout temps de compagnies bourgeoises armées et organisées. Nous ne comptons pas ce régiment de trente compagnies, fort de douze cents hommes, levé par arrêt du parlement, dont nous avons précédemment parlé [2], parce que cette troupe, destinée primitivement à la garde de Bordeaux, avait été promptement employée aux opérations extérieures. Elle n'y brillait pas : envoyée sur des bateaux au secours de M. le Prince, lors de la retraite qui suivit le combat et le siége de Miradoux, elle trouva moyen d'arriver trop tard,

---

[1] Personne n'ignore qu'à Londres existe de nos jours encore pour la cité ce privilége qu'aucune troupe armée ne peut entrer dans son enceinte.

[2] Voyez tome Ier, page 419.

ayant employé son temps à rançonner les riverains de la Garonne. La désertion plus que la guerre avait réduit ce régiment à deux cents hommes.

En outre, les habitants travaillaient incessamment à accroître et à perfectionner les fortifications de l'enceinte de Bordeaux, travaux qui s'exécutaient par corvées imposées aux paysans du Médoc. Bordeaux se trouvait en définitive bien plus en mesure de résister aux entreprises du dehors qu'à ses dissensions intérieures.

Cette ville était divisée en trois partis hostiles les uns aux autres, désignés sous les dénominations de grande Fronde, de petite Fronde et d'Ormée.

Ces trois partis n'étaient d'accord que pour repousser l'omnipotence royale et surtout Mazarin, son premier ministre; mais, à part ce superficiel accord, ils se déchiraient, ne pouvant s'entendre sur les moyens et moins encore sur les personnes séparées par des rivalités jalouses. De parti royal, il n'en était même pas question de nom; plus tard seulement nous verrons surgir ce parti de l'excès même des calamités, et sa minorité, imperceptible d'abord, devenir l'immense majorité. Les trois partis qui divisaient alors Bordeaux présentaient entre eux les similitudes et les différences que nous allons signaler.

La grande Fronde et la petite Fronde avaient, l'une et l'autre, pour chefs des conseillers au parlement avec des ramifications dans la bourgeoisie de la ville. De cette similitude entre les deux Frondes, passons à leur différence.

La grande Fronde se forma de ceux des conseillers et de leurs partisans qui se groupèrent autour de la personne des princes à titre d'attachement particulier. Ils avaient, en 1650, entraîné le parlement de Bordeaux à envoyer le conseiller Voisin s'entendre avec le parlement de Paris pour réclamer la liberté des princes prisonniers à Vincennes. Ils avaient décidé leur corps à accueillir la démarche de la princesse de Condé venant avec son jeune fils implorer asile et secours auprès du parlement et de la ville. Ils avaient continué à donner des preuves de leur dévouement pendant le siège de Bordeaux entrepris en cette même année 1650, par le maréchal de la Meilleraye. Leur zèle ne s'était pas refroidi. On comptait parmi les principaux de ce parti : MM. de Trancas, de Mirat, Dalesme, Fuyard.

La petite Fronde participait plus que la grande à l'esprit qui dominait dans le parlement de Paris. Les conseillers qui la composaient avaient en vue, sur toutes choses, l'extension de leurs attributions dans le domaine des affaires politiques. Ils ambitionnaient, comme leurs confrères de Paris, la dévolution à la magistrature du privilége illogique et inacceptable de la représentation nationale. Seulement, tandis que les prétentions politiques du parlement de Paris étaient populaires dans la capitale, les mêmes prétentions affichées par ses confrères du parlement de Guyenne furent toujours impopulaires à Bordeaux. Si parfois les conseillers de la petite Fronde semblaient prendre en main les intérêts des princes, ces intérêts n'étaient pour eux qu'un souci secondaire, ils ne les soutenaient que tout autant qu'ils supposaient en pouvoir tirer quelque avantage pour le succès de leurs prétentions. Cette situation ambiguë et sans franchise, qui parfois ne les séparait de la grande Fronde que par des nuances imperceptibles, leur donnait souvent accès dans la confiance des princes; mais, comme leur concours était suspect à la multitude, cette confiance, lorsqu'ils l'obtenaient, ne servait qu'à les rendre odieux, parce que, sous leurs protestations de dévouement, la trahison était soupçonnée. Comme dans tous les troubles civils il y a constamment un parti qui, à tort ou à raison, doit supporter le poids de l'impopularité, servir d'aliment à l'excitation des esprits et de point de mire à la violence, la petite Fronde, n'ayant pu réussir à remplir un rôle dominateur, était fatalement destinée au rôle de victime. Son nom même fut emprunté à son sort. Les uns furent bannis par l'ostracisme de leurs concitoyens; les autres, effrayés de leur dangereuse impopularité, s'y dérobèrent eux-mêmes par un exil volontaire; et, parmi les plus persistants à braver l'orage, la plupart saisirent avec empressement l'occasion que leur offrit plus tard l'ordre royal qui vint transférer à Agen le parlement de Bordeaux. Par toutes ces diminutions successives, ce parti parlementaire, qui, dans l'origine, était le plus nombreux, devint promptement le plus faible, et le nom de petite Fronde lui fut naturellement acquis. Quelques étymologistes passionnés voulurent trouver dans cette qualification de petite Fronde l'expression synonyme de fausse Fronde [1]. La duplicité reprochée à ce parti remontait à la période qui avait précédé, accompagné et suivi le siége de Bordeaux en 1650. C'était ce parti, alors le plus nombreux, qui avait fait rendre au parlement l'arrêt fermant les portes de Bordeaux à la princesse de Condé et à son jeune fils, arrêt

---

[1] Voyez à l'appendice l'opuscule historique intitulé : l'Évangéliste de la Guyenne, ou la découverte des intrigues de la petite Fronde dans les négociations et les mouvements de cette province, depuis la détention de Messieurs les princes jusqu'à présent.

A Paris, de l'imprimerie de la veufve J. Guillemot, rue des Marmousets, proche l'Église de la Magdeleine (1652).

bravé par l'émotion populaire excitée par les conseillers de la grande Fronde qui formaient alors la minorité de leur corps. C'était un conseiller de ce parti, Fontenelle, qui, envoyé avec le marquis de Lusignan pour toucher du baron de Vatteville un subside de l'Espagne de huit cent mille livres, persuada à l'amiral de garder la somme, qu'il n'était pas possible, prétendait-il, de conduire en sûreté à Bordeaux; et par ce coup détourné il avait réduit aux abois l'armée des ducs de Bouillon et de la Rochefoucauld. Ce parti enfin, par son adresse, avait su, à cette même époque, acquérir l'assentiment de la princesse de Condé à l'élection, comme membres de la Jurade, de Nort et de Fontenelle, élection secrètement appuyée par le cardinal Mazarin.

Lorsqu'après la signature de la paix, la reine mère, accompagnée de son premier ministre, eut fait son entrée solennelle à Bordeaux, le cardinal souhaita de se voir complimenté par le parlement; les présidents d'Affis et Pichon s'empressèrent, mais sans succès, de faire consentir leur corps à cette démarche; zèle qui leur fut d'autant plus reproché que l'un et l'autre avaient reçu des présents de la princesse de Condé : le premier, une croix de diamants et une chaîne d'or de trois cents pistoles; le second, des chevaux de carrosse.

Du reste, parmi les magistrats de ce parti, bien d'autres avaient l'adresse de s'insinuer et de se maintenir dans la confiance des princes, et, comme cette confiance nuisait à la popularité de ceux-ci par la nature des actes qu'elle leur inspirait, ces faux et dangereux amis étaient accusés d'être les agents secrets du cardinal Mazarin. Celui d'entre tous le plus funeste à leur popularité fut ce conseiller Guionnet dont nous avons déjà signalé les exactions, alors qu'il remplissait les fonctions d'intendant. Il avait failli soulever toutes les communes contre le parti des princes; à ceux qui se plaignaient de ses déprédations, il donnait des quittances signées par dérision : *Bien pris*. Les magistrats les plus marquants de ce parti, outre ceux que nous avons déjà nommés, étaient le président de Pommiers, de Némon, de la Chaise Martin, Duval, Deblanc, d'Espagnet, de Travers, de Massip, La Roche, dit Bastru le Rousseau, de Montesquieu. Parmi la bourgeoisie, nous citerons du Cornet et le sieur de Virelade, autrefois avocat général au grand conseil, puis chancelier du duc d'Épernon; il était le rédacteur des lettres adressées par le duc au parlement et à la ville, mission qui l'avait rendu un tel objet d'exécration qu'un arrêt du parlement l'avait exclu de la faculté de pouvoir acheter aucune charge dans ce corps.

Tous ces griefs contre la conduite des chefs de la petite Fronde avaient accumulé bien des haines. Ces haines donnèrent naissance à la formation d'un troisième parti, qui devint bientôt le plus terrible et le plus puissant. Un nouveau grief, qui dépassait tous les autres, fut le signal de la formation de ce parti. Lorsque les portes de la citadelle du Havre s'étaient ouvertes pour rendre aux princes leur liberté, la ville de Bordeaux se livrait à la joie; le parti de la petite Fronde n'était pas le dernier à se mêler à ces manifestations, bien qu'il fût le moins sincère; quelques-uns même de ses membres se rendirent à Paris pour féliciter les princes. Le conseiller Guionnet et le prieur Pichon avaient été ses messagers. Pendant ce séjour, le prieur imagine d'entamer une négociation avec le duc d'Épernon pour lui faire entrevoir la possibilité de reprendre possession de son gouvernement de Bordeaux par le concours de sa famille et par celui du parlement; des largesses, suivant lui, pouvant facilement éteindre les préventions populaires. La reine mère et le cardinal Mazarin étaient entrés dans ce projet; en cas de succès, un évêché pour le prieur, de l'argent pour ses frères, devaient en être la récompense. La négociation avait transpiré. Les négociateurs, à leur retour à Bordeaux, furent reçus avec froideur par leurs amis, craignant de se compromettre; ils furent accueillis par un orage dans le sein des chambres assemblées du parlement, et, dans la ville, par l'irritation populaire. Le prieur, son frère le président Pichon, et Muscadet, son autre frère, durent se dérober par la fuite à la vengeance qui n'eût pas manqué d'éclater sur leurs têtes.

A partir de ce moment les assemblées populaires devinrent fréquentes : travailler, par des manifestations de nature à effrayer la cour, contre le retour du duc d'Épernon, devint le but proposé. Un jour, une de ces réunions tumultueuses formée devant l'hôtel du gouvernement fut refoulée jusqu'en un lieu planté d'ormes, entre l'église de Sainte-Eulalie et le château du Hâ; ce lieu devint le rendez-vous habituel des réunions populaires. Le parti de l'Ormée dut à cette circonstance le nom dont il fût baptisé[1].

L'Ormée ne fut pas seulement la réunion désordonnée d'agitateurs fortuitement assemblés sans autre lien que les passions du moment, elle reçut une organisation redoutable. Ses membres, indifférents à la question des priviléges parlementaires, peu soucieux de celle de la convocation des

[1] Une erreur typographique fréquente dans les éditions des Mémoires de cette époque substitue le mot d'armée à celui d'Ormée, en créant ainsi une étrange confusion.

états généraux, étaient portés sans doute au soutien des intérêts des princes dont la cause avait acquis parmi eux une grande popularité; mais, avant tout autre sentiment, ils cherchaient dans un état de sédition permanente les moyens de donner libre cours aux mauvais instincts qui les animaient. Dans tous les temps, l'exploitation d'un nom rendu odieux parmi la multitude a été l'un des leviers les plus puissants des promoteurs des désordres populaires; les Ormistes étaient habilement entretenus par leurs chefs dans un état continuel d'exaltation par une haine aveugle du nom de Mazarin. Leur faction était secrètement favorisée par les princes qui l'envisageaient comme un moyen de retenir par la crainte de ses violences ceux qui songeaient à abandonner leur parti. Comme la conservation de Bordeaux était un intérêt de première importance pour le prince de Condé, ses instructions à Lenet[1] prescrivaient toujours de s'entendre avec le parti le plus fort, et l'Ormée étant déjà plus forte que les autres partis, son ascendant grandissait d'autant plus. Quelques tentatives de conciliation furent faites néanmoins pour rapprocher les partis; nous verrons le prince de Conti essayer d'établir entre eux une sorte d'union, et, malgré

[1] Voyez la correspondance du prince de Condé dans les *Mémoires* de Lenet.

un traité en forme qui fut signé dans le cours des événements, n'y pouvoir réussir. L'Ormée avait deux chefs principaux; Vilars et Dureteste; la suite du récit les fera plus amplement connaître; après eux nous nommerons : Phelippon, Robert et Jamet.

Le château Trompette et le château du Hâ, situés à deux extrémités de la ville, l'un sur les bords de la Garonne, l'autre proche de la cathédrale, formaient les plus solides défenses de Bordeaux contre les attaques extérieures; mais, comme ces citadelles avaient été employées plus souvent à réprimer l'esprit séditieux du peuple qu'à repousser les ennemis, elles étaient particulièrement en horreur à la majorité des habitants, et toujours leur démolition fit partie du programme populaire, programme réalisé par les hommes et par le temps. Sur l'emplacement du château Trompette, s'étend aujourd'hui, dominant ce port magnifique que décrit l'arc de la Garonne, une des plus splendides promenades de l'Europe. Sur l'emplacement du château du Hâ, s'élèvent des édifices d'une destination sévère : le palais de justice et la prison. Dans ces modernes constructions sont enclavées deux vieilles tours qui ont survécu aux ruines du château : l'une, d'une forme demi-sphérique, a retenu de nos vieilles luttes avec l'Angleterre le nom de tour anglaise. Le vaste espace planté d'ormes qui s'étendait entre ce château et l'antique église de Sainte-Eulalie, emplacement que nous connaissons déjà pour être le point de réunion des assemblées tumultueuses de l'Ormée, est aujourd'hui occupé en grande partie par une caserne. L'église de Sainte-Eulalie s'élève encore telle qu'elle était alors dans ce lieu jadis si bruyant, devenu l'un des quartiers les plus déserts et les plus silencieux de Bordeaux. Sur une petite place qui longe l'une des faces latérales du monument, l'édilité a récemment planté, par réminiscence historique sans doute, une allée de jeunes ormes dont l'ombrage à venir couvrira, il faut l'espérer, des scènes plus pacifiques que celles abritées par leurs trop fameux devanciers.

Combien le chercheur avide des choses du passé serait heureux à Bordeaux si les bibliothèques et les archives de cette ville n'étaient plus silencieuses encore que les matériels vestiges des choses d'autrefois! Mais il n'y existe sur l'époque objet de nos particulières investigations, ainsi que nos infructueuses recherches l'ont constaté, aucun document de quelque importance. Archives de l'hôtel de ville ou du parlement, archives du gouverneur de la province ou archives des princes ayant trait à la Fronde de Guyenne, les unes et les autres ont disparu, non par l'effet du temps, mais par les ordres de Louis XIV, qui, dans le cours de son règne dominateur, a fait détruire tous ces documents, voulant anéantir, s'il l'eût pu, non-seulement la trace, mais jusqu'au souvenir même des troubles de sa minorité[1].

Ce n'est donc que de renseignements épars re-

[1] Nous avons particulièrement constaté la preuve de ces suppressions dans la collection manuscrite des arrêts du parlement de Guyenne aujourd'hui conservée à la bibliothèque de la ville de Bordeaux; les volumes correspondant aux années sur lesquelles portaient nos recherches manquent précisément. Nous nous louons cependant du bienveillant empressement avec lequel M. Gorgères, l'honorable conservateur de la bibliothèque, était disposé à nous communiquer tous les documents se rapportant à nos travaux. Les archives départementales eussent été plus riches peut-être; mais leur classement se borne aux affaires administratives courantes; pour tous les autres documents dont on paraît cependant vouloir s'occuper, leur masse n'offre encore qu'un labyrinthe sans fil conducteur, où même l'on nous a paru peu soucieux de laisser pénétrer. Cependant une société savante de la Gironde, la *Société des Archives historiques*, publie dans un recueil les pièces intéressantes de toutes les époques à mesure qu'elles se découvrent. Nous avons dû à l'obligeance de M. Delpit, secrétaire de cette société, communication de ces travaux; mais aucun document provenant des archives départementales ne se rapportait à l'époque des troubles de Bordeaux.

Cette absence de documents originaux explique le peu de développement sur la période de la Fronde donné par les écrivains de la localité dans leurs publications faites à diverses époques, telles que la *Chronique bordelaise*, par Jacques Mongiron, Millanges (Bordeaux, 1672); les *Annales politiques, littéraires et statistiques de Bordeaux*, par Bernadou; *l'Histoire des mouvements de Bordeaux*, par Fonteneil; les *Négociateurs bordelais*, par Ribadieu; ouvrages dont les titres promettent beau-

cueillis partout ailleurs qu'à Bordeaux, que nous avons réussi à former un ensemble historique de la Fronde de Guyenne qui n'a jamais été complétement retracée.

Cette dangereuse association qui portait le nom d'Ormée se composait de plus de douze mille adhérents; mais une organisation qui rendait cette association plus dangereuse encore consistait dans un noyau, centre directeur, qui ne comptait que cinq cents membres. Ces cinq cents membres eux-mêmes subissaient l'impulsion toute-puissante des deux fanatiques que nous avons déjà nommés : Vilars, un médiocre avocat, de basse condition; Dureteste, un ancien boucher devenu solliciteur de procès; l'un et l'autre, suivant le mauvais côté du caractère de leurs professions, portant dans les troubles l'astuce et la cruauté.

Les cinq cents Ormistes de choix avaient leur littérature qui faisait concurrence aux *Mazarinades* de Paris; cette littérature produisit entre autres morceaux : le *Manifeste bourdelais* et la

---

coup, mais dont le texte, malgré l'indubitable bonne volonté des auteurs, ne tient guère les promesses.

Les bibliothèques de Paris, les Archives nationales et du Ministère de la guerre, les Mémoires de Daniel de Cosnac, sont demeurés la source où nous avons puisé nos plus précieux documents.

Généreuse Résolution des Gascons. L'Ormée tout entière obéissait à des statuts qui obligeaient ses membres à exposer au besoin leurs vies et leurs biens pour soutenir leur droit de vote dans les assemblées de la cité, et leur droit de contrôle de l'emploi des deniers publics. Par ces mêmes statuts ils étaient engagés à se secourir mutuellement par des prêts d'argent ne portant point d'intérêt; en outre, à se rendre entre eux la justice par des arbitres. Enfin, comme, dans ces temps presque féodaux encore, on empruntait, même dans l'attaque, les formes de la vieille société qui croulait sous le double effort de la royauté et de la bourgeoisie, les Ormistes avaient leurs armoiries et leurs devises. Les armoiries représentaient un ormeau qu'un serpent enlaçait dans ses replis; les devises étaient : *Estote prudentes sicut serpentes,* et celle-ci encore : *Vox populi, vox Dei!*

Ainsi formidablement constituée, cette société exécrable se signale par toutes sortes d'excès : tantôt roulant à travers la ville les flots pressés de l'émeute écumante, elle répand la terreur, le pillage et le sang; tantôt, érigée en tribunal, en face du parlement qu'elle brave, elle rend des arrêts sans appel, exécutés sur l'heure.

Les violences de l'Ormée étaient dirigées contre tous ceux des habitants de la ville soupçonnés de désirer le rétablissement de l'autorité royale, et contre ces conseillers de la petite Fronde qui, par l'ambiguïté de leur conduite, étaient devenus particulièrement suspects. Accusés de connivence avec la cour, lors de la récente et infructueuse tentative du comte d'Harcourt pour surprendre Bordeaux, les trois conseillers au parlement qui furent des premiers à subir la juridiction de l'Ormée furent MM. de Montesquieu, Salomon, du Bernec. Ils se réfugièrent à Blaye, où ils apportèrent peu d'espoir que les divisions intestines de Bordeaux tournassent en définitive au profit de la cause royale[1]. Bientôt l'ostracisme populaire prit des proportions plus considérables encore.

Le passage suivant de la Gazette de Renaudot, sous la rubrique du 11 avril 1652, donne un saisissant aperçu de la situation :

« L'on continue nos fortifications, et de faire jour et nuit une garde exacte des fortifications de cette ville où est M. le baron de Batteville avec tout son train. Il y a ici quelques brouilleries au sujet de la sortie des suspects. Ceux qu'on appelle ici de l'Ormière ayant désigné environ trois cents familles des plus considérables et même

---

[1] Voyez à l'appendice : Nouvelles de Bordeaux par Blaye, le 3 may 1652.

quelques-unes du parlement qu'ils voulaient faire sortir : à quoi il s'est opposé et a cassé leur délibération avec défense de s'assembler désormais directement, ni indirectement. »

La cassation par le parlement des arrêts rendus par l'Ormée n'était qu'un vain simulacre; la lutte ouverte était celle du droit sans la force contre la force sans le droit.

Dans ces conjonctures, la cour jugea que la situation aussi périlleuse qu'humiliée faite aux membres du parlement devait les disposer à accepter avec joie leur transfèrement dans une autre ville. Cette politique avait en perspective le double avantage de reprendre son action sur une assemblée dont l'influence, dégagée des entraves de la pression populaire, pouvait lui rendre d'utiles services, et d'enlever à la ville de Bordeaux le prestige de la possession de ce corps éminent, en lui inspirant en outre la crainte de la perdre sans retour, si elle ne se remettait pas sous l'obéissance.

Ce projet de la cour fut plus tard couronné de succès par le transfèrement du parlement à Agen; mais ce succès ne fut obtenu qu'après de longs et persévérants efforts. En raison du régime de terreur organisé par l'Ormée, il y avait peu de magistrats, même parmi ceux qui furent exilés nominativement, ou qui furent obligés de chercher leur sécurité dans la fuite, disposés à se compromettre vis-à-vis l'esprit public de leurs concitoyens de Bordeaux au point de se rendre responsables de la translation du parlement hors de cette ville. Cette appréhension fit échouer le premier projet de la cour, demeuré inconnu parce qu'il avorta dès son origine, de transférer le parlement à Limoges. Un conseiller du parlement de Bordeaux qui s'était réfugié à Tours, Du Burg, reçut du cardinal Mazarin la mission d'organiser cette translation. Il s'en excusa par des raisons basées sur la crainte d'exposer sa mère à la vengeance. Est-il bien sûr que la vie de sa mère eût couru des dangers? Du Burg ne couvrait-il pas sa prudence du plus respectable motif? Un cœur bien vaillant battait-il sous la robe du magistrat? En présence des considérations si naturelles et si respectables de l'amour filial, nous nous gardons de décider; le lecteur jugera lui-même sur la lettre suivante[1], adressée par Du Burg au cardinal Mazarin :

---

[1] Nous avons tiré cette curieuse lettre inédite des *Archives nationales*, KK., 1219, page 301.

« Monseigneur,

« J'ay receu en cette ville ou j'ay demeuré depuis le départ de la cour à cause de mon indisposition qui m'a empesché de la suivre une lettre de cachet du roy portant commandement d'aller à Limoges dans la fin de ce mois pour y établir la translation du parlement de Bordeaux, ce qui m'oblige, Monseigneur, d'implorer l'honneur de vostre protection pour être déchargé de cet employ que j'estime devoir être l'achèvement de ma ruine. Je vous proteste bien, Monseigneur, que je ne cherche point icy des prétextes à ne pas obéir aux ordres de Sa Majesté qui me seront tousjours sacrés et inviolables; mais j'ay cru, Monseigneur, que sans blesser le respect que je luy dois, je puis luy représenter les inconvéniens qui en peuvent naistre pour soumettre aveuglément tous mes intérêts à sa bonté et à sa justice. La conservation de mes biens, que j'ai abandonnés en partant de Bordeaux, ny la colère de ma compagnie irritée contre moy de ma sortie entreprise sans congé et contre son ordre, ny le péril évident dont ma personne est menacée, qu'on médite, suivant l'avis qu'on m'en a donné, de faire périr par des assassinats et des voyes violentes sur les chemins allant à Limoges, ou à mon arrivée dans la ville, par de secrettes menées ; toutes ces choses-là, Monseigneur, ne seroient pas d'asses puissantes raisons sur mon esprit pour m'obliger à supplier très-humblement, comme je fais, Sa Majesté de vouloir changer son ordre ou le différer. Il n'y a en vérité, Monseigneur, que la seule considération d'une mère qui est dans Bordeaux exposée à la mercy d'un peuple furieux qui me touche et qui m'oblige à pourveoir à sa seureté à laquelle je ne suis pas moins obligé par les loix du sang et de la nature, que par les sentimens de la raison et de la reconnoissance que je luy dois. La fermeté inébranlable que j'ay témoignée dans toutes les occasions qui se sont offertes, peut être un seur garand de la fidélité inviolable que je dois garder à l'avenir au service de Leurs Majestés. Je pourrois dire en cet endroit avec vérité à Vostre Eminence que, quoyque je vaille très-peu, je n'ai pas laissé d'estre recherché, mais on n'a peu jamais me gaigner par les promesses, ny par des présens, ny me vaincre non plus par les menaces que par la crainte. Ma fidélité est à toute épreuve, et je me contente sans aucun intérêt de la seule gloire que j'ay de l'avoir conservée incorruptible au milieu de la contagion et du trouble. Je ne veux point faire icy valoir mes services passés qui ont été moins utiles que passionnés, parce que j'estime qu'il n'y a point de mérite, ny de récompense, à bien faire ce que l'on doit, ni parler à Votre Éminence des pertes et des disgrâces que j'ai souffertes en ma personne et en mes biens, ni sur quels sujets; il me suffira de croire que si elles étoient toutes venues à sa cognoissance, elles auroient excité en elle quelque sentiment d'estime et de compassion en ma faveur et persuadé peut-être Votre Éminence de prendre quelque sorte de confiance en la sincérité du respect que j'ay tousjours eu pour elle, aussi bien absente et éloignée que présente et favorite. Je ne laisse pas, Monseigneur, de me flatter de l'espérance de n'estre pas tout à fait abandonné de Votre Éminence en cette occasion à laquelle je ne pense pas qu'elle veuille me sacrifier. Elle aura sans doute la bonté de me réserver pour rendre en quelque autre plus importante quelque plus utile service à Leurs Majestés qui, lorsqu'il ne s'agira que d'exposer mes biens et ma vie, sans y mesler celle d'une mère dont la conservation m'est aussy précieuse que nécessaire, doivent être asseurées d'une prompte obéissance. Je demande seulement, Monseigneur, en cette considération à Leurs Majestés avec toute l'humilité qui m'est possible la grâce d'être aujourd'huy dispensé du voyage et de l'employ qu'il leur a pleu me destiner à Limoges; je l'attends, Monseigneur, du secours et de la protection de Vostre Éminence que je réclame; elle acquerra par là sur moy une obligation immortelle et m'obligera d'estre, toute ma vie avec la même passion et le même respect, avec lequel j'ay toujours été,

« Monseigneur,

« De Vostre Éminence, le très-humble, très-obéissant et très-fidelle serviteur,

« Du Burg. »

A Tours, ce 15ᵉ avril 1652. »

Bientôt l'Ormée, non contente de compter pour rien le parlement et ses arrêts, se résolut à poursuivre la suppression complète de ce corps. Une dépêche adressée au cardinal Mazarin, sous la date du 20 mai[1], s'exprime en ces termes :

« Vous serez sans doute surpris de notre Fronde de l'Ormée et du pouvoir qu'elle a eu de rendre nostre parlement interdit et de luy faire cesser l'exercice de la justice; c'est ce que le roy avec toute sa puissance et ses déclarations n'a pu encore obtenir. Ce n'est pas tout, elle prétend supprimer leurs charges et abolir la vénalité, et faire rendre la justice souveraine par des personnes de probité et de suffisance cognues. »

Convenons que l'Ormée voulant abolir la véna-

---

[1] *Archives nationales*, registre coté KK., 1219, page 347.

lité des charges judiciaires était souvent plus mal inspirée! Ce désir également de faire rendre la justice souveraine non par le populaire ignorant, qu'en pareil cas le populaire est le premier à récuser lui-même, mais par des personnes probes et d'une capacité reconnue, contenait le germe de bien des réformes dont le jury moderne, s'il présentait des choix meilleurs, constituerait une partie; les autres, plus complètes, sont réservées au programme d'une époque peu éloignée peut-être. Ces aspirations nous fournissent la preuve que, dans les programmes des partis ardents, il ne faut sagement rien rejeter sans un sérieux examen; dans cette végétation chevelue et confuse, il se rencontre parfois quelques bons grains qui, séparés de l'ivraie, peuvent fournir les semences des moissons de l'avenir.

La politique du prince de Conti se bornait à vouloir contenir le parlement par l'Ormée; mais elle ne pouvait aller jusqu'à consentir à la suppression d'un corps dont le nom seul était une force pour le parti des princes. Cette politique se jeta donc à la traverse des prétentions du parti populaire. Un compromis en fut le résultat; les séances de la juridiction du parlement furent rétablies; mais ni les assemblées de l'Ormée, ni la juridiction exceptionnelle qu'elle s'était arrogée, ne furent supprimées.

La *Gazette*, sous la rubrique de Bordeaux, 27 mai, annonce à ses lecteurs, en ces termes, le rétablissement du parlement de Bordeaux :

« Ce matin, le parlement de cette ville a repris sa séance, et le prince de Conty s'y est rendu pour continuer à cette compagnie la parole qu'il lui avoit donnée qu'elle ne seroit plus désormais choquée par ceux de l'Ormée qui continuent néanmoins de s'assembler. »

Les promesses du prince de Conti au parlement de le prendre sous sa sauvegarde, furent d'une médiocre efficacité, car la *Gazette* nous raconte sous la rubrique de Bordeaux, 6 juin 1652 :

« Le 3 de ce mois, ceux de l'Ormée s'étant assemblés au nombre de plus de trois mille, la plupart armés, firent fermer toutes les boutiques et résolurent d'exiler quatorze, tant présidents que conseillers de ce parlement, qu'ils disent leur être suspects; de sorte que nonobstant les remontrances que le prince de Conti leur fit pour les détourner de cette violence, ils envoyèrent le même jour leur donner ordre de vider la ville, le lendemain dès les six heures du matin, ce qui fut ponctuellement exécuté au grand regret de tous les gens de bien de se voir maintenant à la merci de cette menue bourgeoisie et privés de ceux qui témoignent être le mieux intentionnés pour le bien public. Ledit prince de Conti et la duchesse de Longueville ont fait tout leur possible pour faire demeurer le président Pichon, l'un de ces exilés; mais il a voulu suivre les autres : ce qui a donné telle frayeur à ceux qui restent que chacun ne pense plus qu'à se mettre en sûreté en s'éloignant de cette populace qui témoigne n'en vouloir pas demeurer là, puisqu'elle a fait un rôle de plusieurs autres qu'elle prétend encore être suspects et qui peuvent s'opposer à leurs mauvais desseins. »

Tel est le douloureux tableau de la situation intérieure de la ville de Bordeaux retracé par ces diverses correspondances.

Lorsque le prince de Conti, après sa fuite d'Agen, était venu porter son quartier général dans cette ville, il y avait trouvé établies plusieurs mois avant lui la princesse de Condé et la duchesse de Longueville. La présence de ces royales personnes rapprochait les contrastes de la vie brillante, molle et insouciante des cours, de l'existence hideuse, effervescente et inquiète que créent les troubles civils.

Malgré l'incontestable popularité de leur parti, se maintenir dans Bordeaux n'en était pas moins pour la politique des princes une œuvre pleine de difficultés et de périls; il lui fallait satisfaire à la fois des amis impossibles à contenter et ne pas pousser au désespoir des adversaires importants à ménager.

Ne fallait-il pas prévoir en outre que, dans quelques mois à peine, après avoir compté avec les hommes, il faudrait compter avec la saison elle-même, qui rendrait les hommes plus difficiles encore à maintenir? Compter avec cette saison des vendanges, à toute époque la grande préoccupation des Bordelais! Lors du siége de 1650, cet intérêt des vendanges avait été le mobile du prompt rétablissement de la paix : ne fallait-il pas se précautionner d'avance pour qu'en 1652, les bourgeois de la ville, comme producteurs et consommateurs, les adhérents de l'Ormée comme spécialement consommateurs, ne se laissassent pas entraîner à la paix sous l'empire de la même préoccupation? Il n'y avait qu'un moyen de prévenir cette dangereuse éventualité : c'était d'être assez fort au dehors, assez maître de la campagne, pour tenir l'armée royale à distance, afin de l'empêcher d'accomplir le projet qu'on lui prêtait d'arracher les vignes. A tout prix, il était nécessaire d'assurer aux Bordelais la possibilité de faire leur précieuse récolte.

Pour obtenir ce résultat, et de plus pour défendre l'entrée et le cours de la Gironde, ce n'était pas trop du concours de l'Espagne et de sa flotte postée à Bourg sous le commandement du baron de Vatteville. Ce concours de l'Espagne ne pouvait cependant être employé qu'avec la plus grande circonspection, par ce motif que cette alliance n'était pas populaire. Non-seulement le moindre détachement de troupes espagnoles n'aurait pu être appelé à Bordeaux pour maintenir l'ordre si souvent troublé, sans provoquer une explosion générale; mais on vit le baron de Vatteville lui-même, seul et sans troupes, ne pouvoir paraître dans la ville sans être insulté sur son passage. Les Espagnols, il faut le dire, se comportaient plus en nation qui veut assurer une conquête, qu'en alliés qui, après un secours accordé, ne songent qu'à se retirer; à Bourg et sur les autres points qu'ils occupaient, ils établissaient des fortifications solides et redoutables qui révélaient le projet d'un long établissement.

Ils destinaient la ville de Bourg à devenir leur centre d'action et leur quartier général; les présidents Viole et d'Affis, les conseillers Dalesme et Fuyard, tous dévoués à la cause des princes, s'y rendaient fréquemment de Bordeaux pour conférer avec le baron de Vatteville.

Les forces navales du parti royal étaient insignifiantes encore en ces parages; quelques galiotes seulement croisaient à l'embouchure, se dérobant aux vaisseaux de l'Espagne; elles étaient trop faibles pour entrer en ligne contre de puissants navires de guerre. Elles suffisaient néanmoins pour inquiéter le commerce maritime de la ville de

Bordeaux, enlevant de préférence les navires chargés de denrées; mais beaucoup réussissaient à passer sans encombre. Plusieurs navires flamands exportant des grains venaient de sortir de la Gironde sous l'escorte d'un vaisseau de guerre des États de Hollande; celui-ci était remonté pour les chercher jusque dans le port même de Bordeaux, hardiesse qui avait été considérée comme une sorte d'insulte pour la Majesté du roi de France. Les galiotes parvinrent cependant à capturer un navire flamand isolé, chargé d'une forte cargaison d'avoine et de bois de sapin[1].

Les Espagnols travaillaient avec leur lenteur ordinaire à remettre leur flotte en état de reprendre la mer. Il venait de leur arriver trois ou quatre cents hommes de renfort et vingt beaux chevaux que le roi d'Espagne destinait à faire des présents. Huit vaisseaux, dont l'armement était terminé, prenaient à leur bord leur équipage d'embarquement; leur destination, sans attendre le surplus de la flotte, était d'aller rallier sur la côte de Brouage les petites forces navales dont disposait le comte du Dognon, et de là, conformément aux dispositions arrêtées avec les émissaires des princes dont nous venons de par-

---

[1] Nouvelles de Guyenne datées de Blaye, le 3 mai 1652. *Archives du Ministère de la guerre*, vol. 133.

ler, de pousser jusque sur les côtes de Bretagne pour y prévenir et attaquer l'armée navale du roi qui y concentrait ses forces avec dessein de faire voile pour les bords de la Gironde. Cette opération maritime pouvait être autrement féconde en résultats qu'aucune des opérations militaires qui auraient pu être tentées par les forces de terre des armées royales. La majeure partie de celles-ci étaient d'ailleurs concentrées bien loin de la Guyenne, dans les deux armées réunies sous les ordres des maréchaux de Turenne et de la Ferté. Si la flotte royale parvenait à s'emparer de l'embouchure de la Gironde, la possession de ce poste isolait la Fronde de Guyenne des secours qu'elle recevait de l'Espagne et de ceux qu'elle espérait de l'Angleterre; de plus, en interceptant tout le commerce maritime de Bordeaux, ce blocus devait réduire les habitants de cette ville à la nécessité d'implorer la paix. Il était de la plus haute importance, au point de vue de la Fronde des princes en Guyenne, et de la politique de l'Espagne, de tâcher de prévenir de si fâcheuses conséquences.

Le triumvirat directeur, composé de Marsin, de Lenet, de la duchesse de Longueville, dont l'existence nous est connue[1], ne déchargeait pas assez

---

[1] Voyez tome II, page 358.

le prince de Conti de tout souci des affaires, pour qu'il n'eût à s'y mêler souvent; mais alors avec la prépondérance et les honneurs que lui assurait sa position. Le comte de Marsin, retenu à la tête des troupes, ne paraissait à Bordeaux que dans les occasions indispensables. Le prince présidait les conseils fréquents provoqués par la marche troublée des événements; il s'en fallut de peu que l'une de ces réunions ne fût la cause indirecte d'un grand péril pour sa vie.

D'une part, la prévoyance pour ne pas manquer d'approvisionnements, en cas de siége, avait fait accumuler des grains à Bordeaux, où le commerce de la Bretagne et de la Hollande les apportait en abondance; d'autre part, les habitants des campagnes et de la plupart des villes de la Guyenne y avaient amoncelé leurs denrées dans la crainte du pillage. Cette surabondance était telle qu'il faut croire que toutes les maisons étaient en partie transformées en magasins, puisque l'étage supérieur de la maison même occupée par le prince de Conti était surchargé d'une provision d'avoine. Sous ce poids, le plafond de la salle du Conseil fut effondré; le prince de Conti et tous les assistants eussent infailliblement péri si, quelques instants auparavant, la séance étant levée, ils n'étaient sortis de cette salle. La maison tout entière fut si fortement ébranlée que le prince dut chercher ailleurs un logis [1].

Jamais peut-être l'espionnage politique ne fut porté plus loin que pendant les guerres de la Fronde. Les rapprochements qui existaient entre les partis contraires par les affinités de personnes, les plus proches parents, les frères même figurant dans les camps opposés, l'absence trop fréquente de principes politiques bien arrêtés, le désir de chacun de tirer son avantage des événements, surtout par l'initiative de ce que l'on appelait un accommodement, étaient cause que des rapports sur les faits s'effectuaient non-seulement par ces émissaires gagés qui sont l'objet de l'opprobre de ceux même dont ils servent la cause, mais encore par tous les impatients de chaque parti. Ceux-ci, sans se vendre précisément, mais poussés par des motifs d'intérêt public ou privé, se proposaient toujours d'arriver à la conclusion de la paix faite par leur entremise. La cour, par des rapports circonstanciés et souvent non signés [2], était mise au courant des moindres détails des faits qui se passaient en Guyenne dans le parti des princes. Ce parti, à son tour, n'était pas moins bien informé de ce qui se passait à la cour.

[1] Nouvelles de Guyenne datées de Blaye le 3 mai 1652. *Archives du Ministère de la guerre*, vol. 133.
[2] Voyez, à l'appendice, le rapport daté de Blaye, 3 mai 1652.

Voici, sur l'un de ces agents, une révélation aussi curieuse qu'ignorée. Un certain abbé Baron était à la suite de la cour; il y inspirait d'autant plus de confiance qu'il était, dans la personne de ses plus proches, une victime des rigueurs du parti des princes. Son père et son frère étaient détenus prisonniers à Brouage par le comte du Dognon. L'abbé Baron ne pouvait être suspect, en sa présence on ne se cachait pas. Non-seulement, sur les faits, il était le premier informé; mais, pour les projets, il pouvait surprendre plus d'un secret. Les princes profitaient de cette confiance par les rapports qu'ils recevaient de l'abbé. Le marquis du Plessis-Bellière, dans le passage suivant d'une lettre écrite à Le Tellier, découvrit le mystère de l'ingénieuse combinaison qui avait fait accorder à l'abbé Baron une si dangereuse confiance :

« Il y a à la suite de la cour un nommé l'abbé Baron qui est de ce pays-ci, lequel mande à M. du Dognon tout ce qui se passe à la cour, et, afin qu'on ne le tienne pas pour suspect, a fait prendre son père et frère prisonniers à Brouage; mais il est certain que ledit comte du Dognon leur fait faire grande chère [1]. »

---

[1] Lettre datée du camp de Marenne, 16 mai 1652. *Archives du ministère de la guerre,* vol. 133.

De l'installation à Bordeaux du prince de Conti date le commencement de l'influence sur ce prince de Daniel de Cosnac, bien que celui-ci, dans ses *Mémoires*, ne semble en fixer la date qu'à une époque postérieure de quelques mois; mais il considérait probablement cette influence première comme nulle, parce qu'il ne lui trouvait pas encore un degré au niveau de son désir. Lenet, fin observateur, et d'autant mieux porté à tout savoir qu'il en avait reçu la mission et y était intéressé, n'en jugeait pas ainsi d'après ce passage de ses Mémoires :

« Depuis que le prince de Condé avait quitté la Guyenne, le prince de Conti s'était rendu à Bordeaux pour y prendre le commandement. Il eut de graves motifs de mécontentement contre le duc de la Rochefoucauld, et Sarsay devint dès lors son entier confident; Sarrasin et l'abbé de Cosnac furent aussi très-avant dans sa confiance [1]. »

Quelque jaloux que fût le prince de Conti de la part insuffisante qu'il trouvait laissée à son ambition par le prince de Condé, le soin même restreint des affaires qui lui incombaient dépassait les limites que ne consentait pas aisément à fran-

---

[1] Mémoires de Lenet, édition Michaud et Poujoulat, p. 541. Nous avons seulement rectifié dans ce passage l'orthographe défectueuse des noms de Sarsay et de Cosnac.

chir sa nonchalance naturelle, et détournait, plus que son inclination ne l'y portait, son penchant à ces intrigues de sentiment qui forment le canevas sur lequel se brode le plus souvent la vie des cours. Daniel de Cosnac s'épuisait en efforts le plus souvent inutiles, pour retenir ce prince sur la pente qui l'entraînait, en remontant son âme vers des aspirations ambitieuses moins funestes; il réussit parfois; mais le prince retombait toujours. Son étrange et déplorable passion pour madame de Longueville semblait avoir puisé dans la séparation une force nouvelle. La jalousie était le principe de son mécontentement contre le duc de la Rochefoucauld, dont il était loin de prévoir la prochaine ingratitude à l'égard de sa sœur. Ce sentiment, chez le célèbre auteur des *Maximes*, avait pris son germe encore latent dans l'accueil fait, à Montrond, au duc de Nemours par la duchesse de Longueville, désireuse de fixer ce jeune prince dans le parti du grand Condé. Si le prince de Conti eût été plus clairvoyant, son nouveau confident, le marquis de Sarsay, eût pu considérablement déchoir dans son amitié. Le marquis nous est connu pour l'insuccès de la galante mission auprès de la reine qu'il avait reçue et acceptée du prince de Condé[1].

---

[1] Voyez tome Ier, page 220, et la *note*, page 457.

Sur son propre mandat cette fois, il se donna une mission du même genre à la petite cour de Bordeaux; nous pouvons nous en rapporter au conseiller Lenet qui avait les yeux très-ouverts :

« Sarsay s'attachait à la duchesse de Longueville; je crus avoir occasion de l'observer : j'en donnai avis au prince (de Condé)[1]. »

Pour peu que le duc de la Rochefoucauld, alors auprès du prince de Condé, eût appris que Mme de Longueville donnât au marquis le moindre encouragement, sa jalousie dut y trouver un nouvel excitant pour provoquer l'explosion de sa noire ingratitude.

Ces intrigues, quelque fâcheuses qu'elles fussent, s'effaçaient pour ainsi dire en comparaison du scandale causé par la passion que le prince de Conti affichait ostensiblement pour la duchesse de Longueville. Le public ne se gênait pas pour dire hautement que le prince emploierait bien mieux son temps à s'appliquer aux affaires ou à se mettre à la tête des troupes qui tenaient la campagne. Un placard injurieux pour l'honneur de la princesse et pour celui de son frère se trouva affiché un matin dans les principaux endroits de la ville, sur les murs de l'église de Saint-

---

[1] Mémoires de Lenet, édition Michaud et Poujoulat, page 540.

André, et jusque sur la porte même du logis de la princesse [1].

Hélas! les rois et les princes ont eu, dans tous les temps, bien moins de vrais amis pour leur donner de salutaires conseils, au risque presque certain d'être mal accueillis, que de nombreux flatteurs toujours prêts à les encourager dans leurs mauvais penchants, avec la probabilité bien autrement grande d'être favorablement écoutés. Ce fut ce moment délicat de la vie de Mme de Longueville que choisit Sarrasin pour lui adresser ces vers :

« Objet en tous lieux adoré !
« Et la Reine et son fils ont dit et déclaré
« Que vous étiez une rebelle :
« Vénus et Cupidon en ont bien dit autant.
« Avec Anne et Louis vuidez votre querelle ;
« Mais surtout contentez Vénus et son enfant [1]. »

Ce n'étaient certainement pas ces poétiques et dangereux conseils qui étaient de nature à neutraliser les amertumes que la légèreté naturelle de Mme de Longueville ne suffisait pas à adoucir. Il n'est pas douteux que les avances de son frère, qu'elle ne repoussait pas assez en apparence, par fausse poli-

---

[1] Nouvelles de Guyenne datées de Blaye, le 3 mai 1652. *Archives du Ministère de la guerre*, vol. 133. Voyez ce document à l'*Appendice*.
[2] Recueil des œuvres de Sarrazin.

tique, lui étaient odieuses ; de plus elle était plus ou moins brouillée avec le prince de Condé et était douloureusement affectée du bruit qui en courait. Qui le croirait ? la factieuse princesse, qui avait été comme le souffle personnifié de la Fronde et de la guerre civile, en était réduite à soupirer après la paix. Ces fragments de la lettre inédite suivante trahissent les douleurs de la princesse[1] :

« Mme de Longueville pleura hier fort longtemps,
« après avoir deschiffré les lettres de MM. de Vi-
« neuil, de la Guette[2], de Saint-Mars, et me dit
« en particulier, car elle ne me parle pas en
« public, qu'on luy mandoit cent choses fas-
« cheuses dont la principale estoit qu'elle estoit
« tout à fait brouillée avec vous ;... qu'elle se
« mouroit d'ennuy à Bordeaux et qu'elle estoit
« bien malheureuse de ce que la paix estoit rom-
« pue, etc. »

Nous avons achevé de décrire l'état matériel et moral de la ville de Bordeaux au mois de mai et au commencement de juin de l'année 1652.

[1] Lettre de M. de Villars au prince de Condé, Bordeaux, 3 juin 1652. *Manuscrits de Lenet,* conservés à la Bibliothèque impériale.

[2] Nous relevons avec empressement ce nom de La Guette qu'un hasard heureux nous fait rencontrer dans cette lettre, nom auquel est venu donner un lustre récent la publication des Mémoires de la femme énergique et singulière dont il était le mari.

CHAPITRE XXV.

La cavalerie du comte d'Harcourt placée en quartiers dans un vaste quadrilatère. — Motif de l'inaction de ce général. — Son ambition d'être nommé maréchal de camp général et même connétable. — Sa pauvreté; il veut marchander à la cour le prix de ses services. — Le gouvernement de Brisach lui a été refusé après la mort du comte d'Erlach. — Ce gouvernement est donné au marquis de Tilladet, beau-frère de Le Tellier. — Tilladet forcé d'abandonner son gouvernement. — La maréchale de Guébriant sollicite ce gouvernement pour son neveu le marquis de Vardes et même pour elle. — Singulier caractère de la maréchale de Guébriant. — Piége sentimental dans lequel elle fait tomber Charlevoix, lieutenant-gouverneur de Brisach. — Elle l'envoie prisonnier à Philippsbourg. — Elle prend possession de Brisach et est obligée de se dérober par la fuite aux suites de l'indignation de la garnison. — Le comte d'Harcourt, devenu maître de la personne de Charlevoix par sa qualité de gouverneur de Philippsbourg, songe à tirer parti de cette circonstance pour parvenir à ses fins relativement au gouvernement de Brisach. — Lettre inédite du comte d'Harcourt au cardinal Mazarin, 8 avril. — Fragment inédit d'une autre lettre, 15 avril. — Désir du comte d'Harcourt de se rendre à la cour pour traiter lui-même ses affaires. — Fragment inédit d'une lettre de M. de Pontac au cardinal Mazarin, 16 avril. — Prétention du comte d'Harcourt d'obtenir le gouvernement de Guyenne. — Deux lettres inédites du roi écrites le même jour, 21 avril, à la maréchale de Guébriant. — But des prescriptions différentes contenues dans ces deux lettres. — Identité du marquis de Vardes et du comte de Moret. — Lettre inédite de M. de Pontac au cardinal Mazarin, 29 avril. — Lettre inédite du comte d'Harcourt à Le Tellier, 30 avril. — Le comte construit un pont à Marmande sur la Garonne pour faire passer sa cavalerie, et occupe son infanterie aux siéges de Nérac et de Castel-Jaloux. — Lettre inédite du comte d'Harcourt au cardinal Mazarin, 30 avril. — Nouvelle phase de l'affaire de Brisach. — Opérations préliminaires du marquis du Plessis-Bellière dans l'Aunis et dans les îles pour arriver à entreprendre le siége de Brouage. — Rapport et lettre inédite de M. du Plessis-Bellière à Le Tellier, daté du même jour 4 mai. — Contraste entre la ville de Toulouse favorable à la Fronde et les protestants de la ville de Montauban dévoués à la cause royale. — Lettre inédite du marquis de Saint-Luc à Le Tellier, 4 mai. — Fragment inédit d'une lettre de M. de Tracy au cardinal Mazarin, 7 mai. — Lettre inédite du comte d'Harcourt à Le Tellier, 9 mai. — Charlevoix, rendu par ruse à la liberté, met la place de Brisach à la disposition du comte d'Harcourt. — Lettre inédite du comte d'Harcourt au cardinal Mazarin, 9 mai. — Manifeste de Charlevoix après son retour dans Brisach, 20 mai. — Le ton des lettres du comte d'Harcourt devient plus impératif. — Lettre inédite du comte d'Harcourt à Le Tellier, 24 mai. — La cour veut diminuer de six régiments de cavalerie l'effectif de l'armée de Guyenne. — Difficultés à ce sujet, insubordination des troupes mal payées; autres affaires. — Lettre inédite du comte d'Harcourt à Le Tellier, 28 mai. — Délibération du conseil de guerre de l'armée de Guyenne. — Situation générale. — Bruit de l'ordre donné par la cour de l'arrestation du comte d'Harcourt. — Lettre inédite de Sainte-Colombe-Marin à Le Tellier, 27 mai. — L'inaction du comte d'Harcourt paraît avoir pour motif le soin de ses intérêts particuliers, bien plus que la situation des forces qu'il commande.

(1652.)

Après son infructueuse tentative pour enlever Bordeaux par un coup de main, et pendant que le comte de Marsin et le colonel Balthazar concentraient les troupes des princes vers Cadillac, s'occupant d'en augmenter l'effectif par des recrues [1], le comte d'Harcourt s'était éloigné pour aller, avons-nous dit, cantonner sa cavalerie dans le pays entre deux mers. Elle se trouvait occuper un vaste quadrilatère dont la Garonne et la Dordogne formaient le premier et le second côté; le troisième côté était fermé par le cours de la rivère du Dropt qui prend sa source en Périgord et va se jeter dans la Garonne en passant par Montségur; le quatrième côté, d'Eymet à Bergerac, sur une longueur de cinq lieues seulement, restait seul ouvert. Cette position excellente, à l'abri de toute surprise de l'ennemi, permettait au comte d'Harcourt de rayonner, suivant les circonstances, soit dans l'Aunis, la Saintonge, le Poitou, en traversant la Dordogne; soit sur tous les points de la Guyenne occupés par le parti des princes, en remontant l'une ou l'autre rive de la Garonne, et en donnant la main à son infanterie qui était campée aux environs de La Réole.

Ce poste dans un quadrilatère d'un abord facile à défendre, merveilleux pour l'action, était donc non moins favorable pour l'inaction. Quelle qu'eût été l'activité imprimée à la campagne d'hiver par

---

[1] Voyez à l'appendice : Nouvelles envoyées par Blaye, le 3 may 1652.

l'infatigable ardeur du prince de Condé, n'y avait-il pas quelque singularité de la part du comte à placer sa cavalerie dans des quartiers de repos au commencement du printemps, dans la saison la plus favorable aux opérations militaires? Il manquait, il est vrai, d'artillerie, de vivres et d'argent; les quelques canons qu'il possédait ne provenaient même que de prises sur l'ennemi; les vivres qu'il se procurait d'une manière aussi économique pour le trésor royal que désastreuse pour les populations, en prenant sans payer, faisaient presque entièrement défaut, parce que les habitants des campagnes avaient accumulé leurs approvisionnements dans Bordeaux et dans les diverses villes fortes du parti des princes; quant à l'argent, cette denrée était plus rare encore; mais l'ennemi à combattre, à part ses ressources pour les subsistances, n'était-il pas inférieur à l'armée royale sous le rapport de l'effectif et de l'organisation militaire? L'habile général, que nous avons eu déjà l'occasion de nommer *Fabius Cunctator*[1], avait évidemment pour guider sa conduite d'autres motifs que la prudence.

Le comte d'Harcourt s'était résolu à marchander à la cour le prix de ses services; il était pauvre comme tous les princes de cette grande maison

---

[1] Voyez tome Ier, chapitre VIII.

de Lorraine alors si déchue, et la cour le laissait sans ressources. Sa détresse l'avait réduit, la chose était notoire, à mettre son argenterie en gage pour subsister, lui, sa femme et ses enfants. Il était désireux de rétablir ou de réparer au moins en partie l'antique grandeur de sa maison par de hautes charges et de grands établissements. Dédaignant le bâton de maréchal de France comme au-dessous de la dignité d'un prince de la maison de Lorraine, il avait envoyé, le 8 février de cette même année, par le commandeur de Valin au cardinal Mazarin un mémoire accompagné d'une lettre[1] dans lequel il réclamait la dignité de maréchal de camp général, et même celle de connétable; il y établissait par des précédents que même la première de ces charges donnait autorité sur les maréchaux de France. Tentative vaine, son ambition se heurtait toujours contre des obstacles et des refus. Il voulut enfin faire sentir qu'il était prudent de compter avec lui. Le calcul était de réussite en apparence facile avec le cardinal Mazarin, plus porté à gagner ses adversaires qu'à les terrasser, chaque jour en montrait des exemples; mais le comte se trompait dans ses prévisions, en raison même de sa situation personnelle. La cour tirait volontiers parti de ses

---

[1] Voyez ces documents aux *Archives nationales*, registre côté KK., 1219.

talents militaires; mais il appartenait à une maison que la politique royale ne pouvait consentir à rehausser, et que, tout au contraire, elle voulait de plus en plus amoindrir. Une affaire compliquée, actuellement en jeu, accroissait les mécontentements du comte; il prétendait obliger le cardinal à donner à cette affaire une solution conforme à ses désirs. Les conséquences de ces tiraillements nous amèneront à ce spectacle étrange : un général abandonnant furtivement son armée.

Comme tous les généraux, à cette époque, le comte d'Harcourt avait des gouvernements : d'abord un gouvernement de province, celui d'Alsace, ensuite un gouvernement de place, celui de Philippsbourg, ville auparavant dépendante de l'évêché de Spire, réunie à la France depuis le traité de Westphalie[1]. Non loin, une des places fortes les plus importantes du temps, Brisach[2], qui appartenait aussi à la France, avait perdu, en 1650, son gouverneur, le comte d'Erlach, Suisse d'origine, qui s'était distingué dans les armées de

---

[1] Philippsbourg revint à l'empereur d'Allemagne par le traité de Nimègue; cette ville a été réunie au grand-duché de Bade en 1802.

[2] Brisach, ville du grand-duché de Bade, se nomme aujourd'hui le vieux Brisach, par opposition à Neuf-Brisach, place forte française sur la rive gauche du Rhin que construisit Louis XIV, en 1690, pour l'opposer au Brisach allemand que lui avaient fait perdre les clauses du traité de Riswick.

sa patrie et dans celles du grand Gustave-Adolphe, roi de Suède, avant de rendre dans les armées de la France, qui devint sa patrie d'adoption, de signalés services. Il était mort maréchal de France sans le savoir, la nouvelle de cette promotion, faite trois jours avant sa fin, n'ayant pas eu le temps de lui parvenir. Le comte d'Harcourt avait ambitionné le gouvernement vacant, pour se faire, avec celui qu'il possédait déjà, ce que l'on appelait en langage du temps un solide établissement; il ne l'avait pas obtenu, et pourtant ne désespérait pas encore, grâce à un réseau d'intrigues compliquées dont la maréchale de Guébriant et lui étaient les artisans et dont ils tiraient à eux les fils en sens opposé.

Après la mort du comte d'Erlach, le gouvernement de Brisach avait été, malgré les sollicitations du comte d'Harcourt, donné au beau-frère du ministre Le Tellier, le marquis de Tilladet [1]. Charlevoix commandait dans la place en qualité de sous-gouverneur; il avait servi avec distinction sous le maréchal de Guébriant, et avait voué un attachement sincère à la famille du maréchal. La veuve du maréchal voulut faire appel à ce sen-

---

[1] Gabriel de Cassagnet, marquis de Tilladet, lieutenant-général, gouverneur de Bapaume, puis de Brisach, avait épousé Madeleine Le Tellier, sœur de Michel Le Tellier, ministre secrétaire d'État de la guerre.

timent pour l'empêcher de recevoir dans la place le nouveau gouverneur. Le désir de la maréchale était d'exploiter auprès de la cour un obstacle qu'elle aurait fait naître, afin d'obtenir le gouvernement de Brisach en faveur de son neveu, le marquis de Vardes; peut-être, beaucoup de probabilités peuvent le faire supposer, poursuivait-elle pour elle-même ce gouvernement. Cette ambition n'avait rien d'invraisemblable avec un caractère comme le sien; n'avons-nous pas rencontré dans un genre analogue Mme de Rochefort, gouvernante de Lusignan? Renée du Bec[1], veuve de Jean-Baptiste de Budes, maréchal de Guébriant, était bien une autre femme encore! Elle avait fait ses preuves dans plus d'un genre : d'abord elle avait rompu, en bravant toutes les convenances, un premier mariage[2] qui ne contentait pas son ambition, pour unir son sort à celui du comte de Guébriant, qu'elle trouva plus propre à répondre aux moyens qu'elle sentait en elle pour faire parvenir un mari. En effet, bien que Guébriant fût un officier du premier mérite, digne

---

[1] Elle était fille de René du Bec, marquis de Vardes, et d'Hélène d'O.

[2] Nous avons remarqué que dans les généalogies des maisons du Bec de Vardes et Budes de Guébriant, données par le *P. Anselme*, le premier mariage de la maréchale de Guébriant est passé sous silence.

des plus hauts emplois, sans elle il ne fût probablement jamais devenu maréchal de France. Son historien, *Le Laboureur* [1], n'hésite pas à dire que cette dignité appartenait à Mme de Guébriant à double titre, c'est-à-dire « par participation de son mari et pour la part qu'elle avait méritée dans le bon succès de ses armes. » La mort du maréchal, arrivée en 1643, n'avait pas interrompu la carrière d'une femme si vaillante; elle lui apporta même un nouveau lustre par cette circonstance, que la maréchale dut désormais à elle seule le mérite de ses succès. On sait que, nommée ambassadrice extraordinaire en Pologne, en 1645, pour conduire à Vladislas IV Louise de Gonzague qu'il avait épousée par procureur, elle dut employer toute sa fermeté, jointe à toute sa dextérité, pour empêcher ce monarque de renvoyer honteusement une épouse sur laquelle, après le mariage célébré, on lui avait fait l'injurieux récit d'amoureuses liaisons avec Cinq-Mars, le grand écuyer de Louis XIII, et avec Gaston, duc d'Orléans, frère de ce monarque. Cette mission, depuis longtemps terminée, avait laissé en disponibilité les talents diplomatiques de la maréchale, lorsque lui vint la pensée de les employer à cette affaire du gouvernement de Brisach. Elle prétendit en

---

[1] Histoire du comte de Guébriant, par *Le Laboureur*, Paris, 1656.

obtenir le gouvernement, soit directement pour elle-même, soit pour son neveu, sur lequel elle avait reporté ses principales affections, n'ayant pas eu d'enfants de son mariage avec le maréchal, neveu sous le nom duquel elle eût exercé l'autorité.

L'appel adressé par la maréchale au dévouement de Charlevoix à la mémoire du comte de Guébriant, n'eut pas le succès qu'elle avait espéré. Charlevoix reçut dans Brisach le gouverneur nommé par la cour; seulement, comme il se méfiait des dispositions de celle-ci à son égard, appréhendant que le marquis de Tilladet n'eût mission de l'expulser de Brisach et de lui faire perdre son emploi, il avait fait ses conditions agréées par la cour : celles-ci étaient que son propre régiment formerait, comme par le passé, la moitié de l'effectif de la garnison de la place. Le marquis de Tilladet, après sa prise de possession, n'eut rien de plus pressé que d'entreprendre de ruiner l'autorité de Charlevoix, et de le contraindre par mille dégoûts à se défaire de sa charge. Par le crédit du ministre, son beau-frère, il obligea son lieutenant à réformer un tiers de son régiment, en le réduisant de neuf cents hommes à six cents; en même temps, il augmenta d'un tiers l'effectif de son propre régiment, contrairement aux conventions stipulées. Charlevoix, mécontent et appuyé sur l'affection des troupes, sut si bien faire partager son ressentiment que le nouveau gouverneur, ne se jugeant pas en sûreté, jugea prudent de se retirer d'une manière en apparence volontaire.

Charlevoix restait donc maître de la place; mais cette expulsion indirecte du beau-frère du ministre le mettait naturellement en disgrâce auprès de Le Tellier et auprès de l'éminent protecteur du ministre, le cardinal Mazarin. La maréchale de Guébriant entrevit dans ce concours de circonstances nouvelles l'occasion de faire renaître ses prétentions sur Brisach, en sacrifiant Charlevoix qui l'avait mécontentée. Ces circonstances lui permettaient aisément de le rendre, auprès de la cour, suspect de vouloir livrer la place aux ennemis du roi et du cardinal, et de se réserver pour elle-même le rôle de la leur vouloir conserver.

Elle manœuvra si bien qu'elle reçut de la cour la mission de s'assurer de la place; le cardinal Mazarin lui adjoignit un émissaire, le sieur Ciron, pour l'aider dans l'entreprise. La maréchale dressa donc ses batteries pour se rendre, au nom du roi, maîtresse de Brisach, ne doutant pas qu'après le succès, le gouvernement de cette place ne lui fût assuré.

Mme de Guébriant, sans un soldat à ses ordres

pour s'emparer d'une des plus fortes places de l'Europe, n'avait à sa disposition que les ressources de son génie inventif. La ruse à laquelle elle eut recours fut peu digne d'une négociatrice, qui, ferme champion de la vertu des femmes, se portant garante de celle de la reine de Pologne, avait évité à cette princesse un triste sort. Si la maréchale eût employé des hommes pour se rendre maîtresse de Brisach, il lui eût fallu une armée ; ce fut dans son propre sexe qu'elle chercha l'auxiliaire de sa conquête, et une seule femme bien choisie lui suffit. Elle se fit accompagner d'une demoiselle qui avait déjà enflammé le cœur du lieutenant-gouverneur, très-impressionnable à cet endroit; la demoiselle lui assigna un rendez-vous hors de la place. A l'heure et au lieu dits, Charlevoix, transporté d'une amoureuse ardeur, accourt sans défiance; mais quelques gardes, appostés par la maréchale sous la conduite de Ciron, se saisissent de sa personne et le conduisent prisonnier à Philippsbourg.

Ici plus que jamais les complications entrecroisent leurs fils. Si la maréchale a fait conduire son prisonnier à Philippsbourg, certainement une considération que les historiens n'ont pas remarquée, parce qu'ils l'ont probablement ignorée, a guidé sa confiance : le comte de Cerny, lieutenant-gouverneur de la place, est parent par alliance de la maison du Bec[1]; mais on peut croire néanmoins que si elle a choisi Philippsbourg, c'est que, dans tout le voisinage, elle n'a pas trouvé mieux. Sans doute, au point de vue de la sûreté de la garde d'un prisonnier, la place est des plus fortes; le gouverneur, en outre, offre, suivant les apparences, toutes garanties de fidélité au roi, puisque Sa Majesté lui a confié le commandement de l'une de ses armées les plus importantes, le commandement de son armée de Guyenne; mais ce gouverneur est le comte d'Harcourt, et la maréchale ne doit pas ignorer que ce général est son compétiteur pour le gouvernement de Brisach.

Charlevoix prisonnier, la maréchale de Guébriant se rend dans Brisach pour en prendre possession au nom du roi. La garnison, étonnée de cette mission singulière chez une femme, et de la perte si inopinée de son lieutenant-gouverneur, ne fait pas difficulté de la recevoir. Cette prise de possession eût été définitive sans doute, si Charlevoix n'eût été adoré de ses soldats: ne savons-nous pas que devant la seule force de ce sentiment le marquis de Tilladet avait été contraint de se retirer? Lorsque la garnison fut revenue de sa première surprise, ses dispositions hostiles se

---

[1] Voyez l'*Histoire généalogique* du P. Anselme.

manifestèrent. La maréchale fut prévenue qu'un mouvement se préparait contre elle et que la garnison voulait l'arrêter prisonnière; elle n'eut que le temps de se dérober par la fuite à un péril imminent.

La garnison de Brisach, devenue maîtresse d'elle-même, sans chef supérieur, réclama à grands cris la liberté de Charlevoix. Elle fit valoir les tentatives de séduction exercées par les ennemis pour la corrompre à prix d'argent; elle déclara que ce n'était qu'avec Charlevoix pour la commander; qu'elle consentirait à maintenir résolûment la place sous l'autorité du roi. Le comte de Cerny, lieutenant-gouverneur de Philippsbourg pour le comte d'Harcourt, se rendit à Brisach pour tâcher de calmer l'effervescence des esprits.

Pendant l'absence de Philippsbourg du sous-gouverneur, Charlevoix était entré par correspondance secrète en négociations avec le comte d'Harcourt pour lui faire entrevoir que, s'il parvenait à le faire remettre en liberté, il le rendrait maître de Brisach.

Ces ouvertures étaient bien faites pour donner au comte la tentation de se mettre en possession effective d'une place dont la cour lui avait refusé le gouvernement. Avec Philippsbourg et Brisach, il sentait qu'il deviendrait assez puissant pour dicter des conditions. Toutefois, comme à une prise de possession irrégulière et compromettante, il préférait une investiture octroyée par le roi, avant d'accéder aux propositions de Charlevoix tenues précieusement en réserve, il profitait de sa main mise sur le prisonnier que la maréchale de Guébriant avait assez maladroitement placé sous sa garde, pour tâcher de peser sur les résolutions de la cour, en lui arrachant par la crainte ce qu'il n'avait pu obtenir de sa faveur.

Nous venons de faire connaître le secret de l'attitude expectante prise par le comte d'Harcourt; ce secret donne la clef de la correspondance qui va suivre. La nécessité de remonter à l'origine de cette affaire de Brisach nous ramène à une date un peu antérieure à la marche sur Bordeaux du comte d'Harcourt avec sa cavalerie.

Le comte d'Harcourt au cardinal Mazarin[1].

« Monseigneur,

« J'ai appris l'estat des affaires de Brisac dont
« j'ay beaucoup d'inquiétudes dans les sentiments
« de fidélité que j'ay pour le service du roy et de
« Vostre Éminence; mais comme je ne prévoy
« qu'un remède assouré pour éviter le désespoir

[1] Nous avons tiré cette lettre inédite des *Archives nationales*, registre KK., 1219, page 289.

« de la garnison de cette place que mon neveu le
« prince d'Harcourt[1] et ce gentilhomme lui diront,
« je ne doute point que Vostre Éminence ne
« l'approuve fort, puisque c'est le seul moyen
« qu'elle peut avoir présentement pour me donner
« une marque de cette franche et sincère amitié
« dont elle a donné en dernier lieu de si obli-
« geantes asseurances à mon neveu le prince
« d'Harcourt et à l'abbé de Charente[2], auxquelles
« j'auray toute ma vie une confiance parfaite si
« je voy cet effet de sa bonne volonté, vous
« conjurant de croire, Monseigneur, que j'ay
« beaucoup de passion de me voir en estat de
« témoigner utilement à Vostre Éminence avec
« combien de sincérité je suis et j'ay esté toute
« ma vie,

« Monseigneur,
« Le très-humble, très-obéissant, très-fidelle
et très-obligé serviteur,
« Harcourt. »

« A Agen, le 8ᵉ avril. »

Cette lettre se rapporte incontestablement au moment où éclatait le mécontentement de la gar-

---

[1] François de Lorraine.
[2] De la maison de la Rochefoucauld.

nison de Brisach privée de Charlevoix, son lieutenant-gouverneur, enlevé par la ruse de la maréchale de Guébriant; mécontentement qui pouvait avoir pour conséquence la perte de cette place livrée à l'armée espagnole par ses propres défenseurs. Le comte d'Harcourt accentue nettement la demande de ce gouvernement ; il représente ce don comme le seul remède efficace pour la conservation de la place, et comme le témoignage le plus certain qu'il pût recevoir des bons sentiments du cardinal Mazarin à son égard. En raison de l'importance extrême qu'il attache à sa demande, il a fait appuyer sa lettre des explications des deux messagers qui en sont les porteurs.

Dans cette lettre du 8 avril, le comte d'Harcourt croit devoir, par dissimulation diplomatique, témoigner quelque chagrin et quelques inquiétudes des suites que peut avoir l'affaire de Brisach; mais, dans une lettre subséquente datée du 15 avril, il ne peut comprimer plus longtemps sa joie qui éclate dans ce passage :

« L'advantage que ma bonne fortune m'a donné
« sur Brisach renouvèle l'impatience que j'avois
« d'aller trouver près de Vostre Éminence quel-
« que ajustement solide à mon établissement[1]. »

---

[1] *Archives nationales*, registre coté KK., 1219, page 299; lettre inédite du comte d'Harcourt au cardinal Mazarin.

Il ajoute que, n'étant pas en mesure d'attaquer sans des préparatifs fort longs les places situées sur la Dordogne, il demande la confirmation de la permission d'aller rendre ses devoirs à Leurs Majestés.

Évidemment, le comte d'Harcourt commence à ne plus douter du succès de ses démarches depuis la bonne fortune qui a fait tomber entre ses mains le lieutenant-gouverneur de Brisach; mais comme sa correspondance et ses deux envoyés peuvent ne pas suffire à conduire la négociation à son gré, il fait valoir l'impossibilité où il est de mener vigoureusement la guerre, afin d'obtenir plus sûrement la permission d'aller lui-même traiter ses affaires à la cour.

Le comte, tenu à une diète rigoureuse de toutes faveurs, en éprouvait un appétit d'autant plus vif. Ce fragment d'une lettre de M. de Pontac, qui appuie vivement sa prétention auprès du cardinal Mazarin, nous apprend qu'il ambitionnait encore le gouvernement de la ville de Bordeaux et naturellement de toute la Guyenne :

« Je jouerai de mon reste pour tascher de ra-
« mener les habitants de Bordeaux à l'obéissance
« par l'entremise des parans et des intelligences
« que je conserve dans ladite ville. Je ne sache
« point de meilleur moien que celluy de per-
« suader à ce peuple qu'ils auront M. le comte

« d'Harcourt pour gouverneur; c'est l'unique
« voye pour establir la confiance dans les esprits
« qui sont désespérés de la miséricorde du
« roy, etc.[1]. »

Le président de Pontac, qui venait d'être appelé aux fonctions d'intendant de l'armée royale, était tout dévoué au comte d'Harcourt; il ne pensait pas que la manifestation qu'il ne craignait pas de faire de ses sentiments en toutes circonstances, le compromettrait lui-même auprès de la cour, et serait sans doute la cause de la disgrâce qui finalement récompensa ses services.

La cour n'était pas plus disposée à accorder le gouvernement de la Guyenne au comte d'Harcourt, qu'elle n'était prête à céder à ses instances pour le gouvernement de Brisach; mais elle était très-préoccupée de la crainte de perdre cette place importante et du soin de la maintenir en son pouvoir par tout autre moyen que celui d'en donner le gouvernement au comte d'Harcourt. Deux lettres inédites d'une haute importance écrites le même jour par le roi à la maréchale de Guébriant, dont la mission officielle se trouve confirmée par ces documents, nous font

---

[1] *Archives nationales*, registre coté KK., 1219, page 310; lettre inédite de M. de Pontac au cardinal Mazarin, datée du Port-Sainte-Marie, 16 avril 1652.

connaître quelles étaient les intentions de sa politique[1] :

« Du 21 avril, à Sens.

« Ma cousine, étant nécessaire pour la seureté comme pour le bien de mon service de faire punir exemplairement Charlevoy des crimes et désobéissance et déloyauté notoires qu'il a commis, et pour estre l'autheur de la mutinerie de la garnison de Brisac, j'ay résolu de lui faire son procès en la manière que son crime le requiert; et, parce qu'il sera à propos pour la confrontation des témoins, sans délay, de le faire aprocher de Brisac, je vous fais cette lettre pour vous dire que vous ayez à l'y faire conduire en tel lieu que vous estimerez à propos pour, y étant, luy estre son procès fait et parfait dans le conseil de guerre souverainement et en vingt-quatre heures par jugement militaire pour raison de crimes par luy comis et à faire exécuter sur le champ le jugement qui sera rendu contre luy ; à quoy je désire que le sieur comte de Moret, votre neveu, s'employe incessamment avec les officiers qui sont par delà, leur en donnant tout pouvoir par la pré-

---

[1] Nous avons trouvé les minutes de ces deux lettres inédites aux *Archives du Ministère de la guerre*, vol. 135.

sente, ainsy qu'à vous d'y tenir incessamment la main, voullant que vous me rendiez compte de ce qui aura été fait en cela pour la prompte exécution de ma volonté. Sur ce je prie Dieu [1], etc. »

« Le 21ᵉ, à Sens. »

« Ma cousine, encore que, par mon autre lettre cy-jointe, je vous mande de tenir la main à ce que le procès soit fait et parfait souverainement et en vingt-quatre heures à Charlevoye pour raison des crimes de désobéissance, déloyauté et de mutinerie par luy commis et autorisez, et de faire que le jugement qui sera rendu contre luy sera exécuté sur le champ ; neantmoins, en cas que ledit Charlevoye se dispose à faire remettre la place de Brisac en mon obéissance, et la garnison dans son devoir, je trouve bon de luy pardonner et memes de luy faire donner la récompense de sa charge que l'on luy a cy-devant fait espérer suivant le pouvoir qui vous en a été donné par les dépêches et mémoire qui vous ont été adressés sur ce sujet. A quoy me remettant, je ne vous ferai la présente plus longue que pour prier Dieu [2]... »

[1] *Archives du Ministère de la guerre*, vol. 135.
[2] *Archives du Ministère de la guerre*, vol. 135.

Ces deux lettres, d'un ton si différent, l'une d'une inexorable sévérité, l'autre d'indulgente composition, se rapportent évidemment au moment où la maréchale de Guébriant a été expulsée de Brisach par la garnison indignée qui s'est rendue maîtresse de la place, dont elle menace de disposer à son gré. Le grand crime reproché à Charlevoix, et qu'il pourrait bien payer de sa tête, si la cour se sentait assez forte, car elle veut que le jugement soit exécuté sur l'heure pour s'éviter le refus de sa grâce, est surtout l'audace d'avoir rendu impossible le gouvernement dans la place du beau-frère d'un ministre; car nulle preuve accusatrice ne s'élève contre Charlevoix d'avoir songé à la livrer à l'ennemi. Le comte de Moret, neveu de la maréchale, est chargé de former le conseil de guerre qui doit prononcer le jugement; et pour rapprocher l'accusé des preuves et des témoins accusateurs, ordre est donné de conduire le prisonnier dans un lieu rapproché de Brisach.

Il est facile de se rendre compte que toutes les prescriptions contenues dans la lettre royale sont d'une exécution à peu près impossible, de nature même à entraîner la perte irrévocable de Brisach par la fureur de la garnison; est-il même certain que la maréchale pourra tirer son prisonnier de Philippsbourg, où les officiers du comte d'Harcourt voudront le garder certainement comme un gage pour ménager les intérêts de leur général? Cette première lettre n'est destinée, tout le prouve, à être exécutée dans ses prescriptions que si les circonstances le permettent sans trop d'obstacles, circonstances dont la maréchale sera l'appréciatrice, car il est difficile à la cour de connaître exactement la situation à distance; mais, dans tous les cas, cette lettre a son utilité prévue; son contenu, porté à la connaissance de Charlevoix, aura pour effet de le décider, par crainte pour sa vie, à faire remettre Brisach sous l'obéissance du roi et à traiter pour se défaire de sa charge, en profitant des dispositions indulgentes de la seconde missive. La seconde lettre royale est en effet la seule dont les prescriptions soient susceptibles d'être exécutées; néanmoins nous verrons la cour ne pouvoir pas même réussir à accomplir son deuxième programme.

Le comte de Moret, auquel un rôle est assigné dans la première lettre royale, n'est autre que le marquis de Vardes que nous avons précédemment nommé comme le neveu pour lequel la maréchale de Guébriant ambitionnait le gouvernement de Brisach. Cette identité n'est pas sans intérêt à établir; les documents, comme les historiens, désignant ce neveu, tantôt sous le premier nom, tantôt sous le second, on serait facilement porté à supposer qu'il s'agit de deux personnages différents et qu'une erreur est commise, soit pour l'un, soit pour l'autre. Comme il n'était pas rare qu'un même seigneur possédât plusieurs fiefs, la faculté de le désigner par le nom de l'un ou l'autre de ses fiefs était de nature à créer des confusions fréquentes. Nous tenons doublement à éclaircir celle-ci : d'abord l'épisode du gouvernement de Brisach est certainement un des plus curieux de la Fronde; ensuite, parce que nous sommes destinés, dans la suite de ces *Souvenirs*, à faire plus ample connaissance avec ce marquis de Vardes, célèbre par son élégance et ses galanteries, dont Daniel de Cosnac parle plus d'une fois dans ses *Mémoires*.

On sait que des tendres relations de Henri IV avec Jacqueline de Beuil, comtesse de Moret, était né, en 1607, Antoine de Bourbon, comte de Moret, prince légitimé en 1608. Lorsque le trop galant Henri IV eut convolé à de nouvelles amours, Jacqueline du Beuil épousa René du Bec, marquis de Vardes. Le comte de Moret, prince légitimé, ayant été tué au combat de Castelnaudary, en 1632, ou s'étant volontairement dérobé au monde pour finir saintement ses jours dans un ermitage, comme le rapporte une chronique peu sûre, le titre du comté de Moret fit retour à sa mère et à sa descendance; c'est pourquoi François-René du Bec, marquis de Vardes, neveu de Renée du Bec, maréchale de Guébriant, portait aussi le titre de comte de Moret.

Nous avons dit que M. de Pontac[1] venait d'être appelé aux fonctions d'intendant des finances de l'armée de Guyenne; confiant dans les relations d'amitié et de parenté qu'il avait dans la ville de Bordeaux, c'était lui qui avait engagé le comte d'Harcourt à faire avec la cavalerie royale cette pointe rapide sous les murs de la capitale de la Guyenne. Cette démonstration, suivant ses espérances, devait lui en faire ouvrir les portes, tandis qu'elle n'avait abouti qu'à une déception fâcheuse pour le succès de la cause royale. M. de Pontac, peu de jours après cet échec, écrivit au cardinal Mazarin qu'il concluait contre ses parents et ses proches, et qu'il considérait les habitants aveuglés de cette ville comme méritant les plus sévères châtiments. Cette lettre donne trop de précieux détails sur le point de vue financier d'abord, et ensuite sur les divers aspects de la situation, pour que nous ne la reproduisions pas en entier[2].

---

[1] Le président de Pontac appartenait à une ancienne maison de magistrature alliée aux maisons de Bourbon-Busset, des Cars, de Crussol. Voyez l'*Histoire généalogique* du P. Anselme.

[2] Nous avons tiré cette lettre inédite des *Archives nationales*, registre coté KK, 1219, page 326.

« Monseigneur,

« J'avoue estre redevable à Vostre Eminence de la commission qu'il a pleu au Roy m'envoyer pour l'intendance des finances de son armée commandée par M. le comte d'Harcourt. Je voudrois, Monseigneur, avoir assez d'adresse et de capacité pour respondre à vos espérances et à la dignité de cet employ; mais au moins, Monseigneur, Votre Eminence doibt estre asseurée qu'elle ne pouvoit faire choix de personne qui eust plus de zelle et de fidélité au service du Roy et de Vostre Eminence.

« J'ay eu l'honneur, il y a quelques jours, de suivre M. le comte d'Harcourt jusqu'aux portes de Bordeaux. Cette cavalcade a esté entreprise sur des avis venus de bonne main, et, de la façon qu'elle a esté mesnagée, elle devoit produire des effets avantageux; mais, Monseigneur, les esprits des Bordelois ne sont plus capables de correction ny de rescipiscence; et leur présomption les a si fort aveuglés que, comme ils se jugent indignes de pardon, ils croient estre audessus des peynes et des châtimans. Ceux qui tiendront autre langage à Vostre Eminence luy déguiseront la vérité; pour moy qui fais profession de n'avoir autre intérêt que celluy du rétablissement de l'authorité du Roy, je conclus contre mes parens et mes proches, et je dis hautement que l'Estat sera tousjours dans le trouble et dans la division tout autant que l'impunité régnera dans la ville de Bordeaux.

« Vostre Eminence a veu les effets de ma négociation par la députation que le parlement et le corps de ville de Tolose ont fait vers M. le comte d'Harcourt. J'ay des nouvelles asseurées que toutes choses y vont bien pour le service du Roy, et on me donne de très bonnes espérances de la réduction des villes de Grenade et de Beaumont.

« Les munitioneres ayant abandonné l'armée de M. le comte d'Harcourt depuis que nous passames en Périgord, je l'ay fait subsister du mieux qu'il m'a esté possible et j'ay trouvé du pain à peu près ce qu'il en a fallu dans ma bource ou dans celle de mes amis. Je suis aux termes de faire un traité pour la fourniture du reste de la campagne et j'ay pourveu suffisamment pour la poudre et pour les boulets. J'espère que M. le comte d'Harcourt ne me laissera point engagé et que Vostre Eminence aura esgard à mes services. Il y a trois ans que j'ay esté exilé de Bordeaux et que mes biens sont en proye aux Frondeurs. M. le prince s'est approprié les gages de mon office il y a deux ans; il y a sept mois que je suis l'armée du Roy et que je sers proche la personne de M. le comte d'Harcourt sans émoulumens. J'espère que Vostre Eminence prendra soing de moy et qu'elle voudra que j'aye l'obligation à sa bonté et à sa générosité de quelque sorte de récompense.

« Je travaille incessamment avec M. de Tracy à faire venir l'argent destiné pour les troupes; il s'y présante tous les jours de nouvelles difficultés; mais j'espère que nous les surmonterons. Les trésoriers de Montauban se sont rendus exécuteurs de la levée d'un million de livres dans leur généralité; ce n'est pas la voye la plus courte; mais on a creu que c'estoit la plus asseurée. Je rends très humbles grâces à Vostre Eminence de l'honneur qu'elle me fait par ses lettres et de la bonne opinion qu'elle a de moy. Je ferey tous mes efforts pour la conserver et pour mériter,

« Monseigneur,

« La qualité de vostre très humble, très obéissant et très fidelle serviteur,

« De Pontac.

« De Mas d'Agenois, ce 29 avril 1652. »

Le comte d'Harcourt, depuis sa tentative sur Bordeaux, s'était rendu à Marmande. Il s'occupait sur ce point à la construction d'un pont sur la Garonne pour faire passer sa cavalerie qu'il voulait cantonner dans le Pays-Entre-deux-mers, dans ce quadrilatère qui, suivant ses calculs, se prêtait si bien à toutes les éventualités.

De Marmande, il écrivit au ministre Le Tellier la lettre suivante[1] :

« Monsieur,

« Vous m'avez parfaitement obligé de me mettre hors d'inquiétude, par la relation que vous aves eu la bonté de m'envoyer, de tous les bruits que le party de M. le prince faisoit courir icy à son advantage sur ce qui est arrivé dans l'armée du Roy, et vos dépesches du 8ᵉ et du .... de ce mois m'ont esté rendues à mon retour d'un petit voyage que nous avons fait aux portes de Bourdeaux pour en exhorter le peuple à se remettre soubz l'obéissance du Roy, prévoyant que ce seroient là vos sentimens et que nous ne pourrions rien faire de plus avantageux. Ce gentilhomme vous dira tout ce qui s'y est passé, bien qu'il n'aye pas esté tesmoin.

« Vous me fairiez tort si vous doutiez que je fusse tout à faict résolu à vous envoyer les troupes que le Roy ordonne de séparer de cette armée icy, pour aller dans la sienne ; mais vous jugez bien que n'ayant pas encore esté payé un sol des

---

[1] Lettre inédite, *Archives du Ministère de la guerre*, volume 133.

taxes qui ont esté faites pour leur faire toucher de l'argent, ce seroit hasarder quelque mauvais effet de leur parler de partir qu'elles ne soient satisfaites; outre qu'on n'en viendroit certainement pas à bout. La commission que vous avez pris la peine de m'envoyer pour M. le président de Pontac, ne luy donnant que la direction des finances, vous jugerez sans doute fort à propos de luy en envoyer une particulière d'intendant de la justice et police de cette armée dans laquelle il en a jusqu'à présent fait les fonctions avec la probité qui vous est connüe. En ce cas là, il est je croy inutille de vous advertir qu'elle ne doit point estre, comme celle des finances, en l'absence de M. Marin, puisqu'il n'estoit pas de robe pour faire les fonctions de la justice.

« Le vieux M. de Roqueservière dont vous connoissez mieux que personne les antiers services et la fidélité, n'ayant aucun établissement qui le mette à couvert de la nécessité, j'ay creu que vous ne seriez pas fasché d'avoir moyen de l'obliger, comme je vous en conjure, des provisions du gouvernement de Saint-Jean d'Angely. C'est une récompense qui n'ira point à la diminution des coffres du Roy et qu'il ne souhaitte que pour vivre en repos dans un lieu très fidelle, et où sa probité est connüe. Je prendray beaucoup de part à cette grâce, remetant à ce gentilhomme à vous entretenir sur mes petits interestz selon la confiance que j'ay à la généreuse amityé que vous avez promise;

« Monsieur,

« A vostre très humble et très fidelle serviteur,

« HARCOURT.

« Au camp du Mas d'Agenois, le 30 avril 1652. »

« Nous faisons assiéger Nérac et Casteljaloux en attendant que notre pont de batteaux soit faict à Marmande où il est déjà fort avancé. »

La cour avait l'intention de renforcer l'armée qui la suivait pas à pas, au détriment de l'armée de Guyenne; mais le comte d'Harcourt, trouvant dans cet ordre une atteinte à l'importance de son commandement, soulève des obstacles à son exécution; il sent comme un aiguillon qui le réveille de son inaction calculée; il insiste sur les siéges commencés, sur le pont qu'il construit sur la Garonne, entreprises dont le succès ne pouvait concorder avec la diminution de son armée.

Le même jour, le comte d'Harcourt écrit au cardinal Mazarin cette lettre toute spéciale à l'affaire de Brisach[1]:

---

[1] Lettre inédite, *Archives nationales*, registre coté KK, 1219, page 328.

« Monseigneur,

« Je n'ai pas ignoré que Vostre Eminence eust les provisions de Brisach quand je luy ai dépesché ce gentilhomme ; mais j'ay creu devoir d'autant plus espérer l'establissement, qu'elle m'avoit souvent fait donner parole, que quand la chose dépendroit d'Elle, Elle seroit bien ayse de me la procurer. Je suis bien marry, Monseigneur, qu'à toutes choses que je puis demander avec justice, je n'y rencontre des obstacles invincibles, et que ma fidélité, mes services, et mon attachement aux intérests de Vostre Eminence soient si mal reconnus. J'envoye encore le sieur de Saint-Amand auprès d'Elle pour tascher de la persuader de joindre le gouvernement d'une place à la proposition qu'Elle luy a fait pour l'eschange de celuy d'Alsace, et d'ajuster d'autres petits intérests qui peuvent m'oster l'inquiétude où je suis que Vostre Eminence n'ait pas pour moy une bonté solide. Je la supplie d'adjouter une créance entière à tout ce que ledit sieur de Saint-Amand aura l'honneur de luy dire de ma part et de croire qu'elle n'aura plus d'importunité de moy après celle-cy ; comme je n'auray plus lieu de rien prétendre de son amityé, si elle ne fait quelque effort pour la faire paroistre en cette occasion à la personne du monde qui a tousjours esté avec autant de fidélité que de passion,

« Monseigneur,

« De Vostre Éminence,

« Le très humble, très obéissant, très fidelle et très obligé serviteur,

« Harcourt.

« Du Mas d'Agenois, le 30 avril 1652. »

Le cardinal Mazarin, entré en possession des provisions du gouvernement de Brisach par la démission définitive du marquis de Tilladet, a par conséquent toute latitude pour en disposer à son gré. La lettre du comte d'Harcourt le met littéralement en demeure de remplir ses promesses, souvent renouvelées, promesses dans lesquelles entrait un échange pour le gouvernement d'Alsace, dont le comte était titulaire ; mais il coûtait aussi peu à la politique du cardinal de faire des promesses, qu'il coûtait peu à sa conscience de ne pas les tenir.

Le comte d'Harcourt peut attendre, et attendre longtemps encore ! Cependant, comme il n'ignore pas le peu de confiance que mérite la fourbe italienne du ministre favori, il s'est précautionné pour parvenir à lui forcer la main. Il n'a pas négligé de mettre à profit l'avantage que sa bonne fortune, a-t-il déclaré lui-même dans une des lettres précédentes[1], lui a donné sur Brisach; il a prêté l'oreille aux ouvertures de celui qu'un heureux concours de circonstances a livré prisonnier entre ses mains dans son gouvernement de Philippsbourg. Charlevoix, compromis avec la cour et placé dans le dilemme tracé par deux missives royales à l'adresse de la maréchale de Guébriant, a trop peu de confiance lui-même dans les promesses du cardinal Mazarin pour ne pas appréhender, s'il profite du pardon que lui propose la seconde missive à la condition de remettre Brisach sous l'obéissance du roi, de se trouver ensuite livré sans garanties au ressentiment du tout-puissant ministre, il préfère s'abriter sous l'égide d'un patron puissant. C'est à ce protecteur qu'il remettra Brisach; le comte d'Harcourt, fort de sa possession de la place, stipulera ensuite pour leurs doubles intérêts devenus solidaires.

Pendant que le comte d'Harcourt s'occupe bien davantage de négociations d'intérêt personnel que de guerre, un chef particulier, le marquis du Plessis-Bellière, indépendant de son autorité,

[1] Lettre datée du 15 avril.

malgré toutes les instances que le comte a faites auprès de la cour pour obtenir qu'il lui fût envoyé sous ses ordres, en Guyenne, dirige dans l'Aunis les opérations militaires contre le comte du Dognon. Le marquis du Plessis-Bellière, avec son petit corps de troupes, a pour mission d'assiéger et de prendre Brouage, opération hautement critiquée par le comte d'Harcourt qui soutenait que la concentration de toutes les forces militaires disponibles dans l'ouest de la France était nécessaire pour soumettre la Guyenne d'abord, et ensuite pour s'emparer de Bordeaux. Cette seconde capitale de la Fronde une fois replacée sous l'autorité royale, toute autre résistance devait cesser et Brouage tomber sans coup férir. Le cardinal Mazarin ne partageait pas cette manière de voir, quel que fût le puissant intérêt de terminer rapidement la guerre dans les régions du Sud-Ouest, pour fondre ensuite les diverses armées dans l'armée royale destinée à reprendre possession de Paris. Dans la dissidence de ses appréciations avec celles du comte d'Harcourt, le cardinal était guidé certainement par cet esprit de méfiance en vertu duquel, ainsi que nous l'avons précédemment remarqué, l'armée qui environnait le roi, au lieu d'être soumise à un commandement unitaire, était divisée en deux corps sous la conduite de deux maréchaux de France, bien que l'un de ces maréchaux ne fût rien moins que le vicomte de Turenne. En outre, il est plus que probable que l'amour-propre d'exercer un commandement séparé rendait le marquis du Plessis-Bellière fort opposé lui-même à cette jonction. Nous pouvons conjecturer, sans risquer de nous tromper beaucoup, qu'il éprouvait peu de sympathie pour le comte d'Harcourt, en jugeant sur la satisfaction que nous lui verrons témoigner quand la province dans laquelle il opère sera délivrée de la présence de la compagnie des gendarmes de ce général. Le marquis, après avoir envoyé sa cavalerie, commandée par M. de Folleville, subsister sur les bords de la Dronne, s'était avancé avec son infanterie sur la côte de l'Océan; il y avait fait occuper, conformément aux ordres reçus, les îles de Ré et d'Oléron. Il blâmait cette occupation qui épuisait ces îles, alors qu'il eût été sage d'en réserver les ressources pour le moment où l'on eût été en mesure d'entreprendre le siége de Brouage; il blâmait non moins la prescription qui lui était faite de construire des forts, travaux qui ne pouvaient que fatiguer inutilement son infanterie et employer des sommes d'argent considérables alors qu'on en manquait, tandis qu'il eût été d'une prévoyance plus sage de réserver tous les moyens d'action pour ce même siége. Cette entreprise, suivant lui, ne réclamait pas moins de six mille hommes d'infanterie et le concours de l'armée navale; or le duc de Vendôme était encore à Nantes, où il en préparait l'armement. Le marquis du Plessis-Bellière, loin d'avoir les six mille hommes par lui jugés nécessaires, diminuait même ses forces en détachant deux régiments contre le marquis de la Roche-Posay qu'il accusait de vouloir conquérir l'évêché de Poitiers. Néanmoins, il harcelait le comte du Dognon, lui enlevait une frégate et prenait des mesures pour empêcher le recrutement de ses matelots et le recouvrement de ses subsides. Comme fait particulier, il s'était emparé de la personne de M. d'Ambleville, de la maison de Mornay, qu'il eût bien voulu échanger contre l'abbé de Guron, négociateur précieux pour le cardinal Mazarin. Nous savons que cet abbé avait été arrêté par ordre de mademoiselle de Montpensier, à Orléans, lorsqu'il traversait cette ville porteur d'instructions de la cour pour les armées de Guyenne; et qu'il fut échangé, non contre d'Ambleville, mais contre un colonel d'infanterie étrangère [1].

Le marquis du Plessis-Bellière adresse le même jour sur ces faits au ministre Le Tellier deux missives : la première affecte plus particulièrement la forme d'un rapport sur les opéra-

[1] Voyez tome II, page 65, et la *note*.

tions militaires ; la seconde, celle d'une lettre où il est question des personnes [1] :

« Monsieur,

« Suivant la lettre que M. de Saint-Vallier [2] m'a escrite sur le subjet de la prise des ordres qu'il m'apportoit et par laquelle il me faict entendre vos intentions, je me suis venu poster icy avec nostre infanterie et le régiment de cavallerie de Lislebonne, après avoir envoyé le reste de la cavallerie soubz la charge de M. de Folleville vers la Dronne pour l'y faire subsister et observer les ennemis de ce costé là. J'appréhende bien que nous ne soyons entrés trop tost dans ces isles, parce que quelque soin et peine que nous prenions pour les conserver le plus qu'il est possible, l'on ne laisse pas de les manger, et il n'y aura plus rien quand on voudra entreprendre le siége de Brouage qui ne se peut faire sans l'armée navalle et six mille hommes de pied effectifs qui nous seroyent bien plus nécessaires que toute cette nouvelle cavallerie qu'on faict ; et pour ce qui est des forts aux environs de la place, outre que

---

[1] Nous avons tiré ces deux documents inédits des *Archives du Ministère de la guerre*, vol. 133.
[2] Capitaine des gardes de la porte ; mort à Grenoble en 1699. Voy. les *Mémoires* du duc de Saint-Simon.

cela ne se peut sans argent, et que ce seroit ruiner nostre infanterie qui est assez fatiguée des
gardes que nous sommes obligés de faire, la prise
de Brouage par force seroit bien plus prompte et
de moindre despence que cette construction; si
nous avions les hommes et munitions nécessaires
pour ce siége, parce qu'il faudroit bien quatre
mois de séjour à toute cette armée pour les mettre en estat de n'estre pas forcez par les ennemis,
et ensuite une paye bien réglée, et toujours des
vaisseaux à la mer pour faire subsister les garnisons qu'on y metteroit, pour quoy le temps n'est
pas ce semble trop propre, et si, avec cela, on
n'empescheroit pas que le comte du Daugnon,
par les menaces qu'il faict du feu, ne tirast tousjours une bonne partie de ses contributions ac-
coustumées de ce pays; ainsy je ne croy pas qu'on
doibve songer en aucune façon à ces forts; mais
bien plustost à voir à quoy il vaudra mieux employer cette armée, pour quoy il n'y a point de
temps à perdre. Cependant nous nous esvertuons
à incommoder autant que nous pouvons ledit
comte du Daugnon en alliénant de luy les peuples et les matelots qui y ont bonne disposition
et ne le servent que par la tiranie qu'il leur fait
ou l'appréhension de retourner à l'advenir soubs
sa domination. J'ay faict publier des ordonnances
dans tous ces lieux et dites isles par lesquelles il

est enjoinct à tous matelots qui sont sur les vaisseaux du comte du Daugnon et ceux du party des princes de revenir dans trois semaines au service du Roy ou du moins dans leurs maisons à peine d'estre chastiés par le razement d'icelles et exil de leurs femmes et enfans du pays, ce qui a faict un grand fracas parmy eux ; et que, s'ils mettent une fois pied à terre, ils ne remonsteront pas sur lesdits vaisseaux. Je me suis desjà servy de quelques uns pour armer deux chalouppes, lesquelles j'envoyay la nuit passée aborder une frégate du comte du Daugnon sur laquelle y avoit sept pièces de canon de fer et une de fonte. Nos chalouppes l'attaquèrent si vigoureusement qu'elles l'enlevèrent. Nous n'y avons eu que cinq ou six hommes blessés dont un des capitaines des chalouppes faict nombre. Les ennemis y ont perdu huict ou dix hommes tant blessés que tués et quatorze prisonniers. J'ay envoyé à M. le duc de Roannés les régiments de Périgord et de Jonzac pour mettre M. de la Rocheposay à la raison, lequel veut conquérir l'evesché de Poitiers par les armes. M. de Vendosme m'a escrit de Nantes pour establir correspondance avec luy, à quoy je ne manqueray pas de satisfaire, et de luy donner part des nouvelles de ce pays et mes sentiments sur toutes choses consernant le service, pour lequel je feray toutes les choses possibles et pour vous faire voir que je suis très passionnément,

« Monsieur,

« Vostre très humble et très
obéissant serviteur,

« Plessis-Bellieee.

« Au camp de Marennes, ce 4 mai 1652. »

« Monsieur,

« Nous sommes en ce lieu depuis lundy, suivant le project que nous en avions faict et que vous pourrez avoir appris par M. de Xaintes ; ensemble la conqueste que nous y avons faicte de M. d'Ambleville que nous voudrions bien eschanger avec l'abbé de Guron.

« M. de la Lonnière s'en va vous trouver afin de travailler à adviser avec vous, tandis que nous sommes de loisir, aux moyens et choses qu'il nous faudra pour le siége de Brouage, si on a la ferme pensée de l'attaquer, pour quoy on ne doibt pas faire estat de moins de six mil hommes de pied avec toutes les autres choses nécessaires et l'argent qu'il convient pour les travaux, et qui, en ce temps là, servira aussy à la subsistance des trouppes parce qu'elles ne trouveront plus rien dans le pays, et sy vous en escrivez à la cour, je vous prie de le faire en cette conformité.

« M. de la Lonnière vous dira sy particulièrement de nos nouvelles et comme M. le chevalier d'Albret vient nous joindre icy avec son régiment que je retire pour remplacer les gensdarmes de M. le comte d'Harcourt qui s'en vont et, pour en délivrer la province.

« Les peuples d'icy sont en fort bonne disposition et rien ne les retient que la crainte que nous ne poussions pas Brouage à bout. Ils prendront les armes toutes fois et quand nous voudrons; c'est pourquoy je vous supplie de nous envoyer à Xaintes celles que vous aurez. Je finis cette lettre en vous suppliant de continuer tousjours les soings que je veois par la lettre que vous avez escrite à M. de Xaintes que vous prenez pour nostre infanterie et de croire que je suis passionnément,

« Monsieur,

« Vostre très humble et obéissant serviteur,

« Du Plessis-Bellière.

« Au camp de Marennes, ce 4 mai 1652. »

Indépendamment du petit corps d'armée du marquis du Plessis-Bellière, il existait encore, donnant au besoin les mains au comte d'Harcourt, mais indépendant de son commandement, un autre petit corps de troupes sous les ordres du marquis de Saint-Luc. Ce général, brave, mais malheureux, n'avait plus été mis en avant depuis sa malheureuse affaire de Miradoux[1]. Le corps qu'il commandait était principalement destiné à jouer le rôle de réserve, et surtout à maintenir les régions de la Haute-Guyenne et du Languedoc qui n'avaient pas participé aux mouvements de la Fronde, ou qui, après y avoir pris part, étaient revenues à la soumission. Dans ce but, le marquis de Saint-Luc s'était porté à Agen; l'esprit inquiet des habitants de cette ville avait besoin d'être surveillé de près, depuis que le comte d'Harcourt en était parti pour faire sur Bordeaux sa pointe inutile à la tête de sa cavalerie.

En sa qualité de gouverneur de Montauban, le marquis s'occupait d'une manière plus particulière encore de tout ce qui concernait la situation dans cette cité; et il résulte des renseignements contenus dans sa lettre qui va suivre, ce contraste singulier que, tandis que la catholique ville de Toulouse était, ainsi que nous avons eu occasion de le constater, si mal disposée à aider à l'extinction de l'incendie de la Fronde, la

---

[1] Voyez tome Ier, chapitre IX.

protestante ville de Montauban concourait avec empressement à toutes les mesures qu'elle jugeait de nature à assurer le triomphe de la cause royale. Ces dispositions des protestants du Midi corroborent l'observation que nous avons faite à l'occasion du Dauphiné[1] : les protestants se fussent volontiers ralliés à la politique du tiers parti, éphémère invention du cardinal de Retz; à défaut du succès de celle-ci, placés entre deux alternatives, celle du ministère du cardinal de Retz, arrivant au pouvoir, non comme chef du tiers parti, mais comme premier ministre de la politique royale, ou celle de la continuation du ministère du cardinal Mazarin, ils préféraient ce dernier à son antagoniste, par cette raison que le succès du cardinal de Retz, intimement lié à la cour de Rome, leur paraissait, par cette intimité, un danger pour le libre exercice de leur culte. Qui eût pensé en ce moment que le dévouement royaliste des protestants aurait pour récompense, sous ce même règne, la révocation de l'édit de Nantes? Il est vrai qu'à l'époque où elle sera faite, la Fronde, le cardinal de Retz, le cardinal Mazarin, seront, par un calcul de la politique du grand roi, des souvenirs plus lointains et plus effacés certainement qu'ils ne le sont de nos jours.

---

[1] Voyez tome II, chapitre XIII.

Ces dispositions des protestants de Montauban nous sont révélées par le marquis de Saint-Luc écrivant au cardinal Mazarin[1] :

« Monseigneur,

« Les importans services et la fidélité qu'ont tesmoigné les habitans de Montauban dans les dernières occasions m'obligent de signaler très humblement à Vostre Eminence de faire cognoistre à leur communauté par des effets de la bonté de Leurs Majestés la satisfaction que l'on a de leurs services. Il est de grande conséquence de les traitter favorablement pour maintenir tous les religionnaires par cet exemple à estre fermes et inesbranlables dans leur devoir. Je suis tesmoin de grandes avances qu'ils ont faites tant pour leurs travaux que pour les autres choses nécessaires aux armées du Roy. Ils ont employé leurs biens et leurs vies comme de fidelz subjets; ils espèrent la protection de Vostre Eminence pour leur ville où je sçay certainement qu'ils ont toute la passion imaginable pour tous vos intérests. J'espère que Vostre Eminence les appuyra de son

---

[1] Nous avons tiré cette lettre inédite des *Archives nationales*, registre coté KK., 1219.

crédit et authorité et qu'elle me fera l'honneur de croyre que je suis avec respect et fidélité,

 « Monseigneur,

 « Vostre très humble, très obéissant et très obligé serviteur,

 « SAINT-LUC.

« D'Agen, le 4 may 1652. »

Dans l'intervalle des faits que nous venons de décrire, le cardinal Mazarin était informé de la tournure nouvelle que donnait à l'affaire de Brisach l'entente établie entre le comte d'Harcourt et Charlevoix, par une lettre de M. de Tracy[1], dont nous détachons le fragment suivant[2] :

 « Monseigneur,

« M. le comte d'Harcourt qui a reçu une lettre de M. de Charlevoy que j'ai lue pour laquelle il témoigne se mettre entièrement à lui pour Brisac, offre à Vostre Eminence tous les services qu'il

---

[1] M. de Tracy, l'un des généraux de l'armée royale, avait été peu d'années auparavant l'un des adorateurs de Mme de Longueville, lorsque cette princesse était à Stenay, en 1650; Conrart du moins le prétend dans ce passage de ses *Mémoires* : « On disait que M. de Tracy était amoureux de Mme de Longueville, et qu'il luy avoit écrit une lettre..... »

[2] Lettre inédite de M. de Tracy au cardinal Mazarin, datée de Marmande, 7 mai 1652. *Archives nationales*, registre coté KK., 1219, page 339.

peut lui rendre en cette rencontre, et, pour en ajuster les moiens, il desire de faire un voyage à la court, quand mesme ce ne seroit que pour y séjourner vingt-quatre heures. J'aurois souhaité d'estre aces puissant pour détourner ce dessein; mais, puisque c'est une chose qui me paroît résolue dans son esprit et qu'il estime avantageuse pour vos satisfactions communes, je crois que le temps qu'il peut prendre avec moins de préjudice aux affaires du Roy est dans quinze jours, lorsque les troupes seront logées entre Deux-Mers, attendant que M. du Plessis-Bellière ait joint avec son artillerie ou qu'on en aura mis une autre sur pied, etc. »

Deux jours après, le comte d'Harcourt prend à son tour la plume et écrit à Le Tellier[1] :

« Monsieur,

« J'avois impatience que nostre pont fust achevé pour mettre, comme nous faisons, nostre cavalerie entre Deux-Mers à couvert de la rivière du Drot, et estre plus en estat, en attendant qu'il se présente quelque occasion avantageuse, de donner les mains à M. du Plessis-Bellière vers lequel j'ay advis que les ennemis avaient dessein de

---

[1] Nous avons tiré cette lettre inédite des *Archives du Ministère de la guerre,* vol. 133.

marcher. Jusqu'à présent nous avons eu assez de bonheur pour n'avoir pas besoin d'artillerie pour prendre les villes; mais je prévoy qu'à l'advenir ce qui nous reste à réduire ne sera point de facile conqueste et comme vous n'ignorez, je m'asseure, pas, Monsieur, que nous ne sommes servis que de l'artillerie et des munitions que nous avons pris sur les ennemis, n'en ayant presque pas trouvé en ces quartiers, nous ne pouvons pas faire un fondement asseuré d'en avoir quand nous en aurons besoin. C'est ce qui nous obligera à demeurer les bras croisez pendant quelques jours, jusques à ce que nous ayons de la poudre et des boulets que nous ramassons et que nous faisons faire dans tous les lieux où nous en croyons pouvoir trouver. La nécessité du pain ne nous arrestera pas moins, ne se trouvant plus de bled dans la campagne. Pendant que nous en avons trouvé, nous avons faict vivre les troupes sans conclure aucun marché avec un munitionnaire; mais présentement que nous allons entrer dans un pays d'où les villages ont tout emporté dans Bourdeaux, jusqu'à leurs gros meubles, nous sommes contraintz de pourvoir au pain par un traité que M. de Pontac a fait avec des gens du pays dont il connoist les forces; et nous serons infailliblement obligez d'en donner à la cavalerie que nous ne sçaurions faire agir à quelque grand dessein qu'elle n'ayt receu quelque payement des traitez que M. de Tracy a faits et qui commencent à s'exécuter.

« Au reste, Monsieur, j'ay eu des nouvelles de Brisac dont l'abbé de Charente et le gentilhomme que j'ay à la Cour auront l'honneur de vous entretenir, qui m'obligent à vous conjurer, par la conservation de cette place et l'intérest que vous prenez au service du Roy, de contribuer en tout ce qui dépendra de vous pour en faire assister la garnison. J'employe tout mon crédit et celui de mes amis pour la conserver au Roy, comme fortune; mais vous sçavez trop bien mes forces pour douter qu'après cet effort je ne les aye épuisées au dernier poinct. J'escris à Son Eminence sur la liberté des deux officiers de la garnison de Brisac qui ont esté arrestez à la Cour, que je croy qu'elle là leur doit procurer pour mettre les affaires en bon chemin. — Je vous supplie, Monsieur, de vouloir dire quel est son sentiment sur ce sujet, et de me rendre, sur le service que j'ay rendu au Roy en la conservation de Brisac, les mesmes offices que j'espère de la généreuse amitié que vous m'avez promise,

« Monsieur,

« Vostre très humble et très fidelle serviteur,

« Harcourt.

« A Marmande, ce 9 may 1652. »

« Le Sʳ Le Cler, commissaire ordinaire des guerres, estant mort ces jours passez, et ayant esté adverty qu'il n'avoit point payé le droit annuel depuis prez de six ans, j'ay creu vous pouvoir demander cette charge en faveur d'un de mes anciens domestiques nommé Mirabaud, qui a l'honneur d'estre conneu de vous et que j'ay fait servir dans l'employ de commissaire depuis que j'ay l'honneur d'estre dans ceux des armées. C'est un garçon très exact dans ce mestier là, qui est plein d'honneur et dont les services méritent cette récompense. J'ay si peu de moyens de faire pour les miens, si ce n'est par les grâces de la Cour, que je ne sçaurois éviter de vous demander celle-cy avec instance, ne pouvant trouver d'occasion plus favorable ny plus sortable à sa capacité. Je vous conjure donc de tout mon cœur de la luy procurer et de croire qu'ayant beaucoup d'amitié pour luy, j'en demeureray sensiblement vostre redevable. »

Dans cette lettre, déjà si intéressante au sujet des affaires de la Guyenne et des mesures concertées entre le général et l'intendant de l'armée royale, nous remarquons comme l'un des points les plus essentiels avec quelle persévérance le comte d'Harcourt revient sur l'affaire qui lui tient profondément au cœur, l'affaire de Brisach; deux officiers qui se sont rendus à la cour pour exposer les griefs de la garnison au sujet de l'enlèvement de Charlevoix, ont été arrêtés, il réclame leur liberté; enfin il prétend que la conservation de Brisach au roi n'est due qu'à ses efforts et aux sacrifices d'argent qu'il ne craint pas de faire malgré l'état de sa fortune; il ajoute qu'il en attend la juste récompense. Nous savons bien que le comte d'Harcourt s'est mis en mesure de prendre ce qu'on ne veut pas lui donner; mais prudemment encore il ajourne avant de lever le masque : un don sera moins compromettant et plus avantageux. Il espère que la cour, prévenue de son entente avec Charlevoix, comprendra qu'il cesserait d'être prudent de continuer à lui opposer des refus. Jusque dans le *post-scriptum* de sa lettre, le comte exhale son amertume de n'être pas en situation de récompenser ses serviteurs et ses amis sans recourir aux grâces de la cour.

L'entente établie entre le comte d'Harcourt et Charlevoix pour l'affaire de Brisach venait d'aboutir à un fait considérable : le comte de Cerny, gouverneur de Philippsbourg, s'étant jeté dans Brisach pour tâcher de conserver cette place au roi, les officiers du régiment de Charlevoix lui avaient hautement déclaré que le seul moyen d'empêcher les soldats de livrer la place à l'ennemi était de délivrer Charlevoix et de donner le commandement supérieur au comte d'Harcourt. Comme le comte de Cerny, sans ordres de la cour, ne pouvait se décider à remettre en liberté Charlevoix, les officiers eurent recours à une ruse qui réussit. Ils firent savoir au marquis d'Arson, commandant à Philippsbourg en l'absence de son père, le comte de Cerny, que la place de Brisach était perdue par la trahison, et la vie de son père menacée par la rage des soldats, si Charlevoix n'était élargi ; le commandant, effrayé pour la vie de son père et pour les intérêts du roi, rendit à l'instant la liberté à Charlevoix. Celui-ci était accouru à Brisach, où il avait été accueilli par les transports de la garnison. La possession de cette place se trouvait dès lors assurée au comte d'Harcourt.

Le même jour que la lettre précédente à Le Tellier, le comte adresse celle-ci au cardinal Mazarin[1] :

« Monseigneur,

« Bien que je sois persuadé par une lettre du comte de Cerny, de la main d'un secretaire, que Vostre Eminence a esté advertye par la mesme voye de ce qui est arrivé à Brisac, je ne sçaurois

[1] Nous avons tiré cette lettre inédite des *Archives nationales*, registre coté KK., 1219, page 339.

m'empescher de supplier Vostre Eminence par un
exprez de faire réflexion sur l'estat présent de
cette place et sur la nécessité qu'il y a d'en assister la garnison. Elle auroit déjà esté capable
de prendre quelque résolution bizearre si le filz
du comte de Cerny, contre les ordres de son
père, ne lui avoit redonné M. de Charlevois,
comme Vostre Eminence aura sceu, et cette garnison ne le seroit pas moins à l'advenir si elle se
voyoit abandonnée de la Cour dans les persécutions que l'on luy fait de tous les endroitz d'où
elle est puissamment recherchée. Pour moy, Monseigneur, à qui ma bonne fortune a donné l'avantage de l'avoir conservée au Roy jusqu'à présent,
quand j'y auray épuisé tout le crédit que j'ay sur
la bourse de mes amis que j'employe présentement
pour cet effet, j'auray la conscience en repos de
n'y avoir rien oublié ; mais en mesme temps un
regret doublement sensible de voir mes effortz
inutilz s'ilz ne sont secondez par ceux de la Cour
et de Vostre Eminence. Cependant, comme ledit
sieur Charlevois témoigne par une lettre que j'ay
receue de luy d'avoir plus de confiance en moy
qu'à tout autre et que Vostre Eminence n'en doit
pas moins prendre à ma fidélité, j'ay d'autant
plus d'impatience d'estre auprès d'elle que je ne
m'y trouveray pas inutille à sa satisfaction en ce
qui regarde l'établissement pour lequel elle a

quelque visée. Je croy que Vostre Eminence jugera opportun de renvoyer à Brisac les deux officiers de la garnison qui ont esté arrestez à la Cour et que cette grâce pourra produire de fort bons effetz au service du Roy et à la satisfaction de Vostre Eminence, au lieu que le contraire en pourroit peut estre causer de fort dangereux. Le zèle que j'ay pour le service du Roy m'oblige d'en parler ainsy à Vostre Eminence et celuy que j'ay pour son service particulier m'oblige à demeurer toute ma vie,

« Monseigneur,

« De Vostre Eminence le très humble, très obéissant, très fidelle et très obligé serviteur.

« HARCOURT.

« Marmande, le 9 mai 1652. »

Le comte d'Harcourt ne dissimule plus qu'il est le maître véritable de Brisach; mais il attribue à sa conduite le mérite d'être la cause de la conservation de cette place sous l'autorité du roi. Le seul côté fâcheux qu'il accuse, côté tout personnel, est la nécessité dans laquelle il est placé d'assister la garnison de son argent; il est obligé de puiser dans la bourse de ses amis. Fort de sa possession, il insiste avec une vivacité d'autant plus grande pour la délivrance des deux officiers de la garnison arrêtés par ordre de la cour. Il essaye enfin de tenter Mazarin par son côté faible, en voulant le persuader que s'il lui donne l'autorisation de se rendre à la cour, son voyage sera de nature à donner satisfaction à quelqu'une de ses ambitieuses visées, le mariage d'une nièce probablement.

De retour dans Brisach, Charlevoix publia, sur sa détention et sur sa délivrance, un manifeste en six feuilles, dont nous extrayons le passage suivant[1] :

De Brissac, le 20 may 1652.

« L'arrivée de M. de Charlevois dans Brisach a tellement raffermy le service du Roy dans la place, qu'il ne se peut rien adjouster au zèle que tous les officiers et soldats tesmoignent pour vivre et mourir fidèles à Sa Majesté sous la protection de Monseigneur le comte d'Harcourt, disans ne pouvoir prendre créance dans ce temps à aucun autre et personne ne pouvant désapprouver leur choix, puisque toute l'Europe cognoist la fidélité de ce prince pour le service de Sa Majesté, et que ledit sieur de Charlevois et ses officiers ne peuvent se confier à M. le cardinal Mazarin, tant pour estre chargé de la haine publique en France

---

[1] Document inédit, *Archives du Ministère de la guerre*, vol. 133.

qu'ils attireroient par là aussy sur eux; que parce que le sieur Scyron, envoyé de sa part, les a trahis et trompez en mesme temps qu'il leur promettoit la protection du Roy et l'amitié dudit seigneur cardinal. »

Charlevoix, dans son manifeste, ne sépare pas la possibilité de la conservation de Brisach sous l'autorité du roi, de la nécessité du gouvernement de la place donné au comte d'Harcourt. Seulement, dans son ardente animosité contre le cardinal Mazarin, il se laisse trop entraîner à une explosion publique des sentiments qui l'animent, en accusant devant tous la mauvaise foi du cardinal; en disant que la haine générale dont il est chargé ne peut que rejaillir sur ceux qui s'allient au ministre. Ce manifeste, porté à la connaissance du cardinal pendant les négociations entamées par le comte d'Harcourt, arrivait mal à propos pour favoriser leur réussite. Charlevoix devait à ses yeux passer pour traduire la véritable pensée du comte, pendant que celui-ci ne cessait dans sa correspondance de protester de son dévouement. Si Charlevoix se fût moins pressé et si les distances lui eussent mieux permis de se concerter avec le comte d'Harcourt, il n'est guère douteux que la diplomatie du comte lui eût fait modifier les termes de son manifeste.

Depuis que le comte d'Harcourt possède en

mains les clefs de Brisach, le ton de sa correspondance, auparavant plus suppliant qu'impérieux, change complétement; le reproche amer, le sarcasme, la résistance peu déguisée aux ordres reçus se pressent sous sa plume et se révèlent dans ses actes. Cette lettre adressée à le Tellier montre la différence[1] :

« Monsieur,

« La bonne nouvelle que vous avez eu agréable de nous faire sçavoir a esté reçeüe icy avec toute la joye que l'on pouvoit espérer d'une armée très zélée et très fidelle au service du Roy; et la part que j'y ay pris en mon particulier vous sera d'autant mieux conneüe que vous aurez veu par la dépesche que M. le chevalier de Trélon s'est chargé de rendre à Son Eminence, l'inquiétude où nous étions de tous les différents bruits qui couroient icy d'une paix désavantageuse à l'autorité royale. Mais, Dieu mercy, nous sommes sortis de ce soin par ces heureux succez dont je souhaite passionnément les suittes avantageuses qui s'en peuvent attendre.

« Nous avons la meilleure volonté du monde

---

[1] Nous avons tiré cette lettre inédite des *Archives du Ministère de la guerre*, vol. 133.

de pousser les affaires de cette province avec la mesme vigueur que nous avons faict jusquicy; mais je vous ay mandé, Monsieur, par le dernier valet de pied du Roy que je vous ay dépesché, les nécessitez qui nous obligent à demeurer les bras croisez et je vous rediray encore par celle-cy que nous mettons toutes pièces en œuvre pour avoir des munitions et des boulets, ne se trouvant des derniers qu'avec des peynes incroyables. Nous espérons d'en tirer quelque peu de Toulose par l'adresse de nos amis, n'ayant peu obliger la ville, ny MM. du parlement à nous en assister, quelque bonne volonté qu'ilz témoignent. Je ne sçay pourtant pas encore si la dernière dépesche que nous y avons faite n'aura point quelque favorable succès.

« Un de mes plus sensibles déplaisirs, sans mentir, est celuy de demeurer sans rien faire; mais il faut que je vous avoüe que si aprez les siéges de Xaintes et de Taillebourg, M. de Plessis-Bellière n'avoit pas eu ordre de demeurer en Xaintonge et nous estoit venu joindre avec son artillerie, vous auriez la satisfaction de n'avoir plus que Bourdeaux à réduire, ou qu'il s'en faudroit peu, n'y ayant presque point de ville en cette province qui nous eust résisté si nous eussions eu du canon, avec ce qu'il y a d'infanterie. Je croy que le dessein de Broüage est beaucoup plus utile, et le succez plus aizé que n'auroit esté la conqueste de plusieurs villes de cette province qui demeurent impunément rebelles dans l'impuissance où nous sommes de les chastier; mais je ne sçaurois vous céler, Monsieur, que j'ay grand sujet de me plaindre du secret que l'on a gardé envers moy d'un si beau dessein, ayant donné tant de marques de fidélité et tenant la place que j'occupe en ce pays-cy.

« Nous ferons partir les six régimens de cavalerie que vous demandez; mais il faut que vous soyez informé, Monsieur, que quoyque l'on vous puisse dire, ils n'ont pas encore receu un sol des assignations qui leur ont esté destinées et qu'il n'y a point d'auctorité assez puissante pour les obliger à partir qu'ils n'ayent touché leur argent. J'avois voulu les engager à se mettre en chemin sur la parole que je leur donnois qu'ils seroient payés en Quercy; mais le reste de la cavalerie, craignant que cela ne différast son payement, s'y est opposé formellement et a obligé ce corps à promettre qu'il ne se separeroit point du sien que l'argent ne fust receu pour estre donné à toute la cavalerie également. Ce ne sera pas sans beaucoup de regret que je me separeray d'un corps si considérable de tant de braves régimens dont je sçay la valeur et auxquels j'ay d'autant plus de confiance que je les connois tout-à-fait dans les intérêts que j'ay toute ma vie regardez avec plus d'attachement.

« Au surplus, Monsieur, je suis dans une surprise extrême d'avoir appris qu'il ayt esté envoyé une commission de lieutenant-général au sieur Rose pour commander dans mon gouvernement, sans que j'en aye eu non plus de part que si j'avois autant desservy le Roy que j'ay eu le bonheur de luy rendre des services utiles. J'aurois lieu de croire qu'il y a peu de bonté pour moy à la Cour si elle ne révoquoit pas cette commission, et j'espère sur ce sujet et sur les autres choses dont mes amis auront l'honneur de vous entretenir toutes les marques de l'amityé que vous avez promise à la personne du monde qui est avec autant de reconnoissance et de fidélité,

« Monsieur,

« Vostre très humble et très acquis serviteur.

« Harcourt.

« A Marmande, lé 24 mai 1652. »

« Les services que le sieur d'Angosse a rendus au Roy dans cette conjoncture par le crédit qu'il a dans son pays et les marques que son fils donne tous les jours dans mon régiment d'une valeur signalée méritent que Sa Majesté reconnoisse l'abbé d'Angosse, son frère, d'une des abbayes vacantes par la mort de M' l'évesque d'Oleron qui sont situées en Béarn; le revenu n'en est pas si considérable qu'il puisse donner envie à plusieurs prétendans. L'une desdites abbayes se nomme Du Lac et l'autre La Sauvelade. Je vous suplie, Monsieur, d'en vouloir parler à Son Eminence et de croire que je vous seray aussi redevable de cette faveur que si je la recevois pour ma famille, ayant une estime toute particulière pour ce gentilhomme. »

Les félicitations que le général a commencé par adresser au ministre sur l'heureux succès des armes du roi font évidemment allusion à la surprise de l'armée des princes sous les murs d'Étampes par le maréchal de Turenne[1]. Passant ensuite aux affaires de son armée, il assure que si, après la prise de Saintes et de Taillebourg, ordre eût été donné au marquis du Plessis-Bellière de venir le rejoindre avec son artillerie, toutes les villes de la Guyenne seraient soumises et Bordeaux resterait seul à réduire; mais je crois le dessein de Brouage plus utile, dit le comte, avec une évidente ironie; il se plaint en outre qu'on lui ait caché le projet de s'emparer de cette place; ensuite, lorsqu'il se déclare prêt à obéir pour l'envoi des six régiments de cavalerie, mais impuis-

[1] Voyez tome II, chapitre XIV.

sant à le faire, on comprend qu'il n'est pas précisément étranger à la résistance de ces régiments, auxquels s'est joint le reste de la cavalerie; il expose leur refus avec calme et le représente comme un acte tout naturel qui ne doit pas surprendre; enfin, ce n'est pas sans quelque hauteur qu'il réclame la révocation de la commission de lieutenant-général dans son gouvernement d'Alsace donné au sieur Rozé à son insu. Cette dernière goutte tombée dans le vase rempli d'amertumes est bien près de le faire déborder.

La situation se tend chaque jour davantage entre le général et la cour.

La lettre suivante, plus grave dans la forme, est un exposé envoyé par le comte au ministre Le Tellier de la situation générale : refus des fournisseurs d'exécuter leurs marchés, parce que les assignations qu'ils ont reçues sur diverses branches des revenus royaux ne sont pas payées; union des divers corps de cavalerie pour s'opposer au départ des six régiments, si les deux mille écus promis par compagnie ne leur sont pas remis; munitions de guerre insuffisantes; mauvais vouloir pour secourir l'armée manifesté par les habitants de Toulouse fort enclins au parti de la Fronde[1] :

---

[1] Nous avons tiré cette lettre inédite des *Archives du Ministère de la guerre*, vol. 133.

« Monsieur,

« Nous venons d'apprendre par M. le président de Pontac au retour d'un petit voyage que nous l'avions prié de faire à Agen sur toutes les nécessitez pressantes de cette armée, dont je vous ay informé par deux de mes précédentes dépesches, que les munitionnaires qui ont traité avec luy n'ayant peu recevoir que sept mil livres d'une beaucoup plus grande somme qui leur a esté assignée et ayant fait déjà des avances pour plus de vingt mil escus, ils nous font craindre de ne pas continuer (avant mesme d'avoir commencé) si on ne tient la parole que l'on leur a donnée, et je suis obligé de vous dire que c'estoit pourtant une des meilleures assignations que M. de Tracy leur avoit peu donner. Par là vous pouvez juger, si les fonds destinez pour le payement des troupes leur peut estre si tost payé que nous espérions, et puisque je me trouve sur cette matière, je ne sçaurois vous céler, Monsieur, que nous avons eu toutes les peines imaginables d'empescher ces jours passez l'union que tout le corps de la cavalerie vouloit signer de ne se point séparer qu'il n'ayt touché les deux mil escus par compagnie qui ont esté promis; et, si je ne leur avois donné ma parole, j'aurois eu ce déplaisir dont je ne suis pas encore tout à fait hors d'inquiétude.

« Mais pour revenir à ce qui nous empesche de poursuivre nos conquestes et vous rendre compte de l'estat présent de notre artillerie, nous trouverrions dans les villes voisines assés de canon prest à servir; mais quelque soin que M. le président de Pontac aye pris jusqu'à présent, il n'a peu faire trouver sur son crédit que deux milliers de poudre, trois milliers de plomb et autant de mesches, qui pourront arriver dans quelques jours de Montauban, et environ deux cent cinquante boulets.

« Nous ne devons attendre en manière quelconque que MM. de Toulouse fassent la moindre avance de bonne volonté, et nous espérions, ces jours passez, que nous pourrions en tirer nos nécessitez sur le crédit de nos amis; mais j'ai appris par M. de Pontac que, sans argent comptant, il n'y a rien à espérer. Ainsy, il faut prendre de nouvelles mesures et par conséquent perdre beaucoup de temps qui nous est fort précieux dans cette conjoncture; et, si l'on vous informe fidellement de ce qui se passe à Toulose, vous sçaurez sans doute, Monsieur, que la Fronde y est beaucoup plus escoutée qu'il ne seroit à souhaitter.

« Il n'y a point de soin et de diligence que

nous n'aportions à presser les levées des taxes qui doivent servir au payement des troupes pour destascher au plutost celles que vous souhaitez. Mais je suis obligé de vous dire que nous n'avons pas présentement au delà de quinse cents vedettes en estat de servir, et, pour une preuve que je n'adjoute rien à cette première vérité, je vous envoye ce que tous nos officiers généraux ont signé sur ce sujet afin que vous sachiez en quel estat nous serons quand nous aurons séparé un corps de plus de sept centz maistres. Je ne sçay si on flatte la Cour sur la force des ennemis; mais je sçay de science certaine qu'ilz n'en ont pas moins que nous et que nous n'avons que l'avantage que la réputation des vainqueurs donne sur les vaincus, qui n'est pas un fondement si solide que nous devions espérer de conserver ce que nous avons acquis aprez une si notable diminution.

« Les services que le sieur de Cous, premier consul de Condom, gentilhomme de mérite, a rendus au Roy à la réduction de cette ville à son obéissance à laquelle il a contribué notablement, m'ont obligé à luy donner commission pour y commander et dans un petit lieu fermé qui est aux portes de cette ville qui s'appelle la Rassingle, et, comme c'est une personne de qualité, il me semble que la Cour ne sçauroit faire un plus digne choix pour les provisions de ce gouvernement, si elle juge, comme je croy important, qu'il y ayt dans ce lieu là une personne d'autorité pour le conserver dans l'obéissance et qu'il est bien plus du service de Sa Majesté de confirmer ce que j'ay faict en cette province, que de le révoquer. Je suis avec une passion toute particulière,

« Monsieur,

« Vostre très humble et très fidelle serviteur,

« Harcourt.

« A Aymet, le 28 may 1652. »

Le comte d'Harcourt parle dans sa lettre d'une délibération des officiers généraux par lui provoquée pour constater la faiblesse numérique de son armée; le texte de cette délibération prise en conseil deux jours auparavant, est celui-ci[1] :

Délibération du Conseil de guerre tenu à l'armée de Guienne, le 26 mai 1652.

« Monsieur le comte de Harcourt estant arrivé à Aymet, le 25 may 1652, et ayant fait assembler le lendemain le Conseil de guerre pour pourvoir aux choses nécessaires à la seureté des quartiers,

[1] Nous avons tiré ce document inédit des *Archives du Ministère de la guerre*, vol 133.

il a esté résolu d'ordonner une garde de cent maistres pour celuy du Roy; laquelle n'a peu estre qu'en detaschant un homme par compagnie, la pluspart estant si affoiblies que tous Messieurs les officiers généraux demeurent d'accord qu'il ne reste pas quinze cens vedettes dans tout le corps de la cavalerie, sans comprendre celle de M. de St-Luc; en témoignage de quoy jls ont tous signé la présente; à Aymet, le xx6° may 1652.

« Henry de Lorraine, comte d'Harcourt.

« François de Lorraine, comte de Lislebonne.

« Saint-Abre.

« Le Chevalier d'Aubeterre.

« Jarnac.

« Goulas.

« Bougy. »

Pour apprécier exactement l'affaiblissement qu'éprouvera l'armée de Guyenne, affaiblissement que tendent à faire ressortir la lettre du comte d'Harcourt et la délibération du conseil de guerre par la mise en regard des quinze cents vedettes qui resteront avec les sept cents maîtres dont le départ est ordonné, une explication sur la valeur des mots est nécessaire. Ordinairement on appelle vedette, dans la cavalerie, le soldat qui fait le service équivalent à celui de la sentinelle dans l'infanterie; mais ce n'est pas dans ce sens que la dénomination de vedette doit être prise dans nos documents. Le comte d'Harcourt et ses généraux appliquent le nom de vedettes aux soldats de cavalerie légère. Les maîtres étaient les soldats des compagnies d'ordonnance répondant à ce que l'on appelait la gendarmerie, fort distincte, on le sait, du corps qui porte ce nom aujourd'hui, qui s'appelait maréchaussée autrefois. Les maîtres portant cuirasse, bien armés, montés sur de grands et forts chevaux, formaient une force considérable suivant la tactique du temps, la force la plus considérable même d'une armée, tandis que la cavalerie légère était peu estimée. Il était admis que cent maîtres devaient culbuter mille soldats de cavalerie légère.

Cette délibération du conseil de guerre et la lettre qui l'accompagne, datées l'une et l'autre d'Eymet, petite ville située sur la rive gauche du Dropt, ont un but essentiel : si le comte d'Harcourt fait si soigneusement ressortir la difficulté de réunir pour le quartier du roi, c'est ainsi que l'on appelait le quartier du général en chef, représentant du monarque, une garde de cent cavaliers; s'il insiste sur la faiblesse à laquelle le départ des sept cents maîtres réduira l'effectif de la cavalerie; s'il passe sous silence la cavalerie de M. de Saint-Luc qui exerçait, comme nous le savons, un commandement séparé, c'est qu'il espère trouver dans cet exposé de la situation une justification plus que suffisante de son inaction, qui puisse dissimuler, en évitant de le compromettre, ses autres motifs d'une nature toute personnelle.

Le comte d'Harcourt n'était pas en effet tellement à couvert du côté des susceptibilités, des suspicions même de la cour, qu'à ce moment le bruit de l'ordre de son arrestation ne courût dans sa propre armée; aucun historien, à notre connaissance, n'a parlé de cette grave rumeur; elle nous est révélée par la lettre suivante [1] :

« Aymest, ce 27 may 1652.

« Monseigneur,

« J'ay ne pas esté fâché que les afères de M. de Gasion l'est obbligé à s'en aller à la cour, puisque par luy, Monseigneur, vous poures aprandre ce qui se pase dans ceste armée. Je luy ay recogneu tant de zelle pour le service du roy qu'il se peust dire inébranlable et incapable de prandre d'autre parti, et il ne craindra pas de vous dire, Monseigneur, que quoy que je sois dans le mesme santimant que je ne cesse pas que d'estre aces malheu-

---

[1] Nous avons tiré cette lettre inédite des *Archives du Ministère de la guerre*, vol. 133. Nous la reproduisons avec son orthographe.

reus qu'après avoir servy le roy dans ceste armée pandant huit mois sous les ordres de Monsieur le comte d'Harcourt, sans aucune solde ny reconoyssance, mes anemits aiet voleu fere acroire à mon dist seigneur le comte d'Harcourt que j'aves resu des ordres de la cour de l'arrester prisonnier. Si bien qu'après plusieurs advis qu'il me dist avoir eus, il y a trois jours qu'il m'envoia quérir pour me fere voir un billet d'avis qu'il m'asseura venir de la cour, où mon frère et moy estions nommés dans ledist billet pour avoir reseu cet ordre. Je luy dits qu'il falest que ce fust une supposition de nos anemits qu'il n'y avet point d'homme de bien qui peust crere que le ministre peust avoir une telle pansée après les grans et loungs services qu'il avet randu au roy et au soutien de la couronne, dont il n'y avet nulle apparance qu'il se peust james dégager ; et ainsy il n'y avet nul fondemant ; que ces bruits pourest estre nuisibles dans ceste province pour le bien du service qu'il serest à propos de les estoufer. Il me fist l'honneur de me dire qu'il ne le croiet pas ; néanmoins cela a fort esclaté dans ceste armée.

« Je voleus, Monseigneur, vous randre conte de cela comme d'une persécution, attandu que ce n'est qu'une supposition qu'il faille qu'on s'adresse à nous pour donner le soubson. La seule satisfaction qu'il nous peut rester après une ruine totale de nos biens, c'est qu'on ne nous pourra jamais dire que nous ne nous sommes james escartés de la fidélité que nous devons au roy; nous mourrons dans ce santimant et de vous fere reconoistre en toutes sortes de rancontres qui se présanteront que je suis, comme je doibts,

« Monseigneur,

« Vostre très humble et très obéissant et très fidelle serviteur,

« Sainte-Colombe Marin.

« Je me trouve obbligé de vous dire, Monseigneur, que après que M. de Fimarcon et mon frère eurest fest conoistre à M. le comte d'Harcourt les services que M. de Coups avet randu au roy dans la ville de Condom, ils l'obbligèrent à luy en donner les provisions du gouvernement; et par ce on nous a fest à savoir que M. de Condom en voulest favoriser quelque autre à son préjudice. Nous vous suplions tous de luy vouloir envoier les provisions avec la calité de premier consul de la ville de Condom, estant notre proche parant, il ne peut refuser cela à sa prière. »

Le brave Marin, que nous avons trouvé sur nos pas dans ces *Souvenirs* dans plus d'une rencontre, particulièrement au siége de Miradoux [1], se révol-

---

[1] Voyez tome Ier, chapitre IX.

tait à l'idée que la cour pût concevoir le projet de faire arrêter un général illustre qui lui avait rendu de si signalés services, et plus encore à la pensée qu'on pût le prendre lui-même pour l'homme apte à remplir une pareille mission. Le comte d'Harcourt, à l'époque de l'arrestation du prince de Condé, arrestation qui lui avait valu l'injure d'être appelé recors du cardinal Mazarin, n'avait pas ressenti tant de scrupules. Le dévouement sans limites, outre qu'il n'est pas toujours le plus honnête, est rarement aussi le plus habile. Suivant toute apparence, lorsque la cour eut connu la tournure prise par l'affaire de Brisach ainsi que le manifeste de Charlevoix qui arborait l'étendard contre la toute-puissance ministérielle du cardinal Mazarin, elle dut agiter dans ses conseils la question de faire arrêter le comte d'Harcourt; le bruit qui en avait transpiré à l'armée de Guyenne n'était donc pas dénué de tout fondement. Il est probable que ce retentissement, rendant toute surprise impossible pour l'arrestation du comte prévenu de se tenir sur ses gardes, et la lettre de Sainte-Colombe-Marin, évident symptôme de la mauvaise impression, de la résistance peut-être que l'exécution d'un ordre semblable eût suscité dans l'armée, firent renoncer la cour à son projet.

Marin termine sa lettre par un *post-scriptum*

relatif à des intérêts particuliers, ainsi qu'il était d'usage dans toutes les correspondances du temps. Le post-scriptum de Marin, comme un passage correspondant de la lettre du comte d'Harcourt, se rapportent à un même personnage, M. de Cous ou de Coups, auquel le comte avait donné provisoirement commission de commander dans la ville de Condom, en récompense du zèle qu'il avait apporté à la réduction de cette ville sous l'obéissance du roi. Le comte d'Harcourt et Marin sollicitent pour de Cous des provisions régulières de ce gouvernement, avec la qualité de premier consul de la ville. Il paraît que l'évêque de Condom [1] avait son candidat préféré, et venait à la traverse des services rendus et de la recommandation des généraux. Le fait d'un premier et tout-puissant ministre cardinal, si peu ecclésiastique pourtant par son caractère personnel, était un encouragement pour certains évêques à sortir de leur mission si belle pour se mêler à une foule d'intérêts étrangers ; la régularité et l'indépendance de l'administration civile et militaire en éprouvaient des entraves, les officiers les plus fidèles en subissaient des dégoûts.

Que les excuses pour motiver son inaction

---

[1] Jean d'Estrades, évêque de Condom de 1647 à 1660 ; il avait succédé à Antoine de Cous qui avait occupé ce siège de 1616 à 1647.

données par le général en chef de l'armée de Guyenne aient été ou non acceptées au fond par la cour, comme celle-ci ne voyait que trop bien la nécessité de temporiser avec lui, ces excuses furent au moins admises pour la forme. Le comte d'Harcourt ne fut point arrêté et garda son commandement. Il ne nous paraît pas prouvé que nonobstant la situation peu satisfaisante de son armée, il ne fût pas en état de pousser plus vivement la guerre. L'état de l'armée des princes, composée surtout de troupes irrégulières et inexpérimentées, et qui certainement n'étaient pas plus nombreuses, maintenait une sorte d'équilibre entre les deux partis; le plateau de la balance devait même pencher du côté du parti royal. Le comte d'Harcourt voulait se rendre nécessaire en ne donnant pas à la guerre un dénoûment trop prompt; il voulait surtout un temps d'arrêt qui lui permît de faire à la cour ce voyage au bout duquel il entrevoyait la réalisation de tous ses désirs.

Les événements qui se passaient simultanément en Périgord vont venir encore à l'appui de notre opinion. Dans cette province, un officier secondaire, désireux de pousser sa réputation militaire, n'apportait pas tant de circonspection dans sa conduite.

CHAPITRE XXVI.

La défaite du régiment de Saint-Abre engage le chevalier de Folleville à tenter une expédition en Périgord. — Il surprend et disperse les débris des régiments de Nemours et de Matha. — Il opère sa jonction avec divers chefs du parti royal. — Les chefs du parti des princes manœuvrent pour le cerner. — Folleville défait à Montclar les troupes commandées par Fabri et par le comte de Châteauneuf. — Le colonel Balthazar accourt pour couper la retraite au vainqueur. — Sa marche est retardée par un chef de partisans, Laborie, embusqué dans une ferrière. — Ce retard donne à Folleville le temps de se mettre à couvert derrière la rivière de l'Isle. — Folleville envoie à la cour un rapport sur son heureuse expédition. — Allégation de Balthazar contre l'honneur de Folleville. — Nouveau succès de Folleville à Montguyon contre le comte de Maure fait prisonnier avec le comte de Chastelux. — Trois lettres inédites de Folleville sur son succès adressées au roi, à la reine, à Le Tellier. — Le Tellier a gardé les deux premières lettres. — Lettre inédite du marquis de Montausier à Le Tellier sur le succès de Montguyon et sur sa désapprobation du siége de Brouage. — Fragment d'une lettre du prince de Condé au sujet de l'intérêt qu'il porte aux officiers de son parti faits prisonniers à Montguyon. — Qu'est-il advenu des récompenses sollicitées par Folleville? — Le marquis de Montausier va joindre le chevalier de Folleville dans l'espoir d'anéantir la Fronde en Périgord. — Composition de son petit corps d'armée. — Il se propose en premier lieu de faire lever les siéges des châteaux de Grignols et de

Montançais entrepris par les troupes du colonel Balthazar.
— Le colonel Balthazar s'avance à Montançais au-devant du
marquis de Montausier. — Les deux partis occupant chacun
une rive opposée de la rivière de l'Isle engagent une fusillade
jusqu'à la nuit. — Le marquis de Montausier ravitaille dans
la nuit le château de Montançais. — Le lendemain, 17 juin,
se livre le combat de Montançais. — Héroïque conduite du
marquis de Montausier. — Défaite de ses troupes par le colonel Balthazar. — Conduite équivoque du chevalier de Folleville dans cette journée. — Longue maladie du marquis de
Montausier. — Voyage à la cour de la marquise de Montausier. — Ingratitude du cardinal Mazarin. — Fragment
d'une lettre du prince de Condé au conseiller Lenet à l'occasion de l'affaire de Montançais. — Soumission du Périgord
au parti des princes. — Le chevalier de Folleville s'empare
d'un brigand surnommé le petit Balthazar. — Lettre inédite
du chevalier à Le Tellier à l'occasion de cette capture.

Nous savons que le marquis Du Plessis-Bellière,
opérant avec son infanterie l'occupation des
îles qui bordent la côte de l'Océan, pour entreprendre ensuite le siége de Brouage, avait
envoyé sa cavalerie, sous les ordres de Folleville, maréchal de camp, sur les bords de la
Dronne, en Périgord. Ce chef devait l'y faire subsister et observer en même temps de ce côté les
mouvements du parti des princes. Ce parti se for-
tifiait dans cette province par suite de l'encouragement que lui avait donné la récente défaite d'un
régiment de l'armée royale, celui de Saint-Abre [1],
enlevé dans ses quartiers.

[1] Ce régiment avait pour mestre de camp le marquis de
Saint-Abre, de la maison de la Cropte, en Périgord.

Folleville, au lieu de laisser sa cavalerie inactive fourrager sur les bords verdoyants de la Dronne, vit, dans cette circonstance, l'occasion de se signaler en rétablissant en Périgord les affaires ébranlées du parti royal. Après avoir réuni à Chalais [1] les régiments de cavalerie de Rouannès, de Folleville, de Villeneuve, il leur donne rendez-vous, avec quelques compagnies franches, au pont de la Fougère, sur la Lissonne. De ce point, il se dirige sur Saint-Astier [2], à trois lieues de Périgueux, pour y joindre La Richardière, capitaine dans le régiment de cavalerie de Sauvebœuf. Son intention, avec ces forces réunies, est de marcher au secours du comte du Bellay [3] que l'on dit cerné par les partisans des princes. Chemin faisant, il surprend au quartier de Flin quelques troupes, dernier débris des régiments de Nemours et de Matha, et achève de les disperser.

Folleville opère sans encombre sa jonction avec le comte du Bellay qu'accompagne le vicomte de Riberac [4] ; il tient conseil avec eux pour recon-

---

[1] Aujourd'hui chef-lieu d'arrondissement du département de la Charente.

[2] Petite ville sur la rive droite de l'Isle, en Périgord.

[3] Charles Martin, prince et même roi d'Yvetot, marquis de Thouarcé, comte de Bellay, maréchal de camp dans l'armée royale. Voyez *l'Histoire généalogique du P. Anselme.*

[4] François d'Aydie, vicomte de Ribérac, de l'une des premières maisons du Périgord, qui possédait, entre autres sei-

naître de quel côté se pourront porter les coups les plus décisifs ; la conférence aboutit à la décision de marcher en avant et d'attaquer l'ennemi partout où il se rencontrera. En conséquence, Folleville franchit la rivière de l'Isle à Saint-Astier après s'être adjoint le régiment de Rochefort, cavalerie. Pour assurer son retour, il laisse à la garde du passage cinquante mousquetaires empruntés au vicomte de Riberac. A peine ce mouvement est-il commencé, que des nouvelles inquiétantes arrivent de divers côtés : c'est l'ennemi lui-même qui, avec des forces supérieures, se prépare à l'agression. La compagnie des gardes du prince de Condé, commandée par des Roches[1] et soutenue par d'autres troupes, est sortie de Périgueux et s'avance en face ; les compagnies de chevau-légers d'ordonnance des princes, appuyées par de l'infanterie, arrivent pour attaquer à revers le petit corps d'opération; le colonel Balthazar lui-même accourt de Saint-Alvère[2], et menace de le prendre en flanc. Folleville va se trouver

gneuries dans cette province, la terre et le château de Vaugoubert, sur la rive droite de la Dronne, acquis il y a quelques années par le frère de l'auteur de ces *Souvenirs*.

[1] Il avait été d'abord lieutenant des gardes du prince et s'était distingué au siége de Mardick. Il accompagna le prince de Condé à sa sortie de France et fut fait prisonnier à la bataille des Dunes, en 1658.

[2] Château et marquisat de la maison de Lostanges, à laquelle appartient l'aïeule maternelle de l'auteur de ces *Souvenirs*.

renfermé dans un cercle de fer; la retraite du seul côté resté libre encore paraît prudente; mais il suit cette vieille maxime appropriée au caractère français, qu'il vaut mieux donner l'alarme que la recevoir, et il continue à avancer, laissant ses bagages en arrière pour apporter plus de rapidité dans ses mouvements. Il apprend que Fabri[1] et le comte de Châteauneuf[2] ont placé leur quartier à Montclar[3], en avant de celui du colonel Balthazar. Il fait une marche de nuit et tombe à l'improviste sur ce premier quartier. Soixante maîtres du parti des princes ont eu le temps de monter à cheval et de se rallier sur la place du bourg de Montclar; ils semblent d'abord faire bonne contenance en accueillant les agresseurs par une décharge générale de leurs mousquetons; mais aussitôt après, au lieu de charger ou d'attendre d'être abordés, ils tournent bride et s'enfuient. Au bruit de la mousqueterie, le comte de Châteauneuf paraît à cheval à la porte du château; il voit fuir ses cavaliers et cherche à les ramener par l'exemple du courage : il décharge successivement

---

[1] D'une famille de Pise établie en France, alliée aux Pompadour, aux Séguier, etc. Voyez *l'Histoire généalogique du P. Anselme*, et même les méchancetés de Tallemant des Réaux.

[2] Jean de Rioux, comte de Châteauneuf.

[3] Cette seigneurie, qui appartenait alors à M. d'Estissac, était une ancienne possession de la maison de Noailles. Voyez tome Ier, page 69.

sur les agresseurs son mousqueton et ses deux pistolets ; mais il tombe au même instant, frappé à mort par plusieurs balles. La chute du comte achève la déroute de tous ceux qui étaient accourus sur la place pour soutenir les soixante maîtres ; plus de quarante fuyards sont tués par les soldats de Folleville et les paysans en tuent encore un plus grand nombre. Des deux cents cavaliers lancés à la poursuite presque aucun ne revient sans un prisonnier ou un cheval pour capture.

Lorsque le colonel Balthazar reçoit la nouvelle d'une attaque si imprévue et de son fâcheux résultat pour son parti, il envoie ses cavaliers les mieux montés pour escarmoucher avec la cavalerie royale. Lui-même, quittant son quartier, fait une marche rapide entre Grignols[1] et Saint-Astier afin de couper la retraite aux vainqueurs ; mais Folleville a embusqué dans une ferrière (on appelait ainsi les carrières de minerai de fer abondantes en Périgord) un chef de partisans, Laborie, avec soixante fusiliers ; ceux-ci suspendent par leur feu la marche du colonel, qui ne peut la reprendre qu'après les avoir forcés. Folleville a gagné ainsi le temps et l'avance nécessaires pour franchir sans être inquiété la rivière de l'Isle, derrière la-

---

[1] Château et marquisat de la maison de Talleyrand. Voyez tome Ier, chapitre Ier.

quelle il s'est mis à couvert une demi-heure avant l'arrivée des troupes ennemies. Celles-ci font mine, suivant une expression pittoresque que Folleville emprunte dans son rapport [1] aux déduits de la chasse, de se jeter à l'eau au *vautrait* [2] ; mais, reçues par une vive fusillade, elles renoncent à cette tentative.

Le lendemain Folleville peut, sans que l'ennemi tente de le poursuivre, reprendre son mouvement de retraite et revenir avec quatre cents chevaux dont deux cents chargés de butin, à dix lieues en arrière, dans ses premiers quartiers de la Tour-Blanche, laissant le colonel Balthazar et les autres chefs vivement impressionnés d'une surprise qui coûtait à leur parti des pertes nombreuses en hommes, plus trois cents chevaux, et tous les bagages.

Folleville s'empressa de rédiger un rapport sur son heureuse expédition et de l'envoyer à la cour par La Porte, l'un de ses officiers [3]. La relation de cet épisode si peu connu de la guerre de la Fronde est curieuse plus par le détail des faits que par leur importance, et aussi par le grand

---

[1] Voyez à *l'Appendice* ce rapport sous ce titre : *Nouvelles de l'armée de M. de Folleville, du mois de mai* 1652.

[2] Terme employé pour désigner un équipage de chasse au sanglier.

[3] Voyez ce rapport à l'Appendice sous ce titre : *Nouvelles de l'armée de M. de Folleville, du mois de mai* 1652.

nombre de noms cités. Les braves, qui ne récoltent souvent que la mort et l'oubli pour prix de leur courage, ne méritent-ils pas que l'écrivain s'efforce de leur donner la vie de l'histoire, si ses pages à lui-même ne sont pas bientôt couvertes de la même poussière? Folleville gâte un peu son rapport par les éloges qu'il se décerne à lui-même et dont il pouvait plus judicieusement laisser le soin aux faits eux-mêmes.

Le colonel Balthazar, dans son mécontentement de n'avoir pu faire payer chèrement à Folleville son heureux coup de main, s'attache dans ses Mémoires à en diminuer l'importance. Selon lui, les nombreux prisonniers faits par Folleville se réduisent à un capitaine bohémien, nommé Sarlate, pris avec une bande de gens. Il prétend que Folleville avec un peu plus de hardiesse eût pu le prendre lui-même. Chose plus grave, il raconte que Folleville ayant demandé à parlementer avec lui pour l'échange des prisonniers, la rivière de l'Isle étant entre eux, et n'ayant pu s'entendre, celui-ci donna ordre à une douzaine des siens de tirer sur lui et qu'il fut légèrement blessé. Dans ces faits que nous mentionnons pour donner les versions des deux parts, nous ne voyons que des allégations sans preuves suffisantes. Les coups tirés pouvaient être le résultat d'une méprise facile à comprendre entre des gens qui se battent, tout autant que le fait d'une trahison. Quant à l'importance donnée au succès d'un côté et à son atténuation de l'autre, chacun des deux chefs a exagéré sans nul doute dans le sens qui convenait à sa gloire, et le lecteur est sûr de rencontrer la vérité en prenant une ligne moyenne entre les deux récits.

Balthazar, après la retraite des troupes royales, dut se rendre à Bergerac, dont les habitants étaient soupçonnés de vouloir abandonner le parti des princes ; il les obligea, par sa présence, à témoigner de nouveau de leur fidélité au parti et à prêter serment d'obéissance au marquis de Castelnau[1], leur gouverneur, alors de passage dans leur ville, pour conduire à la Force les restes mortels du maréchal duc de la Force, son père, qui venait de mourir.

Après avoir assuré Bergerac, Balthazar emporta

---

[1] Le château de Castelnau, fief de la maison de la Force, de la mouvance de la vicomté de Turenne, est situé en Quercy, sur une éminence dominant sur la rive gauche le cours majestueux de la Dordogne dans cette riante et fertile vallée qui passe pour avoir inspiré à Fénelon ses descriptions de l'île de Calypso. Ce château, par son style, sa vaste étendue, les restes assez bien conservés de sa somptuosité intérieure, offrait, il y a peu d'années encore, le spécimen d'une des plus belles demeures féodales de France. Un incendie a malheureusement ravagé les débris que le temps avait épargnés, et le vandalisme moderne, pour achever cette œuvre, y a tenu depuis comptoir de matériaux à vendre.

avec sa cavalerie, à laquelle il avait fait mettre pied à terre, le bourg et l'église fortifiée de Saint-Astier, occupés par cent cinquante hommes qui mirent bas les armes après une assez énergique résistance.

Presque en même temps Folleville obtenait un nouveau succès sur les troupes des princes. Il avait fait une reconnaissance et se retirait sans avoir rencontré l'ennemi, lorsque le comte de Maure, à la tête de la plus grande partie des troupes d'ordonnance des princes, fit la tentative de venir le surprendre à Montguyon[1] et de l'enlever dans son quartier. Malgré la supériorité de ses forces, le comte de Maure fut défait. Folleville s'empressa d'envoyer à la cour un nouveau messager, le chevalier d'Igoville, porteur de quatre lettres, l'une pour le roi, l'autre pour la reine, la troisième pour le cardinal Mazarin, la quatrième pour le ministre Le Tellier, auquel il s'en remettait pour l'opportunité de la remise des trois premières. Le ministre jugea à propos de les garder, excepté celle destinée au cardinal Mazarin, auquel il ne se serait permis de rien céler. Nous en avons constaté la preuve, puisque de ces quatre lettres, celle adressée au cardinal est la seule qui

---

[1] Petite ville sur la rive gauche du Mouzon, qui fait aujourd'hui partie du département de la Charente-Inférieure.

manque aux Archives du Ministère de la guerre. Quant aux lettres adressées à la reine et au jeune roi, le ministre, comme les ministres de tous les souverains et de toutes les époques, ne devait nullement se soucier que des faveurs royales fussent sollicitées et accordées en dehors de son intervention, et dut les garder par ce motif.

Voici les trois lettres conservées [1] :

Au Roi.

« De Montguion, ce 27 may 1652.

« Sire,

« Envoiant le chevallier d'Igoville porter à Votre Majesté les nouvelles de la deffaitte de touttes les troupes d'ordonnance que M. le prince avoit en Guienne, je la suplie d'agréer que je la face souvenir de la fidellité et du zèle avec lequel je la sers, et de croire que plus Elle me donnera le pouvoir sur ses troupes, plus je luy feray voir que je les sçay utilement employer pour le bien de son service ; Elle ne donnera jamais de mar-

---

[1] Nous avons tiré ces trois lettres inédites des *Archives du Ministère de la guerre*, vol. 133.

que de son Estime à un sujet plus reconnoissant, ny qui soit plus véritablement,

« Sire,

« de Votre Majesté

« Le très-humble, très-obéissant, très-fidelle serviteur et sujet,

Folleville-le-Sens. »

A la Reine.

« De Montguion, le 27 mai 1652.

« Madame,

« Comme je ne tiens le bonheur que j'ay eu de deffaire les troupes des ennemis que de la justice de la cause du Roy et de Votre Majesté, je luy doibs rendre grâces de l'honneur que j'y aiz acquis. C'est ce qui m'a fait despescher le chevalier d'Igoville pour rendre compte du dernier combat de Montguion où j'ay déffait toutes les troupes d'ordonnance qui estoient en Guyenne et pour supplier Votre Majesté de me donner quelques marques honorables de l'adveu de ma fidélité et de la continuation de mes services. Je les atten-

dray avec une entière résignation et les recevray
avec une parfaitte reconnoissance telle que doibt,

« Madame,

« de Votre Majesté,

« Le très-humble, très-obéissant, très-fidelle serviteur,

Folleville-le-Sens. »

« *A Monsieur Le Tellier, secrétaire d'État.*

« De Montguion, le 27 mai 1652.

« Monseigneur,

« Vous aures sceu par M. de la Porte les avantages que j'ay remportés sur les troupes de M. le prince en Périgord. Je ne feus pas plus tost party, que j'apris qu'ils avoient faict dessein d'entrer dans le Fronçade[1]. Je me suis advancé jusques icy pour m'y opposer, et m'en serois retiré sans rien faire, si M. le comte de Maure, sur les assurances qu'on luy donnoit que je n'avois que de nouvelles troupes, n'eust faict dessein de me venir

---

[1]. Folleville donne ce nom à la contrée dont le château et le bourg de Fronsac au confluent de l'Isle et de la Dordogne étaient le centre.

enlever dans mon quartier. Vous verres, Monseigneur, par la rellation que l'on a dressée devant luy, une aussi belle action qui se soit faict depuis longtemps pour le peu de troupes que j'avois. J'ay chargé M. le chevallier d'Igoville, guidon de la compagnie des gendarmes de son Altesse de Harcourt, de vous en porter les nouvelles. Il a des lettres pour le Roy, pour la Reyne, et pour son Eminence, qu'il ne présentra que par votre adveu. Si vous me donnies les moiens de continuer à servir utillement le Roy en ce pais, vous n'auries pas regrêt de m'aider à y acquérir quelque honneur. Vous scaves, Monseigneur, que c'est la quatrième fois que j'ay battu les ennemis cette année : à Ponts, je défis la cavallerie du prince de Tarente; en Périgord, j'ay enlevé deux fois leurs quartiers; cette dernière action me plaist autant que toutes les autres. J'espère aussi que vous en seres content et que vous me feres l'honneur de me donner des marques honorables de la satisfaction que Leurs Majestés en auront. Je n'en prétends que par l'honneur de vostre assistance ; je suis de condition, si vous me l'accordez, à devenir quelque chose. Je sçay que l'on a offert le brevêt de chevalier de l'Ordre et la commission de lieutenant-général, à des personnes qui n'ont pas plus de fidellité ny plus de zelle pour le service du roy ; mais je sçay que je ne le doibs demander que par vous et quand vous le jugeres à propos. Vous remettant donc, Monseigneur, toutes mes espérances, j'attendray de vostre protection ma bonne fortune et me conserveray la quallitté,

« Monseigneur,

« de Vostre très-humble, très-obéissant et fidelle serviteur,

« Folleville-le-Sens. »

Ce succès fut plus éclattant que l'heureux coup de main de Montclar, et n'a pas, comme le premier, trouvé de contradicteur pour l'amoindrir. Malheureusement la relation envoyée par le chevalier de Folleville manque aux Archives du Ministère de la Guerre; cette lettre du chevalier et la lettre suivante du marquis de Montausier sont les seuls documents que nous y ayons trouvés sur cette affaire de Montguion. Un de ses résultats, qui n'est pas le moins intéressant, fut la capture de ce fameux comte de Maure qui n'y fut pas tué, bien qu'une de ses faiblesses fût de faire parade de sa témérité. Il était devenu l'un des chefs de la Fronde, après avoir figuré, à son origine, parmi les plus chauds défenseurs du parti royal[1]. Sa mortification dut être grande, d'être obligé d'as-

---

[1] Voyez sur Louis de Rochechouart, comte de Maure, tome Ier, pages 215, 216.

sister à la rédaction du rapport de sa propre défaite destiné à être envoyé au ministre.

Le comte de Maure fut retenu prisonnier avec le comte de Chastelux [1] qui combattait avec lui. Nous ignorons par quelles circonstances ce dernier put assez promptement recouvrer sa liberté pour qu'une lettre de Lenet au prince de Condé, datée du 20 juin [2], nous le signale comme accompagnant le prince de Conti dans sa rapide expédition en Périgord. Cette même lettre nomme le comte de Mailly comme ayant été blessé dans ce combat de Montguion.

Le marquis de Montausier s'empressa de transmettre de son côté à Le Tellier la nouvelle du succès de Montguion par la lettre suivante [3] :

---

[1] César-Philippe, comte de Chastelux, vicomte d'Avalon, lieutenant de la compagnie des gendarmes du prince de Condé. Il avait pris possession, en 1645, du privilége de sa famille dans l'église d'Auxerre, où il assista à la grand'messe siégeant au rang des chanoines, revêtu d'un surplis avec l'aumusse, portant l'épée au côté. Il avait épousé Marie-Madeleine Le Sueur. Il mourut en 1695. Voyez *l'Histoire généalogique du P. Anselme*.

[2] Nous donnerons plus loin cette lettre inédite.

[3] Nous avons tiré cette lettre inédite, écrite en entier de la main du marquis, des *Archives du Ministère de la guerre*, vol. 133.

« D'Angoulesme, ce 28 may 1652.

« Monsieur,

« Puisque M. le chevalier d'Igoville vous va trouver et vous porter une relation de la deffaite de la gendarmerie et de la cavalerie légère d'ordonnance de Messieurs les princes, je ne vous en diray aucune particularité, m'en remettant sur luy qui a assisté au combat et qui a esté un de ceux qui a acquis le plus d'honneur. Je l'accompagne seulement de ce mot pour vous dire que sy mon avis eust été suivy qui estoit d'aller aveq toute nostre petite armée en ce pays-là, au lieu d'aller sy tost du costé de Brouage, nous y aurions peu rendre des services considérables au Roy.

« Je suis,

« Monsieur,

« Vostre très-humble et très-obéissant serviteur,

« Montausier. »

Cette missive du gouverneur d'Angoulême n'est qu'une lettre d'envoi qui s'en remet pour plus amples détails à la relation qui accompagne la lettre et au récit verbal du messager. Mais nous devons y remarquer le reproche adressé au ministre de n'avoir pas suivi l'avis de porter sur la Dordogne tout l'effort des troupes royales, au lieu d'en occuper une partie dans l'Aunis, d'où le marquis du Plessis-Bellière, également contraire au siége de Brouage, tentait de déloger le comte du Dognon. Ce reproche du marquis de Montausier concorde, sur l'inopportunité du siége de Brouage, avec ceux contenus dans la correspondance du comte d'Harcourt; il diffère sur le point le plus avantageux pour faire converger les efforts des troupes royales : le marquis préférait le Périgord; le comte, avec plus de raison, désignait la Guyenne. Cette conviction du marquis, que se cueillent en Périgord, mieux que partout ailleurs, les lauriers de la victoire, portera bientôt le poétique inventeur de la *Guirlande de Julie* à aller essayer d'y cueillir de ses propres mains quelques branches du précieux arbuste; mais il n'y cueillera en réalité que les épines de la plus dure défaite.

Le prince de Condé fut vivement ému lorsque lui parvint la fâcheuse nouvelle de l'affaire de Montguion; il témoigna l'intérêt qu'il portait à ses guerriers malheureux dans le passage de cette lettre adressée à Lenet[1] :

---

[1] Lettre datée de Paris, 9 juin 1652. Papiers de Lenet, Bibliothèque nationale.

« Écrivez à M. le comte de Maure et à M. le comte de Chastelus de ma part, sur le subject de leur prison, et faictes aussy mille amitiés de ma part à touts les autres officiers de la gendarmerie, particulièrement à ceux qui sont blessés, et assistez-les tous autant que vous pourrez des choses dont ils auront besoin. »

Le parti des princes voulut pallier la malheureuse affaire de Montguion, ainsi que les fâcheuses défaites qui l'avaient précédée, car la *Gazette*, imprimée à Paris sous l'influence dominante de la Fronde, se bornait à donner à ses lecteurs ces nouvelles insignifiantes et même peu exactes, sous la *rubrique* Bordeaux, 27 mai 1652 :

« Le comte d'Harcourt est toujours à Marmande et ses troupes aux environs d'Aymet, La Sauvetat et places voisines, s'étant retirées d'auprès de La Réolle où elles ont demeuré dix-sept jours. Il y a eu un grand combat à Monguion sur la rivière de l'Ile, entre les troupes que commande le sieur du Plessis-Bellière et celles des princes que commande le comte de Maure. »

Qu'advint-il des récompenses sollicitées par Folleville? Il fut probablement payé de la monnaie dont le cardinal Mazarin payait ceux qu'il ne pouvait craindre. Constatons seulement qu'il ne fut jamais nommé chevalier des Ordres du roi. Nous allons le retrouver encourant la grave responsabilité d'une défaite; mais quel homme de guerre peut se flatter d'être toujours heureux ? Turenne n'a-t-il pas dit : « Quand un homme de guerre se vante de n'avoir pas fait de fautes à la guerre, il me persuade qu'il ne l'a pas faite longtemps. »

Si le mois de mai s'est écoulé brillant pour la gloire des armes royales, si nous avons exhumé ces faits du fond de nos fouilles historiques comme une médaille marquée par Folleville de son coin effacé dont nous avons essayé de rafraîchir l'empreinte, cette médaille eut son revers frappé le mois suivant.

Les succès du chevalier de Folleville ont attiré d'Angoulême le marquis de Montausier, dont le zèle infatigable pour la cause royale ne formule qu'une plainte, celle de n'avoir que trop peu de troupes à sa disposition, et par conséquent que des moyens trop faibles pour la servir. Il est accouru pour joindre les forces dont il peut disposer à celles du chevalier; il a pris le commandement supérieur. Leur petite armée est plus considérable en apparence par le nombre des corps qui la composent que par leur effectif. La cavalerie compte les régiments de Rouannois, de Folleville, d'Armagnac, de Rochefort, de Saint-Abre, de Villevert, la compagnie des gendarmes du comte d'Harcourt et trois escadrons de noblesse volontaire du Périgord, d'Angoumois, de Saintonge ; les deux premiers sont commandés par André de Talleyrand, comte de Grignols, et par Charles-Louis de la Rochefoucauld, marquis de Montendre. Tous ces corps ne forment qu'environ treize cents chevaux. Les régiments d'Harcourt, de Montausier, de Périgord, avec quelques milices irrégulières, présentent un effectif de quinze cents fantassins sous les armes.

Si cette armée est faible en nombre, les forces des princes sont certainement plus faibles encore ; la défaite du comte de Maure a entraîné la désorganisation de leurs troupes d'ordonnance, c'est-à-dire d'élite. La petite armée royale semble donc marcher à une victoire certaine, à la dispersion définitive des partisans des princes, à la pacification complète du Périgord.

La première entreprise que se proposent les deux généraux est de faire lever le siége du château de Grignols[1], commencé par le comte de Marsin, Chavagnac et Balthazar ; mais ce dernier est seul resté pour diriger l'entreprise, les troubles incessants de la ville de Bordeaux ayant forcé

---

[1] Le marquisat de Grignols, en Périgord, fief de la maison de Talleyrand, avait appartenu au grand-père maternel de Daniel de Cosnac, et était alors la propriété de son oncle, frère aîné du malheureux comte de Chalais.

Marsin et Chavagnac à s'y rendre pour tâcher de tenir le désordre en respect.

Avant d'atteindre Grignols, Montausier et Folleville suspendent leur marche pour une opération préliminaire. Pendant le siège de Grignols, le colonel Balthazar avait envoyé un détachement pour s'emparer du château de Montançais, situé sur la rive gauche de l'Isle, défendu par son propriétaire et seigneur, Joubert Tison, marquis d'Argence. Celui-ci, hors d'état, avec une garnison insignifiante et des approvisionnements insuffisants, de faire une résistance sérieuse, avait accepté la neutralité que lui avait fait offrir le colonel Balthazar, s'il n'était pas secouru dans un délai de sept jours, à partir du 15 juin. Le marquis de Montausier, se trouvant à portée de Montançais avant le terme assigné, veut en profiter pour donner le secours qui doit annuler la capitulation. Le colonel Balthazar, averti de l'intention du marquis, ne laisse que quelques détachements d'infanterie pour maintenir le blocus de Grignols et accourt à Montançais avec mille chevaux et trois cents hommes du régiment d'Enghien, infanterie, afin d'empêcher le ravitaillement du château. Il arrive sous les murs de la place ; la rivière de l'Isle le sépare des troupes royales, qui occupent la rive droite ; de part et d'autre s'engage jusqu'au soir un combat de mousqueterie. La nuit tombée, le colonel Balthazar donne des ordres pour faire soigneusement garder les passages de la rivière. Le marquis de Montausier surprend sa vigilance; il a découvert un gué au-dessus de Montançais; il le fait, à la faveur de l'obscurité, franchir par un certain nombre de cavaliers portant chacun en croupe un fantassin et quelques munitions; il a ravitaillé le château sans que les assiégeants, qui n'ont rien vu ni rien entendu, aient pu apporter aucun obstacle.

Le marquis de Montausier, ce résultat obtenu, veut dès l'aube se remettre en marche pour aller dégager le château de Grignols; mais Balthazar, dont la hardiesse se complaît mieux à l'attaque qu'à la défense et aux précautions, n'entend pas lui laisser continuer librement sa route et prétend se mesurer sur-le-champ avec lui pour venger la surprise de la nuit. D'abord il ouvre des feux de mousqueterie à la faveur desquels, utilisant un gué en face du moulin, au-dessous du château de Montançais, il fait franchir la rivière à six escadrons. Le marquis, par une manœuvre calculée, loin d'opposer aucune résistance à ce passage, simule un mouvement de retraite vers l'extrémité de la prairie qui borde ce côté de la rivière. Cette feinte entraîne les six escadrons à sa poursuite. A un commandement donné, les troupes royales font volte face et tombent sur les six escadrons, certaines de les écraser sûrement par la seule disproportion des forces. Ce mouvement obtient un plein succès ; les escadrons de Balthazar sont refoulés le long de la rivière, et, suivant la significative remarque de Balthazar dans ses Mémoires [1], ce retour offensif fait trouver des gués aux cavaliers là même où il n'y en avait jamais eu. Balthazar avait-il commis une imprudence en engageant isolément une partie de ses forces? Non, si nous nous en rapportons à son récit empreint de toute vraisemblance : les six escadrons envoyés au-delà de la rivière avaient outre-passé ses ordres, ils devaient seulement couvrir le passage du reste de ses troupes ; mais, en voyant le mouvement de retraite de l'armée royale, ils s'étaient imprudemment laissés entraîner à sa poursuite. Cependant la déroute était loin d'être complète ; plus d'un cavalier luttait encore vaillamment ; un dernier effort était nécessaire pour achever la victoire. Montausier remarque que la compagnie des gendarmes du comte d'Harcourt, composée de quatre-vingt maîtres, fait mollement son devoir [2] ; il court se mettre à sa tête pour l'enlever dans une

---

[1] Voyez les Mémoires du colonel Balthazar intitulés : *Histoire de la guerre de Guyenne.*

[2] Cette même compagnie du départ de laquelle se félicitait le marquis du Plessis-Bellière dans sa lettre à Le Tellier datée du 4 mai. Voyez page 231.

charge décisive. Les gendarmes le suivent au galop de leurs chevaux; mais, arrivés à portée de pistolet, ils tournent bride et fuient honteusement. Seul le marquis ne fuit pas; avec un page qui était resté à ses côtés, il essuie une décharge de mousqueterie. Le page est tué; Montausier reçoit deux balles de pistolet, son bras gauche est cassé à l'endroit du coude. A l'instant il est enveloppé de toutes parts; mais de son bras droit, qui tient ferme encore son épée sanglante et à demi rompue, il se défend vaillamment. Nul ne tente de le faire prisonnier; on cherche seulement à le tuer, en raison de la circonstance suivante : à cause de la chaleur, on était au 17 juin, le marquis a quitté au commencement de l'action sa casaque brodée; la simplicité de son costume le fait prendre pour un soldat trop pauvre pour payer une rançon. Montausier doit à cette méprise sa liberté, au péril de sa vie. Il est serré de si près que ses habits, percés par les balles, sont brûlés par les amorces des pistolets; plus de soixante coups sont déchargés tant sur lui que sur son cheval, et, les épées s'en mêlant, il est atteint deux fois encore sur la tête, tandis qu'un troisième coup lui coupe presque entièrement la main droite. Un escadron de noblesse, frappé du péril dans lequel la lâcheté des gendarmes d'Harcourt a abandonné Montausier, se précipite pour le dégager. Le marquis, à cette vue, redonne à son cheval épuisé par ses blessures un dernier élan de vigueur ; il le fait bondir au milieu de cet escadron libérateur ; le cheval tombe mort après avoir sauvé son maître. Le vaillant escadron de noblesse, abordant les cavaliers de Balthazar, les culbute dans la rivière et se rend maître du gué.

La bataille paraît gagnée du côté de la cause royale. Comme Montausier perd tout son sang, on l'emporte à quelque distance sur une éminence où un mauvais chirurgien de campagne lui donne les premiers soins auprès d'un arbre au pied duquel on étend le blessé mourant. Il conserve encore sa connaissance ; mais quel espoir de le sauver après tant de blessures ? Le marquis exprime néanmoins une satisfaction, celle d'avoir une victoire pour linceul. Mais à ce moment, de la hauteur où il est placé, il est témoin du plus affligeant revirement de la fortune. Le colonel Balthazar a repassé le gué avec soixante chevaux ; suivi du reste de ses troupes, que conduit le marquis de Chanlost[1], gouverneur de la ville de Périgueux pour le parti des princes, il a repris l'offensive. Folleville ne paraît faire que de faibles efforts pour garder l'avantage si chèrement acheté

---

[1] Il avait été l'un des secrétaires de l'assemblée de la noblesse tenue en 1651, dans le couvent des Grands Cordeliers, à Paris ; il était surnommé *Pied-de-fer.* Voyez Bussy-Rabutin.

dans la première partie de la journée. Bientôt un mouvement de retraite se dessine, et le régiment d'Armagnac, placé à l'arrière-garde, reçoit plus de vingt charges de cavalerie sans que Folleville retourne sur ses pas pour le dégager. Au bout de quelques instants, ce régiment est écrasé; Auvilars, son chef, est fait prisonnier. Cet obstacle à la poursuite ayant disparu, la cavalerie de Balthazar aborde et massacre les troupes d'infanterie, tue ou disperse les escadrons de cavalerie, et Folleville fuit du champ de bataille avec cinquante cavaliers seulement. De toute la cavalerie royale, il ne put les jours suivants rallier plus de deux cents chevaux.

Des deux côtés cette action fut meurtrière; mais elle le fut surtout pour les troupes royales; la cavalerie seule perdit plus de cinq cents hommes tués ou blessés. Parmi ceux qui furent tués, on compta le comte de Grignols et le marquis d'Ars; parmi les prisonniers, le marquis de Montendre et bien d'autres, qui durent payer des rançons pour recouvrer leur liberté.

Que faut-il penser de la conduite de Folleville dans cette journée? Comment ce chef, qui seul avait défait si récemment le comte de Maure à la tête des meilleures troupes des princes, a-t-il pu laisser échapper une victoire qui paraissait assurée au moment où Montausier fut emporté du champ de bataille? Comment surtout, dans la supposition où la retraite fût réellement nécessaire, en ne soutenant pas son arrière-garde, a-t-il laissé changer la retraite en déroute? Devons-nous y voir un des caprices du jeu changeant de la guerre, ou bien une tactique coupable de Folleville voulant se venger d'un double mécontentement qu'il est aisé de supposer? Il devait être peu satisfait de la cour; les faveurs sollicitées par ses lettres non-seulement ne lui arrivaient pas, mais ses lettres mêmes n'étaient pas remises par le ministre à leur destination [1]; en second lieu, il devait être singulièrement froissé que le marquis de Montausier, quittant son gouvernement d'Angoulême, et prenant le commandement supérieur, fût venu lui enlever la gloire des succès, toujours recueillie par celui qui commande en chef. Ne voulut-il pas changer en rameaux effeuillés et flétris les lauriers conquis par Montausier au commencement de la journée, dans cette pensée que, de même que le marquis aurait eu la gloire du succès, sur lui devait rejaillir la faute de la défaite? Les rivalités militaires et les mécontentements ont produit plus d'un exemple semblable. Néanmoins, malgré des apparences accusatrices, nous nous garderons de conclure. Folleville n'aurait-il pas

---

[1] Voyez page 274.

pu songer que, puisqu'il avait le commandement supérieur à la fin de cette journée, il ferait plus que partager la responsabilité de l'insuccès ? et cette réflexion était de nature à paralyser les inspirations funestes de la jalousie. Montausier ne fut pas exempt de quelques soupçons à l'égard de Folleville, ainsi que nous allons le voir.

Quand le marquis, du haut de l'éminence où il était placé presque mourant, eut aperçu sa petite armée en déroute, ceux qui l'entouraient, craignant qu'il ne tombât aux mains des ennemis, se hâtèrent de l'emporter. Ils le conduisirent à sept lieues plus loin, dans la maison d'un gentilhomme, et, le lendemain, le transportèrent à Angoulême, où Mme de Montausier, au désespoir, l'accueillit sans laisser néanmoins défaillir son courage. Nous savons que la belle Julie d'Angennes, même au milieu des pacifiques et mondaines jouissances de l'hôtel de Rambouillet, avait connu déjà les tristes épreuves de la vie [1]. Folleville se rendit à Angoulême ; il voulut voir son général pour lui faire peut-être un dernier adieu, et, tout en larmes, lui demanda pardon d'une défaite dont il rejeta la faute sur l'indocilité des troupes. Le marquis lui répondit qu'en rendant compte à la cour, il exposerait les faits sans le charger ; puis il le pria froidement de se retirer.

[1] Voyez tome Ier, le chapitre IV, relatif à l'hôtel de Rambouillet.

Montausier resta deux mois entiers entre la vie et la mort, couché sur le dos, sans pouvoir changer de position, résigné et soutenu par les sentiments de religion qui furent le guide de sa vie. Au bout de deux mois, le danger était conjuré ; mais il ne put, de deux mois encore, quitter sa couche de douleur.

Si le cardinal Mazarin avait eu dans le parti du roi beaucoup de serviteurs aussi loyalement dévoués à sa politique, l'époque de son triomphe définitif eût été moins longue à atteindre, et il n'eût pas été réduit à la nécessité d'un départ pour un second exil. Cependant le marquis, qui avait résisté à toutes les séductions du parti contraire ; le marquis, aux yeux duquel avait vainement miroité l'avantage de se faire craindre pour dompter la faveur, était traité par le cardinal avec indifférence, même avec dureté. Mazarin, assuré que par dévouement pour le roi, Montausier ne se tournerait jamais contre son premier ministre, refusait les choses les plus justes et les plus nécessaires, les appointements même que le marquis ne pouvait arracher qu'à force de sollicitations. Pendant la convalescence de son mari, Mme de Montausier fut appelée à Paris par la mort de son père. Elle se rendit à la cour, qui errait alors aux environs de la capitale, dans la croyance que les preuves nouvelles de dévouement données par son mari pouvaient lui permettre d'adresser au cardinal quelques reproches sur son ingratitude; mais elle ne put en obtenir que de banales excuses [1].

Le prince de Condé, informé par Lenet du succès important remporté par le colonel Balthazar à Montançais, s'empressa d'écrire au colonel pour le féliciter, et répondit à Lenet une lettre dont nous citons ce passage :

« Vous avez bien raison de croire que la défaicte de Messieurs de Montausier et de Folleville par Monsieur de Balthazard me doibt donner une joye parfaicte, estant une des meilleures nouvelles que je pourrois jamais apprendre ; outre la lettre que je lui en escris, mandez-lui encore de ma part combien ce succès me touche par sa considération [2]. »

Le prince de Condé avait de justes motifs de se féliciter et de féliciter les siens d'une victoire qui devait se traduire par d'importants résultats. Le

---

[1] Nous avons consulté pour tracer le récit du combat de Montançais et de ses suites : 1° les articles de la *Gazette* sous la rubrique des 19 juin et 6 juillet 1652; 2° les Mémoires du colonel Balthazar intitulés *Histoire de Guyenne*, imprimés à Cologne en 1694, réimprimés à Paris en 1759, enfin édités de nouveau par M. Moreau en 1858; 3° la vie de M. le duc de Montausier écrite sur les Mémoires de Mme la duchesse d'Usez sa fille, par Nicolas Pétit, jésuite, Paris, 1729; 4° l'histoire de Charles de Sainte-Maure, marquis de Salles, duc de Montausier, etc., par Pujet de Saint-Pierre, Genève, 1784.

[2] Papiers de Lenet conservés à la *Bibliothèque nationale*.

colonel Balthazar ayant fait venir du canon de Périgueux, le marquis d'Argence fut contraint de rendre à discrétion son château de Montançais; le château de Grignols capitula également, après avoir essuyé quelques volées de canon; toutes les autres places et châteaux se soumirent; et le parti des princes se trouva bientôt avoir la possession presque complète du Périgord.

Cette brillante affaire de Montançais accrut encore le renom du colonel Balthazar; il passa pour invincible quand il passait déjà pour dur et cruel, réputation qui environna son prestige d'une auréole d'effroi. Il ne parlait jamais que de tuer et de pendre; il ne paraît pas cependant que ses actes répondissent complétement à ses paroles, et qu'il ait exercé les droits de la guerre autrement qu'on ne les exerçait alors; mais il se gardait bien de dissiper cette terreur, qui faisait la majeure partie de sa force et de son prestige. Un incident nous apporte la preuve de la frayeur qu'il inspirait. Un aventurier dont le nom nous est inconnu, profitant du désordre universel, se mit à faire dans l'Angoumois la guerre pour son compte, pillant, rançonnant, tuant ceux qui résistaient, et forçant les paysans à grossir ses bandes : la renommée craintive lui appliqua aussitôt le surnom du *Petit Balthazar*. Folleville voulut réparer sur ce brigand la défaite que lui avait infligée le brave et vrai Balthazar; il le battit à Marthon [1] et le fit prisonnier avec sa bande. Un tel service était considérable pour ces malheureuses contrées; Folleville s'empressa de le faire valoir à la cour; sa lettre [2] à Le Tellier offre le mélange de la satisfaction du succès et d'une certaine honte d'avoir mesuré ses armes avec celles de ces bandits :

« De Marton, ce mardy 23 juillet 1652.

« Monseigneur,

« Le plus fameux bandit et le plus grand voleur qui tenoit en crainte non seulement la province de Périgord, mais qui faisoit trembler desjà l'Angoulmois, sous le nom du petit Balthazar, battoit la campagne depuis trois ou quatre jours, et ayant amassé quelques milices prétendoit s'en rendre maistre, menaçant touts les villages de les brusler sy les paisantz ne le venoient joindre. Aujourd'huy, j'ay rabattu son insolence ; hier, il se vantoit de réduire tout ce pays en son party. Je le faics mener à Angoulesme avec son enseigne et trente-quatre de ses braves crocquans, toutz

---

[1] Bourg qui fait aujourd'hui partie du département de la Charente.
[2] Nous avons tiré cette lettre inédite des *Archives du Ministère de la guerre*, vol. 134.

plus propres à servir aux galères que dans les troupes. C'est une honte à tant de braves gens de s'estre laissés gourmander par un homme de cette sorte ; avant que de l'avoir veu, je faisois dessein d'envoyer à la cour un exprès si j'estois asses heureux que de le pouvoir deffaire ; après, j'ay seulement presque honte d'avoir fait faire un party contre luy. Il est très avantageux pour le service du roy qu'il soit pris ; nous aurons moins de peine à lever ce qui est deu à Sa Majesté en cette province. C'est, Monseigneur, la première occasion que j'aie peu rencontrer en ce pays pour rasseurer nos troupes de leur espouvante. J'y arrivai dimanche au soir ; sy je n'avois qu'à y faire la guerre, j'aurois bientost purgé le pais des troupes des ennemis, s'il n'y en arrive d'extraordinaires. M. le comte de Harcourt agissant après le siége de Villeneuve, rien ne se poura opposer à luy, et nous le joindrons quand il voudra. J'en attends à tout' heure les nouvelles, et l'honneur de vos commandements pour vous témoigner que je suis,

« Monseigneur,

« Votre très-humble, très-obéissant et fidelle serviteur,

« Folleville-le-Sens. »

La lettre du chevalier de Folleville nous apprend que le comte d'Harcourt vient de former le siége de Villeneuve d'Agen ; cette entreprise nous ramène aux événements qui se passent à Bordeaux et dans la Guyenne.

CHAPITRE XXVII.

Le comte d'Harcourt modifie son attitude expectante. — Politique de bascule des princes entre les différents partis qui divisent la ville de Bordeaux. — Le parlement de cette ville reprend courage. — Nouvelles exigences de l'Ormée sous l'inspiration de ses chefs, Dureteste et Vilars. — L'Ormée proclame l'*Union*. — Nouvelle liste d'exilés mise en délibération. — Les deux Frondes du parlement se coalisent contre le péril commun. — Une assemblée générale à l'Hôtel de ville est résolue. — Lettre du prince de Condé à Vilars remise à celui-ci après avoir été modifiée. — Fureur de l'Ormée. — Le parti de l'ordre suppute et organise ses forces dans une réunion chez le prince de Conti. — A la nuit les deux partis sont en armes. — Agression de l'Ormée contre le quartier du Chapeau-Rouge. — Elle est repoussée. — Le prince de Conti et les princesses parcourent la ville pour rétablir le calme. — L'Ormée, à l'occasion de l'enterrement de ses morts, veut réveiller les fureurs populaires. — La ferme attitude de la bourgeoisie oblige l'Ormée à baisser la tête. — Joie du parlement; il rend divers arrêts et rappelle les exilés. — Rentrée triomphante des exilés. — L'Ormée, trop abaissée dans l'intérêt de la politique des princes, se redresse avec leur connivence secrète. — Passage d'une lettre du prince de Condé mettant à nu cette politique. — Sédition dans l'armée des princes contre l'autorité du comte de Marsin. — Ce général accourt de Bordeaux à son armée. — Il frappe un officier. — Refus d'obéissance de toute l'armée à son général. — La présence du prince de Conti devient indispensable. — Daniel de Cosnac obtient avec quelque peine de ce prince qu'il se rende à l'armée. — Ce prince ramène les troupes à l'obéissance en éloignant momentanément le comte de Marsin. — Passage d'une lettre du prince de Condé prouvant que Marsin lui a dissimulé la vérité de la situation. — Expédition du prince de Conti en Périgord. — Lettre inédite du prince de Conti à Lenet pour le paiement des troupes. — Lenet, restant à Bordeaux le seul chef important, travaille à cimenter l'*Union*. — Ses prodigalités calculées pour les maisons religieuses et pour les pauvres. — Ses plaintes du détournement des subsides de l'Espagne. — Lettre inédite de Lenet au prince de Condé, du 20 juin 1652. — Les feux de la Saint-Jean. — Les illusions de Lenet promptement dissipées. — Terrible lutte entre les bourgeois du Chapeau-Rouge et l'Ormée. — Lettre inédite de Lenet au prince de Condé, du 24 juin 1652. — Autres lettres inédites du même au même des 24, 25, 26, 27 juin 1652. — Réflexions sur la politique du prince de Condé, sur la situation des affaires à Bordeaux, sur le rôle conciliateur du prince de Conti.

Le Périgord et l'Angoumois viennent de servir de théâtre à une série d'événements militaires qui, bien que d'une importance relativement secondaire, ont scintillé néanmoins comme ces étincelles qui voltigent autour du foyer de tout incendie ; mais le foyer est la Guyenne, et Bordeaux le point du foyer toujours le plus incandescent.

Pendant que Montausier, Folleville, Balthazar, ont fait entre eux ces rudes passes d'armes et décimé réciproquement leurs forces, les deux chefs principaux, le comte d'Harcourt et le comte de Marsin, sont demeurés dans une inaction relative. Les motifs du premier sont loin d'être pour nous un mystère ; cependant il vient de modifier son attitude par l'entreprise du siége de Villeneuve d'Agen. L'inaction du second vient d'une cause toute différente; il est occupé à surveiller de près les mouvements intérieurs de la ville de Bordeaux, troubles incessants fomentés dans l'intérêt de la cause des princes, mais dont l'excès peut facilement la compromettre. Un autre écueil est à éviter ; car l'Ormée contrariée se jetterait indubitablement dans les bras du parti contraire : donc, tout en abaissant cette dangereuse faction, il faut la ménager toujours. Ce passage d'une lettre du prince de Condé à Lenet, résume la conduite tracée par sa politique :

« Je vous diray encore qu'il est à propos que
« vous ne rebutiez pas tout à fait ceux de l'Or-
« mée, de peur que, par leurs emportements or-
« dinaires, ils ne viennent à nous accuser d'estre
« Mazarin [1]. »

Étrange mobilité et étrange inconséquence des esprits et des troubles populaires ; ceux qui, par dépit et toujours pour la satisfaction de leurs passions brutales, se fussent faits Mazarins, étaient prêts néanmoins à jeter à la face comme une mortelle injure ce même nom de Mazarin.

[1] Papiers de Lenet conservés à la Bibliothèque nationale; lettre publiée dans la collection Michaud des Mémoires relatifs à l'histoire de France; troisième série, tome II, page 548.

La politique de bascule, qui est devenue une des nécessités de la situation des princes, les oblige dans la conjoncture présente à contre-balancer le dangereux ascendant de l'Ormée, en se rejetant du côté du parlement et en appuyant ce corps de leur autorité. Fort de cet appui, le parlement reprend courage ; les notables bourgeois de Bordeaux forment la résolution de le soutenir et de se défendre eux-mêmes. Pour la première fois, le parti de l'ordre et de la conservation dans Bordeaux, parti généralement timide dans tous les lieux et dans tous les temps, veut faire preuve de vigueur ; mais l'Ormée habituée à être crainte et obéie souffrira-t-elle d'être bravée ? Une crise violente est inévitable !

L'Ormée prétend confirmer par de nouvelles exigences le pouvoir qu'elle s'est arrogée, pouvoir qu'elle exerce indirectement par la délégation donnée aux chefs choisis par elle, et directement dans les assemblées journalières où elle délibère. Vilars et Dureteste se surpassent pour exalter les passions populaires par l'emploi des moyens que leur fournit leur caractère et que leur profession leur inspire. L'ancien boucher Dureteste, grossier, violent, emporté, assaisonne ses paroles et ses actes de la férocité qui sied à son métier. L'avocat Vilars, ambitieux, délié, insinuant, déploie la flexibilité de paroles, la mobilité de sentiments et de principes, l'avidité pour l'argent, qui s'allient trop souvent à la profession qu'il exerce. Il fraye avec le peuple; mais il fraye aussi avec les princes. Avec le peuple, il est séditieux, il excite perfidement ses passions en excitant ses convoitises ; avec les princes, il est obséquieux, il ne parle que de faire respecter leur autorité par la populace qu'il aiguillonne lui-même. Si le triomphe définitif appartient à l'Ormée, il deviendra un personnage, le chef peut-être de quelque république alors secrètement rêvée ; mais si les princes se rendent les maîtres absolus, en mettant le pied sur les débris de l'Ormée écrasée, avec eux, il y mettra le sien. Enfin il a su se ménager assez bien auprès de Leurs Altesses pour qu'elles croient que ses emportements ne sont qu'une feinte habile, et qu'il n'a jamais cessé de servir leurs intérêts.

Comme les révolutions qui sont généralement le résultat des antagonismes profonds, politiques ou sociaux, se font presque toujours au nom de ces deux prétextes pompeux, l'apaisement et la liberté, l'Ormée eût menti à elle-même, si elle n'eût abrité sa laideur sous un si beau masque : elle proclama l'*Union*. Malheur naturellement à qui n'adoptera pas cette union fraternelle ! Comme aux jours de notre grande révolution française où des énergumènes ont proclamé la liberté, la fraternité ou la mort, les Ormistes, leurs précurseurs, proclament l'union ou la mort; ou, tout au moins, l'exil. Telle est la logique des hommes de révolution ! Tous les bourgeois de Bordeaux sont sommés d'adhérer à cette union. Un grand nombre se refusant à la signer, l'Ormée, à l'instigation de ses deux chefs, met en délibération la formation d'une nouvelle liste d'exilés. Les noms de plusieurs notables bourgeois et de douze magistrats, parmi lesquels ceux des conseillers Fontenelle et Denort, sont portés sur la liste. Contre le péril commun, les deux Frondes, la grande et la petite, malgré leur réciproque aversion, sentent la nécessité de se coaliser; elles tiennent dans ce but des réunions à l'archevêché. Les princes y proposent une grande assemblée à l'Hôtel-de-Ville; mais le remède est périlleux; l'Ormée peut se rendre tumultueusement maîtresse des délibérations par la force du nombre et par la force des armes, alors le parti de l'ordre et de la résistance sera perdu sans ressource. Le conseiller Lenet est détenteur d'une lettre du prince de Condé adressée, par son intermédiaire, à l'avocat Vilars; les princes décident l'ouverture de cette lettre et y ajoutent une défense formelle à l'Ormée de s'assembler sans l'ordre du prince de Conti. La lettre ainsi modifiée est remise à son destinataire. Si sa teneur est respectée, les princes auront discipliné le désordre;

ils auront la clef de cette boîte de Pandore qu'ils ne jetteront cependant ni au feu ni au fleuve, mais qu'ils garderont soigneusement pour lancer encore sur Bordeaux le souffle malsain et impétueux de tous les maux, le jour où les magistrats et les bourgeois leur paraîtront trop tièdes à soutenir leur cause.

L'effet de la lettre modifiée que le prince de Conti avait appuyée par une défense formelle de s'assembler faite par son capitaine des gardes, fut loin de répondre au but proposé. L'Ormée, à sa lecture, éclata en une colère indicible; Vilars dépassa la fureur de tous, sauf toujours à s'en expliquer à son avantage avec les princes. Il proposa une réunion en armes pour le lendemain 7 juin; la proposition fut acceptée par des acclamations unanimes.

A la nouvelle de l'émeute qui se prépare, le prince de Conti mande près de lui les principaux conseillers des deux Frondes, quelques-uns des bourgeois les plus considérables, les jurats, et les consuls de la Bourse. Autour du prince sont groupés la duchesse de Longueville, le conseiller de Gondrin, le conseiller Lenet, Sarrasin. Dans cette réunion formée à la hâte les conseillers des deux Frondes sont introduits séparément; car leur entente qui commençait à s'établir en présence du danger n'était pas assez cimentée pour qu'il ne fût prudent d'éviter des discussions intempestives ; le conseiller Lenet craignait même qu'ils ne se battissent entre eux[1]. L'assemblée suppute les forces qu'elle peut opposer à l'agression de l'Ormée. Le juge de la Bourse répond de tous les bons bourgeois ; le conseiller Fontenelle et ses collègues de la petite Fronde, point de mire des fauteurs de désordre et toujours si maltraités, répondent plus particulièrement du quartier du Chapeau-Rouge ; la grande Fronde garantit l'appui d'un dévouement qui n'a jamais été suspecté; enfin les protestants, très-portés pour la cause royale, ainsi que nous avons eu plusieurs fois l'occasion de le faire observer, effrayés par le désordre, mais ne voulant pas néanmoins donner aux princes un concours qui fortifierait leur parti, promettent au moins leur neutralité. La revue des forces ainsi faite, l'assemblée résout de se rendre maîtresse de l'Hôtel-de-Ville, la nuit même ; il était gardé par un capitaine de l'Ormée que l'on disait s'être engagé à le livrer à sa faction.

La nuit venue les deux camps sont en armes, le conseiller Fontenelle assemble au Chapeau-Rouge les bourgeois avec lesquels il doit s'assurer de l'Hôtel-de-Ville ; deux jurats s'y rendent pour

[1] Lettre de Lenet au prince de Condé ; Bordeaux, 10 juin 1652; publiée dans la collection Michaud.

y passer la nuit ; ils établissent des corps de garde aux alentours et font tendre les chaînes en travers des rues. De son côté l'Ormée lance des patrouilles dans toutes les directions, particulièrement dans le quartier du Chapeau-Rouge d'où elle est avertie que doit partir le coup qui la menace. Entre onze heures et minuit de forts détachements de ce parti se cantonnent sur plusieurs points de ce quartier. Des émissaires se présentent chez deux des plus considérables bourgeois pour les sommer de signer l'*Union*, et, sur la réponse qu'ils n'y sont pas, ils crient au *Mazarin!* Ils menacent de tout mettre à feu, à sang et au pillage; ils tirent une cinquantaine de coups de fusil contre les fenêtres d'un bourgeois nommé Du Cornet. L'Ormée s'était accoutumée à voir la crainte faire ployer devant elle tous les courages et tous les obstacles ; elle n'avait pas compté sur cette énergie fatale de tout ennemi réduit au désespoir; elle fut reçue comme elle ne s'y attendait guère. Des maisons menacées et du corps de garde établi par les bourgeois dans le voisinage, part tout à coup une vive fusillade contre les agresseurs. Ceux-ci, déconcertés, et n'ayant d'ailleurs dans le cœur que cette lâcheté naturelle à ces hommes, rebuts de l'humanité, qui veulent bien tuer et piller, mais à la condition que ce soit sans péril, fuient après avoir laissé sur le terrain une quinzaine des leurs tués ou blessés, parmi lesquels Monteau, procureur au parlement, et Lafitte, petit marchand [1].

Au point du jour, les succès de la nuit ont porté jusqu'à l'exaltation l'ardeur du parti de l'ordre. L'Ormée se réunit en armes, il est vrai, mais elle est abattue ; les bourgeois s'assemblent sous les armes et il s'en compte trois mille sur les fossés du Chapeau-Rouge. Dès six heures du matin, pour empêcher toute collision nouvelle et rétablir le calme; le prince de Conti monte dans son carrosse rempli de gentilshommes avec le juge de la Bourse et le conseiller de Gondrin ; dans deux autres carrosses montent la duchesse de Longueville, avec le comte de Barbezières, Sarrasin et un consul de la Bourse; le jeune duc d'Enghien, avec MM. de Thodias, de Romainville et le conseiller Lenet ; madame la princesse de Condé, en raison de son état de grossesse, se fait porter dans sa chaise. Tous séparément jusqu'à midi circulent dans les divers quartiers, faisant ouvrir les boutiques, recommandant la paix et le respect de leur autorité. Pendant ce temps des copies de la lettre du prince de Condé à l'avocat Vilars sont répandues dans toute la ville. Ces démarches des princes atteignent le but

---

[1] Voyez dans la Gazette les *Nouvelles de Bordeaux*, 13 juin 1652.

désiré : les bourgeois posent les premiers les armes ; l'Ormée est moins prompte à suivre cet exemple ; mais peu de ses fauteurs se sont réunis dans le lieu ordinaire des assemblées, et ils ont placé des sentinelles aux alentours pour cacher leur petit nombre. Dans le cours de la journée Vilars se rend chez madame de Longueville pour lui annoncer que les Ormistes sont assemblés au nombre de quatre mille dans l'intention de venger la mort de leurs camarades et de brûler la ville, à l'exception des maisons de Leurs Altesses. La princesse le traite d'insolent et le chasse de sa présence.

Le soir le prince de Conti assure Lenet « qu'il répond entièrement de Bordeaux et rit de tous les sots qui ont creu qu'il eust favorisé tout ce qui s'est faict jusqu'à présent [1]. »

La menace de Vilars n'avait été qu'une vaine bravade ; en réalité, l'Ormée baissait la tête en frémissant. Néanmoins, à l'occasion de l'entérrement de ses morts, elle songea à tirer parti du funèbre spectacle pour ranimer à son profit la fureur populaire [2]. Elle voulut faire passer le corps de Monteau,

---

[1] Lettre de Lenet au prince de Condé datée de Bordeaux, 10 juin 1652.
[2] De notre temps les funérailles des victimes tombées dans les rangs des fauteurs de désordres ont servi trop souvent de prétexte à des manifestations d'un goût tout démocratique :

un de ses capitaines, par la rue du Chapeau-Rouge où il avait été tué ; mais sur l'avis que cinq ou six cents bourgeois s'étaient mis en armes pour les tailler en pièces au passage, ils réfléchissent, et, suivant le récit du correspondant de la Gazette [1], « ils changèrent de route et allèrent l'enterrer, et « avec lui toute leur autorité. »

Le 15 juin, le parlement joyeux se réunit : il rend un arrêt d'amnistie pour le passé, puis un arrêt d'union de tous les habitants ; il fait prêter un nouveau serment à tous les corps de ville, fait défense, sous peine de la vie, de s'assembler en armes ; enfin il n'oublie pas d'ordonner le rappel des quatorze exilés chassés par décret de l'Ormée.

La rentrée des exilés se passa avec solennité : des députés du parlement et quarante carrosses les attendaient à la descente du bateau [2].

Si l'Ormée était humiliée et abattue, elle l'était d'une manière moins définitive que ne le croyait, dans l'empressement de son désir, le correspondant de la Gazette. Puisque la politique des princes consistait à dominer cette faction

appel à des troubles nouveaux, quand la place devrait appartenir au silence et au recueillement. Les révolutionnaires sont peu inventifs ; ce sont de tristes plagiaires.

[1] Voyez dans la Gazette les *Nouvelles de Bordeaux*, 20 juin 1652.

[2] Même correspondance que la précédente.

pour s'en servir, elle consistait par conséquent à ne pas l'anéantir. Si les princes eussent supprimé cette faction en permettant à la petite Fronde du parlement et au parti de la haute bourgeoisie de relever tout à fait la tête, ils servaient les intérêts, suivant l'occurrence, soit de la Fronde parlementaire, soit du parti royal; mais ils compromettaient les leurs. Aussi, pour la préservation de ces intérêts, ils avaient outre-passé la mesure en infligeant à l'Ormée une trop sensible défaite; celle-ci, pour se venger, ne parlait de rien moins que de s'entendre avec le comte d'Harcourt et de lui ouvrir les portes de Bordeaux[1].

La connaissance de ces dispositions opéra un revirement dans les conseils des princes; car l'Ormée, avec leur connivence secrète sans nul doute, se redressa de nouveau. Dans sa correspondance avec Lenet, le prince de Condé, qui avait recommandé de dompter cette faction, et qui avait blâmé précédemment son frère d'être l'instigateur trop ardent de ses désordres, en arrive à s'irriter contre la bourgeoisie dont il qualifie la résistance du mot d'emportements et conclut nettement à une alliance avec l'Ormée plutôt qu'à son anéantissement.

---

[1] Correspondance inédite adressée de Bordeaux au cardinal Mazarin, *Archives nationales*, registre côté KK. 1249, page 372. Voyez ce document à l'*Appendice*.

Ce passage de la lettre du prince qui formule cette politique, mérite d'être cité en entier [1] :

« Vous croiés bien que c'est avec un extrême « desplaisir que j'ay appris, par votre lettre du 27 « du passé, les derniers emportements des bour-« geois de Bourdeaux les uns contre les autres, « et que c'est une des choses du monde qui me « donne le plus d'inquiétude. Il fault prompte-« ment y pourvoir de façon ou d'autre, et si par « négociation ou par adresse ou autrement on ne « peut obliger l'Ormée à se contenir, il vaut mieux « se mestre de son costé que de la voir chassée de « Bourdeaux. C'est néanmoins le moyen qu'il ne « faut prendre qu'à l'extrémité. Mais dans l'estat « présent des choses, je n'en vois pas d'autre « à suivre, après que tous les moyens qui se pour-« ront inventer pour appaiser la furie de l'Ormée « auront esté employés. Priez tout ce que j'ay « d'amis à Bourdeaux de tenter toutes les voyes « avant que vous en veniez là, et continuez d'y « agir avec la mesme vigueur que vous avez faict « jusques icy. »

Ces désordres de Bordeaux qui avaient nécessité la présence du comte de Marsin pour tâcher de les contenir, et par suite obligé ce général à laisser au colonel Balthazar la conduite des opérations

[1] Lettre du prince de Condé à Lenet, datée de Paris le 3 juillet 1652, publiée dans la collection Michaud.

militaires dans le Périgord et dans l'Angoumois, faillirent par contre-coup occasionner dans l'armée des princes des événements de grave conséquence. La hauteur et la sévérité de ce général étant difficilement supportées par ses subordonnés, ceux-ci travaillaient à lui rendre impossible la reprise de son commandement. Le comte de Marsin, sur l'avis du complot qui se trame contre son autorité, abandonne Bordeaux à son sort pour accourir au milieu de ses troupes campées aux environs de Bergerac. Les officiers, qui se sont concertés, se présentent devant leur général, et celui qu'ils ont chargé de prendre la parole expose leurs griefs en termes énergiques. Le comte exaspéré se laisse aller à un tel emportement, qu'il frappe cet officier. Cet acte entraîne un refus d'obéissance de la part de toute l'armée. Les suites d'une telle affaire n'allaient à rien moins qu'à perdre en Guyenne le parti des princes. Le comte de Marsin s'efforce de dissimuler la gravité de la situation, dans l'espoir de la surmonter seul ; il écrit au prince de Condé que cette émotion n'est qu'une bagatelle qu'il apaisera dans les vingt-quatre heures, par le châtiment de quelques séditieux.

La révolte, bien au contraire, prend un caractère de plus en plus déclaré. En présence de l'insuffisance du comte de Marsin à rétablir l'autorité du commandement, l'intervention du prince de Conti devient indispensable; mais ce prince est retenu à Bordeaux, d'un côté par l'utilité d'y remplir un rôle modérateur, d'un autre côté, surtout, par sa mollesse naturelle qui ne lui permet de montrer d'énergie que par élans et par intervalles. Il se soucie peu de quitter pour les camps une ville où il a trouvé, comme nous le raconterons en son lieu, des distractions et des plaisirs conformes à son inclination. Il faut que Daniel de Cosnac l'arrache presque de force à cette somnolence; qu'il fasse ressortir vivement à ses yeux l'immense avantage de tirer parti de cette occasion pour établir son autorité sur les troupes qui la reconnaissent à peine. Le fidèle conseiller du prince était inspiré dans ses avis à la fois par le motif d'un intérêt majeur pour la cause dans laquelle il s'était engagé, et par un certain ressentiment contre Marsin, auquel il reprochait de ne laisser au prince que l'apparence de l'autorité supérieure. Il n'était donc pas sans éprouver quelque satisfaction de pouvoir surprendre ce général en état flagrant de violence vis-à-vis de ses officiers et d'impuissance à rétablir l'ordre dans son armée [1]. A cet égard, sa satisfaction fut complète; le prince de Conti, arrivant le

---

[1] Mémoires de Cosnac, tome I*er*, page 37, 38.

18 juin à Bergerac où était établi le quartier général, trouva le désordre plus profond encore qu'on ne l'appréhendait. Un soulèvement général allait éclater. Toute la douceur, toutes les caresses même du prince de Conti furent nécessaires pour ramener les troupes à l'obéissance; mais il fallut que le comte de Marsin s'éloignât pendant quelques jours et se retirât à Bordeaux.

Nous avons dit que le comte de Marsin, en rendant compte au prince de Condé de la mutinerie des officiers de son armée, lui en avait caché le motif et la gravité; il avait donné à croire à ce prince que cette émotion n'avait pas eu d'autre cause que l'obligation où il avait été de quitter son armée pour se rendre à Bordeaux. La preuve de cet acte de dissimulation se trouve dans la réponse du prince de Condé datée de Paris, 23 juin 1652; nous y relevons ce passage:

« Je suis bien fâché d'avoir appris par vostre lettre du 17 de ce mois la mutinerie des officiers dont vous m'escrivez. Il faut, à quelque prix que ce soit, empescher qu'elle n'aille plus avant, à quoy vous remédierez de telle manière que vous le jugerez à propos. Cela faict bien cognoistre la nécessité de vostre présence en toute sorte de lieux. Je croye que celle de mon frère et la vostre à l'armée dissiperont tous ces petits orages qui pourroient causer de nouvelles (*sic*) désordres s'ils n'estoient destournés promptement [1]. »

Le prince de Conti, se conformant aux conseils de Daniel de Cosnac, voulut profiter du départ du comte de Marsin pour faire lui-même, à la tête des troupes, quelque expédition dont il recueillerait toute la gloire. Il entra à Périgueux le 18 juin, pour diriger de cette ville des attaques contre les châteaux de Bourdeilles et de Fories ; mais il lui manqua la satisfaction de les prendre à force ouverte : ces châteaux capitulèrent à la seule nouvelle de son approche. Le prince, après y avoir placé des garnisons, retourna à Bergerac, une des places les plus importantes de son parti, dont le prince de Condé recommandait vivement la conservation dans sa correspondance [2]. Le comte de Marsin vint l'y rejoindre.

Après une révolte encore si récente, il était de première nécessité que les troupes fussent bien payées, afin de les maintenir définitivement dans l'obéissance. Le prince de Conti, craignant que des fonds attendus d'Espagne ne reçussent une autre destination, s'empressa d'écrire à Lenet :

[1] Papiers de Lenet conservés à la Bibliothèque nationale.
[2] Lettres conservées dans les papiers de Lenet.

« A Bergerac, ce 25° juin 1652.

« J'ay sceu qu'il estoit arrivé ou qu'il devoit arriver quarante mille escus à M. de Vatteville et mesme qu'il voulloit en envoier quarante mille francs à M. du Dognon. Comme j'ay promis aux troupes de leur donner le premier argent qui viendroit, il est de la dernière nécessité que cet argent-là ne soit pas employé à autre chose, à moins de voulloir les perdre de gaieté de cœur et de les mettre en droit, en leur manquant de parolle, de recommancer leur mutinerie. Ainsi empeschez que M. de Vatteville ne dispose de cet argent jusques à ce que je sois à Bordeaux, et je verrai icy avec M. de Marsin et M. de Balthazar ce qu'il en faut pour les troupes.

A. DE BOURBON[1]. »

Le conseiller Lenet était resté à Bordeaux le seul chef considérable du parti des princes; toutes choses reposaient sur lui, et comme, depuis le récent échec de l'Ormée et le retour des exilés,

---

[1] Cette lettre inédite fait partie des papiers de Lenet conservés à la Bibliothèque nationale. Elle est d'une très-grande écriture et en entier de la main du prince. Elle porte un double cachet que traversait un cordon de soie selon l'usage du temps pour fermer les lettres; l'empreinte représente un A et un C enlacés.

retour impolitique parce qu'il fut prématuré, nul trouble ne s'était reproduit, il prenait volontiers ce calme apparent pour une pacification définitive dont il ne manquait pas de faire honneur à son habileté. Il s'empressait de se porter, auprès du prince de Condé, le garant du respect absolu qui serait désormais rendu à son autorité. Au fond, il considérait le prince de Conti et la duchesse de Longueville, bien qu'ayant, suivant son témoignage, parfaitement agi dans les dernières conjonctures, comme néanmoins compromis avec tous les partis : la petite Fronde et les proscrits les accusant d'avoir attisé contre eux les ressentiments populaires; la grande Fronde leur reprochant de ne l'avoir pas soutenue; l'Ormée enfin se plaignant de leur abandon. Lenet, dans sa jalousie d'autorité, se faisait une secrète joie du discrédit, grossi à ses yeux par son désir, dans lequel étaient tombés le frère et la sœur.

Pour consolider la pacification, Lenet s'efforçait de cimenter entre les habitants de Bordeaux le nouveau pacte d'Union décrété par un arrêt du parlement sur des bases toutes différentes de l'Union violente préconisée par l'Ormée. Les habitants les plus considérables et les plus dévoués à l'ordre, les adhérents de la petite Fronde surtout, pour lesquels Lenet se sentait un faible en sa qualité de magistrat qui le rattachait à un parti essentiellement parlementaire, en eussent formé la clef de voûte. Pour gagner le menu peuple et les corporations religieuses, si influentes alors et qui prenaient à Bordeaux une participation très-active aux événements, il distribuait de l'argent et des potages : mille ou douze cents personnes recevaient des pensions, vingt maisons religieuses étaient secourues; les pauvres honteux étaient recherchés ; les mendiants avaient une distribution journalière d'aliments. Lenet apportait dans ces apparentes prodigalités tout le calcul d'un politique habile et toute l'économie d'un financier parcimonieux. Il se plaignait du baron de Vatteville qu'il accusait de détourner les subsides de l'Espagne pour soutenir l'Ormée; mais ses protestations n'étant pas écoutées, ces subsides ne parvenaient en définitive entre ses mains que dans une faible mesure.

Cette lettre de Lenet au prince de Condé vient ajouter les plus précieux détails sur l'ensemble de la situation [1] :

---

[1] Nous avons tiré, sur la minute même, ce document inédit des papiers de Lenet conservés à la Bibliothèque nationale; fonds français 6707, page 247.

A Son Altesse, du 20 *juin* 1652, *par La Haye.*

« A Bourdeaux, le 20 juin 1652.

« Je commenceroy ceste lettre en me réjouissant avec Vostre Altesse de l'heureux événement du combat qu'a donné M. de Baltazard aux trouppes de Messieurs de Mautausier et de Folleville qui est encore plus avantageux qu'il n'est escrit dans l'imprimé qu'en a faict M. Birouet, qui est cy-joint. Ceste affaire est venue fort à propos et ne contribuera pas peu à appaiser les désordres que pourroient produire les caballes qui se sont faites dans la brigade dudit sieur de Balthazard, desquelles j'ay donné advis à Vostre Altesse par le dernier ordinaire.

« Je me plaignis à tort à Vostre Altesse qu'on avoit oublié sa despesche qu'elle me faisoit l'honneur de m'escrire le 11 du courant, parce que je la receus un peu après le courrier party ; M. Caillet, par plus grande précaution, l'ayant mise sous une autre adresse. Pour y respondre, je diray à Vostre Altesse que jamais rien ne fut plus tranquile que Bordeaux et que j'ose dire que par les mesures que j'ay prises avec quelqu'uns de la grande Fronde, avec la petite, les bons bourgeois, et plusieurs de l'Ormée qui m'advertissent de tout, et par qui je fais dire aux autres qu'on les protégera haultement quand ils demeureront dans la soubmission et l'obéissance qu'ils doibvent à Vostre Altesse, je puis respondre, autant qu'humenement on le peut, que nul n'est capable de troubler le repos de ceste ville, ny la fidélité qu'elle a pour vostre service; je dis mesme qui que ce fust qui s'en voulust mesler. Je me ménage avec tous les partis le mieux qu'il m'est possible et je me sens assez autorisé dans tous pour n'y employer pas le nom de Vostre Altesse sans un entier succez toutes les fois qu'il sera nécessaire; aussi asseurez-vous, Monseigneur, que je ne gasteray rien ici et que je vivray bien avec tous ceux que vostre service voudra qu'on ménage et qu'on considère.

« Vostre Altesse aura veu par mes précédentes dépesches que M. de Mirat et toute la petite Fronde est allée au devant du raisonnement que me faict la vostre du 9 de ce mois et que sans en venir à la violence, qui, comme dit Vostre Altesse, n'estoit nullement de saison, on a remis toute chose dans le calme; qu'on a tesmoigné de la vigueur et qu'on a dissimulé, quand il a fallu. Tous les plus raisonnables de la grande Fronde n'ont pas trouvé qu'on aye manqué de conduite, et ceux mesme qui tesmoignoient plus d'amytié pour l'Ormée ont tous esté d'advis du rappel des proscrits. Si quelqu'un gronde, c'est dans luy-mesme; car je n'entends plus parler de rien. De Vilars n'est pas icy; on dit qu'il est allé trouver Vostre Altesse; sans mentir, c'est un grand brouillon et qui, pour dire d'un et faire d'autre, a failli de tout perdre.

« M. de Mirat a receu avec grands ressentimens les tesmoignages de bontez que je luy ay donnés de la part de Vostre Altesse. Il m'a dit qu'il l'en remerciroit par l'une de ses lettres aujourd'huy, et qu'il luy manderoit les propositions que les principaux de l'Ormée luy avoient faict faire contre ceux mesme qu'on prétendoit les avoir fait agir, lesquelles il a rudement rebuttées, tant y a que l'Ormée a receu avec joye les asseurances que la petite Fronde luy a fait donner sous main de son amitié et garde de grandes mesures et suretés avec elle, et tout cela n'ira qu'à tout assoupir jusques à ce qu'il soit nécessaire de la réveiller pour vostre service, auquel cas tout agira avec vigueur et fermeté.

« Il est vray et je le répète à Vostre Altesse, que Madame de Longueville et M. le prince de Conti ont agy à merveille depuis le temps que je vous l'ay mandé; je les plains fort, car la petite Fronde a creu qu'elle avoit esté poussée par leur ordre; la grande croit qu'elle n'a pas esté soustenue; les proscrits s'imaginent que Leurs Altesses pouvoient empescher ce qui leur étoit arrivé ; et ceux de l'Ormée (comme vous le verrez par ce que M. de Mirat vous mande) ne conservent pas le respect qu'ils leur doibvent. Je parle, j'agis, je fais tout mon possible pour contenir tout le monde dans son devoir; j'espère et je jurerois, comme je vous ay desjà dit, que tout ira bien.

« Les proscripts retournèrent hier. Il y alla plus de cinquante carrosses au-devant d'eux. Ils furent visittez de toute la ville, protestant hautement vostre service et disant qu'ils ont bien monstré par leur conduite qu'ils n'estoient pas *mazarins*, puisqu'ils n'ont voulu demander ny passeport, ny asseurances de leurs personnes au comte d'Harcourt, ny escrire à la cour, et disent qu'ils vous feront congnoistre en toutes rencontres l'injustice de leur proscription. Je crois qu'ils escriront à Vostre Altesse dans ce mesme sens. Ils iront tous voir aujourd'huy Madame et toutes les Altesses; la plus part me sont venus voir et promis de vous servir toute leur vie. Je voudrois bien qu'on eust suivy en temps et lieu mon advis : MM. le président de Pomiers, Martin, Duval et la Rosche, qu'on appelle Bastru, se seroient abstenus d'entrer au palais et y voilà tout le monde restably; la *touche* pourtant les fera sages...

« On va renouveller l'Union résolue, donner des commissaires pour les comptes, et j'ay mandé à M. de Marchin ce que Vostre Altesse me mande touchant Bergerac. Il estoit hier avec M. le prince de Conty à Montpont, marchant à l'armée vers Périgueux. M. le comte d'Harcourt ne fait aucune contenance de s'en aller. Je vous diray tousjours ce que je vous ay mandé plusieurs fois touchant les jurats et les vendanges.

« M. de Vatteville a escript en Espagne qu'il faust absolument mettre M. de Guise en liberté et qu'il n'y a rien qui puisse l'empescher. Son valet de chambre part aujourd'huy en poste pour porter sa despesche et la mienne. Je donne part des nouvelles à M. Dom Louis par M. de St Agoulin et tous les ordinaires, comme en ayant ordre de Vostre Altesse.

« Je ne me suis pas servi des lettres en blanc que Vostre Altesse m'a envoyées par le précédent ordinaire, car il n'estoit plus de saison.

« J'ay escrit une seconde fois aux prisonniers et blessez de l'affaire de Montguion par l'ordre de Vostre Altesse; car je l'avois desjà faict de mon chef dès le moment que l'action se fust passée. M. de Chastelus[1] est avec M. le prince de Conti; Mailly est guéri. Ils sont très-obligez à Vostre Altesse de l'honneur de son souvenir; ledict sieur de Mailly vous supplie de luy accorder le guidon

---

[1] César-Philippe, comte de Chastellux.

qu'il vous a demandé pour son frère; *Idem* de M. de Lusignan, pour son fils. »

« Quand j'auray dequoy, je tireray M. Valancé d'affaire, et l'aurois desjà faict, s'il m'avoit esté possible. Il doit estre asseuré qu'il ne perdra rien en l'attente.

« Je manderay à M. de la Planchette qui est aussy à l'armée et qui sert fort bien de revenir icy, et l'envoyray à l'instant mesme à Vostre Altesse. M. de Vatteville jure les grands Dieux qu'il ne donne point de pension à ces gens de l'Ormée. Il rougist pourtant et fust surpris quand je luy en parlay. Je tascheray d'en descouvrir la vérité. Il me fist un grand raisonnement pour me désabuser qu'il le dust faire, quand mesme il n'auroit pas promis à Vostre Altesse de ne pas donner un quart d'escu sans son consentement; mais tout cela ne me persuada pas qu'on ne fût fort aise en Espagne si Bordeaux avoit changé de face.

« A propos de pensions, j'en ay establi à bon marché pour mil ou douze cens personnes sur quelques bruicts qui estoient venus à mes oreilles, et qui ne pouvoient que nuire, sur la nécessité qui est icy parmy le menu peuple, et comme je m'estois fort bien trouvé d'en avoir ainsy usé pendant la guerre de Madame; c'est, Monseigneur, au nom de Vostre Altesse que je fais donner chaque semaine à qui quatre livres, à qui un escu, à qui cent solz, suivant la pauvreté; à vingt maisons religieuses, quatre escus par jour; à vingt-quatre pauvres honteux; et du potage et febves à trois cents pauvres tous les jours; et tout cela n'ira qu'à mil francs par mois qui se distribuent par jour et par le menu par les ordres de Madame Brussy et autres femmes dévottes, ne nous incommodant en rien et font donner beaucoup de bénédictions à Vostre Altesse.

« Madame se porte bien et est levée. Il est arrivé trois cents soldats et trois cents matelots à M. de Vatteville; on mande tousjours que l'on verra venir le reste au premier jour. La sédition de Séville et de Cordoue qui estoit venue pour l'augmentation des monnoyes de billon, est finie. On mande à M. de Vatteville que la moytié du fonds de la lettre de change que Saint-Agoulin avoit apportée est à Saint-Sébastien et l'autre y sera pour le mois prochain. Ceste première moytié n'est que de quarante mil escus. Il en fault le tiers à M. du Dognon. Il faudra en laisser quelque chose à M. de Vatteville; jugez ce que sera le reste. On luy mande encore qu'attendant les galions des Indes, on envoye cent autres mil escus; il faudra faire, en attendant, le mieux qu'on pourra.

« Je me suis contenté de faire arrester le colonel Marche dans la maison d'un capitaine de ville nommé Arnault, quoy que j'eusse ordre de M. le prince de Conty de l'envoyer dans la prison.

« M. de Gondrin a tousjours grande envye d'aller joindre Vostre Altesse. Il tesmoigne beaucoup de passion pour elle en tous ses discours.

« Je prie Dieu, Monseigneur, qu'en paix ou en guerre, vous soyez autant satisfaict, contant et en seureté que le désire l'homme du monde qui est le plus à vous et qui y sera le plus fidèlement attaché toute sa vie, quoy qui arrive.

« M. de Pomiers (François) est le seul qui n'a pas voulu revenir. »

L'optimisme de la lettre de Lenet est remarquable; grâce à ses mesures, tous les partis sont dominés par l'ascendant qu'il a su prendre au nom du prince de Condé; il ne s'est vu nulle tranquillité pareille à celle qui règne désormais dans Bordeaux. A moins de quatre jours d'intervalle, la terrible réalité donnera le plus cruel démenti à tant d'illusions et à tant de quiétude.

Une fête, comme il arrive toujours quand les esprits sont agités, sert d'occasion à de nouveaux troubles. Les feux de la veille de la Saint-Jean, d'un usage si général encore, et qui de nos jours sont célébrés dans le Bordelais avec un éclat plus particulier que partout ailleurs, furent, en cette année 1652, allumés à Bordeaux avec la solennité accoutumée; de plus, grande fête dans la ville, grand repas à l'Hôtel-de-Ville. Au repas manquent forcément le prince de Conti, toujours à l'armée, et la princesse de Condé, empêchée par les précautions qu'exige son état de grossesse; mais la duchesse de Longueville y assiste avec toutes les dames de la cour des princesses, et avec le petit duc d'Enghien; le jeune prince communique vaillamment au feu de joie la première étincelle. Par prudence, une seule partie du programme a été retranchée de la cérémonie. D'habitude, le peuple y figurait en armes; on a restreint à ses seuls capitaines et aux autres officiers de la ville la faculté d'y paraître et de former l'escorte d'honneur. Précaution inutile; de l'agglomération de la foule naissent les provocations et les collisions; partielles d'abord, elles se propagent et deviennent dès le lendemain une lutte acharnée entre les deux partis qui se disputent la suprématie : l'Ormée et la bourgeoisie du Chapeau-Rouge. Celle-ci assume sur elle le tort de l'agression; la récente défaite de l'Ormée, le retour triomphant des exilés, ont enflé ses prétentions et grandi son courage. Vilars, qui passe inoffensif avec quelques amis, est attaqué par des bourgeois; les partis font échange de coups de pistolets.

De part et d'autre, ni les raisons ni les prétextes ne manquent pour échauffer les esprits. Par une surprise, la ville de Cadillac venait d'être enlevée au parti des princes; le château tenait encore, mais la ville tirait sur lui. Une centaine de membres de l'Ormée se sont assemblés près de l'église de Sainte-Croix, pour aviser aux moyens de secourir le château et de reprendre la ville. Le chevalier de Thodias et le comte de Chavagnac, qui n'épargnent nul effort pour maintenir le calme par des paroles conciliantes, paraissent avoir réussi, lorsque la réunion de l'Ormée sert de prétexte aux bourgeois du Chapeau-Rouge pour s'assembler de leur côté. Ce parti, dans le but de se rendre les princes favorables, accuse l'Ormée d'être mêlée d'*Épernonistes* et de *Mazarins*; d'être prête à trahir et à livrer les princes, après avoir essayé de les avilir par d'odieux pamphlets; d'aspirer même à la république, en proclamant : Point de princes et point de rois! Girault, l'un des jurats, qui a vainement tenté de dissiper par ses paroles la réunion des Ormistes, lui a jeté en se retirant cet insolent défi : qu'il leur donnerait cent pistoles s'ils le voulaient attendre; qu'il allait chercher de quoi les mettre en pièces.

Les assemblées inquiétantes du Chapeau-Rouge et de l'Ormée nécessitent la convocation d'un conseil, qui se réunit autour des princes, à l'Archevêché. Cette troisième assemblée a pour objet de chercher les moyens de faire prévaloir dans ces conjonctures la politique des princes, politique qui représente le point central du double levier de la balance destiné à maintenir l'équilibre des deux plateaux opposés. On y apprend que Guirault, donnant suite à son imprudente gageure, est allé au Chapeau-Rouge, d'où il est reparti, tambour battant, à la tête de deux compagnies, pour courir sus à l'Ormée, et que vainement les plus raisonnables courent après lui pour tâcher de l'arrêter. A cette nouvelle, la princesse de Condé et la duchesse de Longueville se précipitent l'une dans sa chaise, l'autre dans son carrosse, pour parcourir la ville et tâcher d'y rétablir le calme par leurs exhortations conciliantes. Les chaînes tendues dans les rues rendent leur marche difficile. Au Chapeau-Rouge, Mme de Longueville ne trouve plus que des femmes; la princesse de Condé a rencontré la colonne en marche des bourgeois du Chapeau-Rouge; mais à peine a-t-elle obtenu d'eux l'assurance qu'ils vont rétrograder, qu'elle les entend, contre leur promesse, engager une vive fusillade contre l'Ormée. Le sang a coulé; les deux princesses rentrent à l'Archevêché, désolées de l'impuissance de leurs efforts, et, de plus, exaspérées de n'avoir pas reçu pour leurs personnes les marques de respect et de déférence accoutumées.

M. de Lusignan est envoyé par le conseil réuni

à l'Archevêché pour tenter de nouveaux efforts; il s'avance intrépidement entre le feu des deux partis; son cheval est blessé à la tête, le laquais qui le suit est blessé; mais il parvient à se faire écouter, et obtient une suspension d'armes.

Laissons Lenet, accusant les lundis d'être des journées toujours néfastes à Bordeaux, raconter encore lui-même le détail des faits et de ses déceptions au prince de Condé, déceptions qu'il veut voiler de cette assurance que tous ces désordres ne sont que bagatelle[1] :

« A Bourdeaux, ce 24 juin 1652, après-midy.

« J'envoye à Votre Altesse une lettre de M. de Marchin, par laquelle elle cognoistra l'estat des affaires de la guerre et la vérité du combat de M. de Baltazard. J'ay fait mettre en liberté ces officiers arrestez pour la mutinerie de laquelle je donnay advis à Votre Altesse par le précédent ordinaire, suivant un ordre que M. le prince de Conty m'en a envoyé.

« Les officiers d'infanterie qui sont des restes de Maure, de Gondrin et de Gallapian, qui sont en garnison sur la rivière de Garonne, jusques à la

---

[1] Nous avons tiré, sur la minute même, ce document inédit des papiers de Lenet conservés à la Bibliothèque nationale, fonds français 6707, f° 229.

Réolle, ont aussy signé une lettre sédicieuse qu'ils ont escrite icy à M. de Bellegarde sur ce qu'on ne leur donne pas précisément tout ce qu'ils prétendent qui leur est deub (sans considérer l'impuissance où l'on est). Mondict sieur de Bellegarde a faict arrester celuy qui est venu apporter la despesche de la part de tous les autres. M. du Dognon arreste tousjours des bledz qui viennent à Bourdeaux; les marchandz s'en plaignent; on luy escrit; il respond à M. le prince de Conti qu'il l'a faict mettre en farine pour la subsistance de quantité de monde qui s'est retiré dans ses places, et qu'il est raisonnable que Son Altesse les face payer sur un autre fondz toutesfois que sur celuy destiné pour ses places. On ménage cela le mieux qu'on peut, et avec luy et avec les marchandz.

« Il faict coupper des pieux dans le Médoc pour ses places. J'empesche, tant que je puis, qu'on ne s'attache aux bois de M. d'Espernon, de peur de la représaille dans les provinces où Votre Altesse en a beaucoup; et je vais envoyer Des Bruyères pour faire coupper cela par ordre dans les communes et faire cesser le travail, quand il y en aura suffisamment de couppez.

« J'ay escrit en Espagne sur le suject de la deffection du duc de Lorraine, sur l'estat auquel se trouve Votre Altesse, sur celuy auquel est la Guienne, de tout le parti, avec toute la force et le raisonnement dont je suis capable. Je n'ay pas obmis ce qui regarde M. de Guise, et, sans mentir, s'ils ne nous assistent, il n'y a point d'homme d'honneur qui puisse trouver mauvais quand Vostre Altesse songera à son particulier à sa seureté et à celle de ses amys.

« J'oubliois à vous dire que M. du Dognon mande à M. le prince de Conty qu'il escriroit aux Hollandois et les satisferoit sur le sujet de la despesche que je luy ay envoyée de vostre part.

« Ceux de Rions surprirent hier mattin, par intelligence avec ceux de Cadillac, ceste ville, et coupèrent la gorge à quinze ou vingt soldats qui gardoient la porte; depuis ce temps-là, ceux de la ville tirent sur le chasteau, et ceux-cy sur ceux de la ville. Cela a faict bruict à Bordeaux, où il fault peu de chose à réveiller les esprits; surtout on trouve mauvais qu'on aye osté la garnison qui estoit dans la ville, et l'on dit que ceux qui ont donné ce conseil ont eu quelque présent de ladicte ville.

« On tint hier au soir conseil sur ceste affaire, et l'on résolut d'envoyer quérir deux ou trois cents Espagnols à Bourg, six-vingts hommes du régiment de Montmorency qui estoient à six lieues d'icy dans le Médoc, une grande partie des garnisons de Saint-Maquerre, la Réolle et Langon; on a donné le rendez-vous de tout ce secours à

Viol, prez Cadillac, et M. de Gallapian n'attend que cela pour partir et aller conduire l'entreprise. Cependant j'ay envoyé depuis hier au soir quatre billets par quatre hommes séparez à M. de Sully, qui deffend le chasteau, pour l'asseurer qu'il sera secouru tout au plus tard le 26 du courant. J'ay fait préparer du pain de munition, du vin, de la poudre et de la mèche, afin que rien ne retarde.

« Hier on fit un feu de joie et une grande collation à l'hostel de ville, suivant la coustume. M. le duc mit le feu avec une grâce et une asseurance non pareille. Tous les ans, en pareille rencontre, toute la ville se met sous les armes; mais, ceste année, on en a usé d'autre sorte, et Leurs Altesses ont jugé à propos de restreindre cela aux capitaines et officiers de ville qui ont escorté Son Altesse à ceste cérémonie. Madame ne peust se trouver à la collation à cause de la grande chaleur et de la foulle. Madame de Longueville et Mesdames la duchesse de la Rochefoucault, de Bellegarde, de Marchin et du Bourdet y estoient. On ne crust pas devoir laisser armer le peuple de peur de quelques fascheux désordres entre les particuliers de l'Ormée et du Chapeau-Rouge, dont les uns et les autres ne cherchent qu'à faire des affaires de partis; à l'instant on les appaise. Le dernier arriva jeudy, après que j'eus fermé ma despesche à Vostre Altesse, entre Vilars, qui n'a pas faict voyage comme je vous l'avois escript, et quelques particuliers qui se tirèrent quelques coups de pistoletz les uns sur les autres, sans se blesser. La querelle venoit de ce que ceux-ci voyant passer ledit de Vilars, celuy-cy réplicqua des injures à la guorge de ces camarades; M. de Gondrin passant fortuictement les sépara. Ceux du Chaspeau-Rouge, qui en eurent advis, se mirent sur les armes jusques à ce que Madame la princesse, qui revenoit de la promenade, les trouvât en cest estat et les séparât.

« Aujourd'huy, sous prétexte d'envoyer des gens à Cadillac, quatre-vingt ou cent de l'Ormière se sont assemblez vers Sainte-Croix; on en a advisé le magistrat. Guirault les a menassez de les faire pendre. Cela les a irrités. Il leur a dit qu'il leur donneroit cent pistoles s'ils le vouloient attendre, et qu'il alloit quérir de quoy les mettre en pièces. Le chevalier de Thodias y est allé, qui a tout calmé, et faict retirer chacun chez soi. Le Chapeau-Rouge, au bruict de ceste assemblée, s'estoit mis sous les armes, ayans Fontenelle et Guirault à leur teste et quantité de conseillers et bons bourgeois, MM. le président Pichon et d'Affis; cestuy-cy n'estoit pas en armes. Leurs Altesses avoient convocqué pendant ces entrefaites un conseil à l'Archevesché; on a envoyé M. de Chavagnac dans ceste assemblée d'Ormée, d'où il est revenu, et le chevalier de Thodias un peu avant luy, disant que de vérité ils s'estoient assemblez, mais que tout estoit dissipé. On a envoyé ledict chevalier au Chapeau-Rouge, d'où il a rapporté qu'il n'y avoit plus personne attroupé. Quand on leur est venu dire que ceux de l'Ormée avoient désarmé des valets de M. Duretèste, ils se sont réjouits et résolus de marcher à eux. Je suis venu à eux, ayant M. de Chavagnac, pour leur dire que tout estoit appaisé à l'Ormière, et que Leurs Altesses leur ordonnoient de se retirer; là dessus, un murmure s'est eslevé parmy eux, disant qu'à tous les quard d'heures du jour c'estoit à recommencer, qu'il ne leur falloit faire mal, ny deplaisir; mais que si l'on n'en mestoit quelques-uns des principaux et des plus factieux hors de la ville, qu'il arriveroit du désordre; qu'il s'estoit meslé parmy eux des *Mazarins* et des *Espernonistes* qui vouloient livrer les portes au comte d'Harcourt; qu'ils s'estoient assemblez ce matin sous prétexte du secours de Cadillac et de prier Dieu pour l'âme de Montot; et qu'ils vouloient parler de mettre Madame de Longueville et M. le prince de Conty dehors, et même qu'ils disoient : Point de roys, point de princes, et autres semblables discours ; qu'il falloit absolument maintenir les arrests et les ordonnances de M. le prince de Conty et des jurats; qu'ils s'estoient assemblez depuis que tout est appaisé. Une cédule évocatrice (comme il est vray) la plus offancière qui eust jamais esté contre le parlement et mesme contre Vostre Altesse est signée de près de cinq cents personnes; mais les trois quarts la désadvouent. Si M. l'advocat général m'envoye la copie de ceste pièce, je l'envoyerai à Vostre Altesse. Enfin, après beaucoup de parolles d'emportement contre ceste Ormée et de respect pour Madame la Princesse, nous n'avons peu vaincre ces messieurs là par tout ce qu'on a peu leur dire. Guirault, le jurat, à la teste de deux compagnies, a fait battre la quaisse, disant qu'il alloit soustenir sa gageure, et a pris sa marche du costé du pas Saint-Georges; plusieurs conseillers de la petite Fronde et des *plattes* (sic), qui estoient demeurez derrière, croyant qu'il reviendroit, le sont allés joindre pour le ramener, et ne le pouvant pas, l'ont suivy. Madame et Madame de Longueville, à ce bruict, sont montées en chaise et en carrosse, sont allées vers les rues où les chaisnes estoient tendues. Madame de Longueville, qui les a trouvés, n'y a pas trouvé toutes les marques de respect qu'elle debvoit attendre d'eux; elle est venüe ensuite au Chapeau-Rouge, où, ne trouvant quasi personne que des femmes, elle est entrée céans, où à l'heure mesme Madame la Princesse s'est rendue fort allumée de cholère, disant que ceux-cy avoient marché fort mal à propos; que ceux de l'Ormée, qui se sont trouvez à quelques carrefours, ont tiré sur eux et eux sur ceux-là; que ceux du Chapeau-Rouge et autres luy ayant donné parolle de se retirer de part et d'autre et de lui obéyr, ceux du Chapeau-Rouge, contre leur promesse, ont gaigné le dernier et tiré sur les autres infâmement, qu'elle sauroit s'en venger et maintenir l'auctorité de M. son mari, et qu'elle se metteroit, toute enseincte qu'elle estoit, à la teste de ceux qui lui obéiroient pour faire tailler les autres en pièces. Madame de Longueville a fait la mesme chose, et se sont retirées de ce quartier icy à l'Archevesché, avec ce qu'il y a icy de noblesse. J'ay prié M. de Lusignan, qui les suivoit, d'aller dans les rues esloignées pendant que je commancerois ceste depesche, pour reconnoistre au vray l'estat de la ville; car, jusques-là, il y avoit desjà deux ou trois hommes blessez ou tuez, sans ceux qu'on ne sçait pas encore.

« Tous les conseillers qui sont du parti du Chapeau rouge sont venus icy. M. le président d'Affis estoit extraordinairement emporté contre l'Ormée, aussy bien que les autres, et mesme contre M. de Lusignan qu'il soupçonne de la soustenir. Ils savoient tous la colère de Mesdames les Princesses. Je leur ay conseillé d'aller à l'Archevesché leur faire entendre que personne n'avoit songé à manquer au respect qui leur est deub et que tout s'est faict par de ces emportemens ordinaires en semblables rencontres dont on ne sçait jamais les commencemens, ny la source, et que tous ensemble travaillent à calmer les espritz. Ils sortent de céans dans cet esprit-là. Cependant M. de Lusignan arrive dudict quartier tirant du pas St-Georges au marché, où le désordre estoit fort grand et où il y avoit grand nombre de gens armés de part et d'autre dans plusieurs rues qui y aboutissent. Le chevalier de Thodias s'y est trouvé avec luy. Il s'y est faict plusieurs descharges, desquelles dix ou douze hommes ont esté tués ou blessez de part et d'autre. Mondict sieur de Lusignan y a eu son cheval et un laquais blessez tous deux à la teste, en s'estant mis pied à terre, criant alte aux deux partis : chacun s'est arresté. Il est venu à ceux du Chapeau rouge qui ont promis avec respect de se retirer. Il est retourné aux autres avec lesquels estoient Larchevault et Dubourdieu, juratz, qui ont fait tout retirer jusques vers la maison de Ville et ont promis de désarmer sitost que ledict sieur de Lusignan leur retourneroit dire, de la part de Leurs Altesses, que tout est appaisé de l'autre costé. Il vient de l'Archevesché ; il est venu en ceste rue où nous avons faict rentrer chacun chez soy ; il retourne le dire aux princesses et ensuite faire désarmer tous les autres, à quoy je pense qu'il trouvera grande facilité ; si ces gens tuez pouvoient un peu attiédir les espritz des autres, ce seroit un fort grand plaisir. Nonobstant tout cela, je continue à dire que tout cela ne sera rien contre vostre service, car tous les partis ont un profond respect pour Vostre Altesse. Madame de Longueville et M. le prince de Conti n'y sont pas autant considérez qu'ils le debvroient être ; mais ils le sont assez pour mettre les holàs aux occasions.

« Je vais faire un tour par la ville et à l'Archevesché pour mander au vray toute chose à Vostre Altesse ; car ce dernier incident cy, je ne le sçay que par M. de Lusignan qui mérite bien que Vostre Altesse luy escrive un petit mot de remerciment. A propos de quoy, je vous supplie, Monseigneur, de faire response sur la demande qu'il a faict à Vostre Altesse de ce guidon de gens d'armes.

« Madame de Longueville est fort satisfaitte de la lettre que vous luy avez escritte du 17 et qu'elle m'a fait voir ; elle faict de grandes protestations pour vostre service ; elle croit tousjours qu'on luy fait des malices et certainement ceux que je vous ay mandé ne luy escrivent autre chose. Elle a tousjours dans l'esprit que tout cela luy vient par M. de la Rochefoucault ; peut estre que M. le président Viole, qui a grand pouvoir sur son esprit, la désabusera là-dessus maintenant qu'il est à la source des véritables nouvelles.

« Soyez asseuré, Monseigneur, que je vous

manderay sans aucun déguisement et sans aucune complaisance tout ce qui viendra à moy et que je ne cognoistray jamais aux choses essancielles que le nom de Vostre Altesse; mais tout me paroist bien aller présentement.

« M. le prince de Conty est au siége de Bourdeilles; nous l'attendons de moment en moment. Je vas luy mander de revenir en dilligence. M. le comte d'Harcourt est tousjours aux environs de Villeneufve; on n'a pas nouvelles que le siége soit tout à fait formé. Il faudra pour cela qu'on sépare les quartiers; en ce cas, je croy que M. de Marchin pourra les incommoder.

« On me vient de dire que ceux de l'Ormée qui sont environ deux cents, criant, vive l'Ormée! se sont retirés à la bordée de M. de Lusignan, disant qu'ils estoient serviteurs de Vostre Altesse; les chaisnes sont tendues et les bons bourgeois en armes dans les rues; je croy que tout cecy ne sera rien du tout.

« J'ay parlé un peu vertement au Chapeau rouge; plusieurs de l'Ormée me sont venu remercier : ceux-là en ont fait souvent autant, quand j'ay parlé avec vigueur à ceux-cy. Enfin je suis aujourd'huy d'un party et demain d'un autre, suivant que les uns ou les autres ont raison et me tiendray tousjours dans ce sentiment là. J'ay remarqué qu'il ne se passe point de lundy que nous n'ayons quelque vacarme. Au nom de Dieu, ne nous laissez point sans nouvelles; je n'en ay receu aucunes de la part de Vostre Altesse depuis le 9. Je ne sçay pas seulement sy vous recevez nos lettres, et, dans des conjonctures aussi importantes que celles-cy, il fault absolument savoir que dire de vos affaires et de l'intérest commun pour satisfaire à la curiosité de tout le monde et establir la doctrine nécessaire pour arrester mil faux malicieux bruitz qui courent. »

L'animosité était trop grande, la lutte avait été trop peu décisive, pour que la suspension d'armes fût de longue durée; l'Ormée d'ailleurs met à profit ce calme momentané pour se fortifier à l'Hôtel-de-Ville et aux alentours d'une manière inquiétante pour la sûreté même des princes. Les princesses mandent les chefs de l'Ormée auprès d'elles; elles n'en peuvent obtenir qu'ils désarment; ils promettent seulement de ne pas attaquer à la condition qu'on leur fera justice de leurs ennemis.

Le 25, dès le matin, l'Ormée fait retentir le beffroi de l'Hôtel-de-Ville; à cet appel, ses adhérents s'assemblent plus nombreux encore que la veille. L'Ormée dresse et publie un manifeste en huit articles, comprenant la prise de corps de ses ennemis et leur destitution des emplois qu'ils exércent; l'expulsion des quatorze suspects récemment rentrés en triomphe; l'examen des comptes; l'admission enfin de ses délégués dans tous les conseils des princes. Dans l'après-midi, toutes les dispositions étant prises pour l'attaque, l'Ormée marche au Chapeau rouge avec deux pièces de canon. La bourgeoisie s'est préparée à les bien recevoir; elle dispose aussi de deux petites pièces de canon; elle a barricadé les rues; aux fenêtres des maisons, on voit pointer ses arquebuses. Le canon tonne, la lutte s'engage, elle se prolonge sans résultat décisif, mais sans que les princesses, qui envoient messagers sur messagers pour la faire cesser, puissent rien obtenir. Nombre de maisons sont forcées et pillées; dans l'une d'elles, Vilars surprend cinq ou six conseillers de la petite Fronde et se signale par une générosité inattendue en leur disant qu'il sait qu'ils ont voulu lui ôter la vie, mais qu'il veut sauver la leur, et il les fait évader. La nuit approche; le curé de Saint-Mexent porte le Saint-Sacrement au milieu des combattants : ce spectacle auguste fait cesser la lutte. Les princesses, avec les personnes de leur conseil et de leur suite, entrent dans la maison du président de Pontac pour traiter des conditions de l'accord entre les deux partis. La lassitude des combattants facilite leur tâche; chaque parti proteste de son dévouement pour les princes. L'Ormée se retire, bien que toute promesse définitive lui soit refusée jusqu'au retour du prince de Conti que l'on a mandé en toute hâte.

Lenet nous racontera encore le détail des faits dans la lettre-journal qui suit, adressée au prince de Condé[1] :

« A Bourdeaux, ce 24 juin 1652.

« Vostre Altesse aura veu par la longue lettre que je luy ay écrite aujourd'huy le mauvais train que reprennent les affaires de ceste ville par l'imprudence de ceux du Chapeau rouge et les fausses mesures qu'ils ont prises. Maintenant vous en saurez la suitte, après que je vous auray dit que tout ce qui me consolle dans les grands embaras où nous sommes, c'est que le party qui a l'avantage dit toujours qu'il n'a de pensée que le service de Votre Altesse et n'a que son nom dans la bouche.

« Votre Altesse saura donc que comme Leurs Altesses ont veu que l'Ormée se fortifioit extrêmement aux environs de l'Hostel-de-Ville et que l'emportement de ceux du Chapeau rouge avoit porté beaucoup de monde de ce costé là, elles creurent

[1] Nous avons relevé sur la minute ce document inédit; papiers de Lenet conservés à la Bibliothèque nationale, fonds français 6707, f° 236.

par l'advis de tous vos serviteurs qui estoient vers elles, qu'elles devoient mander, d'une liste, Vilars, Phelipon, Robert, Jamet et Guirault, pour leur faire entendre leurs volontez et les obliger à désarmer de part et d'autre. Ils y vinrent de vérité; mais tambour battant, l'espée au costé, à la teste de deux cents hommes qu'ils ont postés à la porte de l'Archevesché, mis des sentinelles aux avenues, sans vouloir laisser entrer ny sortir personne qu'après que l'audition de ces messieurs-là a esté finie, laquelle n'a esté autre chose que des protestations de service pour Vostre Altesse; mais avec un emportement extraordinaire contre leurs ennemis du Chapeau rouge qu'ils appelloient ceux de Vos Altesses, qui cognoistroient un jour leur perfidie, leurs mauvais desseins contre vous, et l'obéissance et sincères intentions de l'Ormée; mais qu'ils ne pouvoient se désarmer, sachant bien que comme ils ont esté attaquez quand ils y songeoient le moins, ils le seroient infailliblement ceste nuict; enfin ils ont conclud en demandant justice de l'affaire de Montot contre Fontenelle, du Cornet et les autres du Chapeau rouge, et de celle d'aujourd'huy contre Guirault, et promis qu'ils n'entreprendroient rien de toute la nuict et demeureroient seulement en estat de deffense, et s'en retournèrent au mesme ordre qu'ils étoient venus.

« Le 25 matin. Madame de Longueville a couché à l'Archevesché; nous y avons envoyé quérir M. le Duc, on a sceu que l'Ormée estoit maîtresse de l'Hostel-de-Ville; que pourtant Messieurs de Thodias, Dubourdieu, Larchevault et le procureur syndic y estoient; nous avons envoyé quérir Messieurs de Lusignan et Dussault, advocat général, pour aller à eux et ménager tout ce qui se pourroit. Cependant on a mandé le juge de la Bourse et les consuls, les syndics des trésoriers, du présidial des advocats, des procureurs, des secrétaires, les curez de toutes les parroisses, les supérieurs de tous les ordres, les ministres; on a fait venir des présidents et conseillers de toutes les Frondes.

« M. de Bellegarde s'est rendu vers Leurs Altesses et ne les a non plus quittées que les jours précédents, M. de Chavagnac et quelque noblesse qui restoit en ceste ville; on a mandé M. le prince de Conty et M. de Marchin.

« Ceux de l'Ormée qui sont dans l'Hostel-de-Ville sonnent le beffroy, et leur nombre s'augmente. Le procureur syndic vient de dire que les jurats ne sont plus maistres et que ces gens se sont emparez du canon et des magazins.

« Tout le monde veult qu'on envoye M. de Bellegarde et M. Dussault à l'Hostel-de-Ville. Ils y vont; ils en retournent deux heures après; ils y ont grande confusion, grande clameur et grands désordres, et enfin se sont chargez de leurs demandes par escrit.

« Cependant tous ceux qu'on avoit mandés arrivent; Leurs Altesses leur remonstrent et font remonstrer l'estat des choses, leur demandent leurs sentimens pour maintenir leur autorité et la vostre, et disent qu'elles sont résolues de se mettre à la teste du parti qui obéira pour faire obéir l'autre; qu'elles ne veullent que la paix et n'ont des sentimens que de douceur; chacun promet obéissance et d'y porter ses amys et ceux sur qui ils ont pouvoir.

« Du 25 après disner. L'Ormée se prépare à marcher; elle met deux pièces de canon en estat de rouler. Leurs Altesses assemblent le conseil composé de toutes les Frondes, de tous les corps de la ville et généralement de tous ceux qui estoient à l'Archevesché; on résolut d'en user de la sorte, afin d'obliger le monde qui entendoit lire les propositions de l'Ormée de se récrier contre; car elles sont extraordinaires, et d'exciter par là tous les bons bourgeois à reprendre cœur pour contenir soubz l'auctorité de Leurs Altesses toutes choses dans l'ordre; mais, de vérité, je vis peu de sentimens de vigueur et leurs seules Altesses en tesmoignèrent en ce rencontre. Elles avoient envoyé ordre d'armer toute la bonne bourgeoisie, se mettre à leur teste, et mander à l'Ormée et au Chapeau rouge de poser les armes, et de faire marcher le tiers party contre celuy des deux autres qui refuseroit d'obéir. Tout à coup les advis viennent de divers endroits que l'Ormée marche avec dessein d'attaquer le Chapeau rouge avec leurs canons; on envoye plusieurs fois M. de Lusignan pour les contenir, attendant qu'on eust pris résolution sur leurs demandes; rien ne les arreste; ils vont prendre leur champ de bataille par le chemin de la rue Margots devant l'église des Recolets. Ils mettent leurs canons en batterie et préparent des fascines goudronnées pour mettre le feu de maison en maison[1]. Leurs Altesses veulent y aller à toute force pour essayer d'empescher par leur présence le commencement du combat; chacun qui sçait l'emportement des uns et des autres les veut arrester; Elles s'advancent, quand on leur vient dire qu'on est aux mains ; qu'on canonne de part et d'autre; car ceux du Chapeau rouge en avoient aussy deux petites pièces et se tenoient aux fenestres en résolution de n'attaquer point et d'y demeurer sur la défensive. Leurs Altesses rentrent; Elles envoyent MM. Dussault et de Lusignan pour arrester l'Ormée et M. le comte de Cugnac pour faire faire alte au Chapeau rouge.

[1] Fort heureusement pour la ville de Bordeaux l'usage du pétrole n'était pas encore inventé.

Ils ont peine à aborder, toutes les avenues sont barricadées; il y a quinze ou vingt hommes du costé de l'Ormée tuez; rien ne les rebutte. On renvoye MM. de la Cheze et d'Espagnet à ceux-cy, M. de Mirat aux autres; Leurs Altesses vont dans l'église de Saint-Messan devers la haulteur de la rue Sainte-Catherine; Elles font exposer le Saint-Sacrement et dire les litanies. Le chevalier de Thodias, qui eust hier un cheval tué sous luy et qui a agy incessament avec soing, prudence et affection en toute ceste affaire, revint de là asseurant que ceux de l'Ormée offrent de faire tresve; ceux du Chapeau rouge envoyent un particulier dire la mesme chose. Cependant on tiroit à toute force; la nuict approchoit; le curé de Saint-Messan prend le Saint-Sacrement avec la croix, les flambeaux, et, en chape, le porte au milieu des combattans. Leurs Altesses et tous nous autres suivons; on cesse. On entre dans la maison de M. le président de Pontac. La maison de M. le président de Pichon fut pillée et canonée; une petite maison vis-à-vis, faisant le coing de l'autre costé, et tirant vers le chaspelet et appartenant à M. de Roche, conseiller, fut brûlée, celle de du Cornet, vis-à-vis du convoy où je loge, pillée dans le moment mesme qu'on traictoit la paix.

« J'oubliois à dire à Votre Altesse tous les articles que contenoit le papier de ceux de l'Ormée :

« 1° Que Guirault, Fontenelle, jurats, du Cornet, Tillet et un autre capitaine du Chapeau rouge, seront pris au corps ;

« 2° Que les quatorze suspects nouvellement retournés seroient remis hors de la ville ;

« 3° Que l'on feroit justice de l'affaire de Montot, et contre Guirault ;

« 4° Qu'on rendroit les comptes ;

« 5° Qu'on osteroit MM. Fuyard et Dalesme de leurs emplois ;

« 6° Que l'Hostel-de-Ville demeureroit à la garde de cinquante de l'Ormée jusques à la paix ;

« 7° Qu'on commettra douze d'entreux parmy les commissaires pour la réduction des comptes ;

« 8° Et qu'enfin ils auront entrée dans tous les conseils de Leurs Altesses ; et que de tous ces articles ils attendroient la response les armes à la main.

« Sur tout cela on leur manda qu'on attendroit M. le prince de Conti pour y adviser et que cependant on feroit retirer les deux jurats et les trois particuliers qu'ils demandoient. MM. de Lusignan et Dussault furent chargez d'en porter la parole et tout le monde le voulut ainsy, d'autant plus que, d'un costé, on asseuroit qu'ils se contenteroient de cela, et, de l'autre, que nous ne voyons pas que le tiers parti des bons bourgeois fist autre chose que de garder leurs maisons.

« Leurs Altesses donc estant sur les neuf heures du soir et à l'entrée de la nuict, dans ladicte maison de M. le président de Pontac, on leur vint dire que tout s'appaisoit, que ceux de l'Ormée retiroient leurs canons et alloient chacun chez eux.

« On sceut que Vilars avoit pris dans la maison d'une damoiselle nommée Constantin, dans le Chapeau rouge, six ou sept de MM. de la petite Fronde auxquelz il dit qu'ils avoient voulu luy oster la vie et qu'il vouloit leur tesmoigner qu'il estoit homme d'honneur et sauver la leur et faciliter leur retraite; ce qu'il fist donc. Il acquit beaucoup d'estime. Il vint avec cinq ou six de l'Ormière asseurer Leurs Altesses chez M. de Pontac que tous leurs gens estoient retirés, que tous seroient dans l'obéissance, qu'elles n'avoient jamais esté si absolues, ni votre Vostre Altesse si maistre de Bourdeaux qu'elle estoit et qu'ils mourroient en la servant.

« Cependant tout le parlement, hors la grande Fronde, parle de quitter; les présidents d'Affis qui craint le pillage, et Pichon qui vient d'estre pillé, sont au désespoir; tous sont consternés.

« J'ay prié M. de Lusignan d'aller voir M. de Mirat qui n'avoit point quitté Leurs Altesses, l'asseurer de toute amytié, ce qu'il a fait, et le prier d'empescher que tous ses amys ne quittent le parlement. On a mandé quantité de MM. du parlement de l'une et de l'autre Fronde pour les obliger à rentrer demain au Palais et les empescher de sortir de Bourdeaux ; on a travaillé jusques à minuict à remettre leurs esprits. M. le président Pichon couche à l'Archevesché, Madame de Longueville et M. le Duc. Je vais ramener M. d'Affis en sa maison, et me retirer chez moy. »

« Du 26 matin.

« M. d'Affis m'a envoyé esveiller pour me demander un passeport, se voulant retirer de la ville. J'ay couru chez luy où je n'ay trouvé que les quatre murailles et luy dans un emportement d'homme désespéré, dans la crainte de perdre la vie, et sur tout ses meubles qu'il a retirez dans un couvent voisin. Il peste, il fulmine contre les engagements où il est. Je luy ay promis de la part de Vostre Altesse toute chose ; on luy a amené un carrosse de Madame pour le conduire à l'Archevesché. J'ay esté quérir M. de Lusignan qui n'estoit pas de ses amys, pour le reconcilier, à quoy je n'ay eu nulle peyne ; je luy ay mené de Vilars et trois autres de l'Ormée luy promettre tout service et toute amytié.

« Je les ay menez ensuite chez M. de Mirat pour luy donner les mesmes asseurances pour luy et pour tous ses amys de la petite Fronde.

« On est entré au palais. Il s'y est trouvé seize de Messieurs, la plus part de la grande Fronde, le reste des plattes (*sic*). Ils ont résolu de venir tous icy à l'Archevesché, après disner, et de rentrer demain au parlement au plus grand nombre qu'on pourroit.

« Tout le monde est fort consterné par la ville et beaucoup paroissent las de la guerre et surtout de la vie que l'on mène à Bourdeaux depuis quelque temps ; personne ne peut souffrir l'estat auquel on est ; quelques uns des principaux de l'Ormière taschent d'empescher que leurs gens ne s'arment et ne pillent. Ils sont tousjours maistres de l'Hostel-de-Ville.

« Ce 26, après disner. La plus part de la grande Fronde est à l'archevesché ; Madame de Longueville, ny M. le duc n'en partent plus ; Leurs Altesses envoyent quérir M. de Mirat avec ordre d'amener ceux qu'il pourra.

« La plus part de la petite Fronde y est venue parlant tousjours de se retirer. Ce n'est pas le sentiment de mondict sieur du Mirat ; du moins il a changé celuy qu'il en eust peu avoir.

« Huict députez de l'Ormée viennent d'asseurer Madame la Princesse et Madame de Longueville de leur obéissance et les prier de faire response sur le surplus de leurs demandes.

« On a proposé dans leur assemblée de chasser le président d'Affis, disant qu'il avoit menacé plusieurs d'entr'eux.

« Son Altesse leur a respondu que l'on attendoit M. le prince de Conty avec M. de Marchin aujourd'huy; qu'on adviseroit au moyen de pacifier toute chose; cependant qu'elle estoit bien aise de les voir dans de bons sentiments et qu'elle trouvoit fort estrange qu'on eust parlé contre MM. d'Affis, Fuyard et Dalesme, qui estoient serviteurs particuliers de Vostre Altesse, et que, s'ils parloient plus de ceste manière, elle leur feroit cognoistre comme cela luy déplaist; et se sont retirez, disant qu'on feroit là-dessus ce que Son Altesse desireroit.

« M. le Président d'Affis, qui estoit chez Son Altesse et qui a sceu tout cela, n'en est pas consolé. Je croy qu'il perdra l'esprit. Plusieurs personnes viennent demander des passeports, on leur refuse, sauf à ceux du nombre des quatorze proscrips qui sont quasi tous sortis de la ville avant qu'on leur aye dit.

« Il vient de venir d'autres députez de l'Ormière dire qu'on leur avoit dit que M. le Duc avoit quitté son logis de craincte qu'on ne perde le respect qu'on lui doibt et ont dict qu'il n'y a pas un seul d'entre eux qui ne mourût plus tost que d'avoir une pensée qui luy peust déplaire. Madame la Princesse leur a respondu qu'elle ne les croyoit pas si extravaguans que de songer à rien de ceste sorte, qu'elle n'estoit pas en estat de les craindre, et que la difficulté des passages et des barricades qui avoient esté entre luy et elle, l'avoit fait arrester à l'Archevesché; mais qu'il ne falloit pas parler de cela.

« Ceux de l'Ormée ont mis sur le tapis la question de M. d'Affis. Il a passé d'une voix qu'il demeureroit à la prière de Leurs Altesses; mais qu'il seroit exhorté d'estre désormais plus réservé. Le pauvre homme est au lict avec la fiebvre.

« M. le prince de Conty vient d'arriver tout à la nuict avec M. de Marchin. Il a pris, comme je vous ay mandé, Grignault (Grignols, en Périgord) et depuis Bourdeilles et trois ou quatre autres chasteaux qui rendent le Périgord libre. Il a accommodé à sa mode l'affaire de ces officiers révoltez, à condition qu'on leur donnera le premier argent. Il croit que M. de Baltazard n'ayme pas M. de Marchin. Je n'ay pas encore entretenu cestuy-cy en particulier. Il dit que M. le prince de Conty ne décide pas avec auctorité, et cestuy-cy m'a dit qu'on se plaignoit que l'autre décidoit trop fièrement. M. de Baltazard, qui avoit donné un coup de pistolet dans la teste d'un capitaine de Montpouillan de cavalerie, estoit fort brouillé avec ledict sieur de Montpouillan; mais Son Altesse les a faict embrasser. Ils vont tâcher ensemble de secourir Villeneufve d'Agenois que M. de Théobon deffend bien; mais M. de Marchin ne croyt pas qu'ils le puissent faire, les quartiers du comte d'Harcourt n'estans point separez et ayant deux mille hommes de pied et plus de deux mille cinq cens chevaux entre la place et le secours. M. le prince de Conty m'a dit qu'il a mandé Conty et Chouppes qui sont à Oleron pour revenir en çà, parceque le Plessis-Bellière a quitté Marans et laissé Brouage libre pour aller joindre le débris de Folleville et tenir ensemble le comte d'Harcourt. Il y a quatre-vingts officiers et force noblesse prisonniers de ceste affaire de Baltazard qui a esté belle et bien conduite.

« M. le prince de Conty estant arrivé, je lui ay fait la relation de tout ce qui est arrivé pendant son absence. Dieu veuille qu'avec un peu de fermeté, il le répare ou du moins en remette les choses en quelque estat raisonnable; il ne tiendra pas en moy et je ne le croy pas si difficile qu'on pense. Il a fait remettre l'assemblée du parlement au 28, afin d'avoir le loisir de connoistre ce qu'il y a à faire.

« Je vous envoye une lettre que j'ay receue de Brouage, et quand Vostre Altesse considérera de quelle façon je suis pressé par l'armée, par nostre armement naval, par nos garnisons, par les vivres, l'artillerie et les dépenses extraordinaires et le peu d'argent que j'ay touché depuis la my-caresme, elle ne me trouvera pas peu embarassé;

adjoutez-y le procédé de MM. de Bourdeaux et les dépenses que j'ay à faire de tous costez sans estre assisté de personne; mais rien ne me rebutera, et vous me verrez agir avec toute la vigueur dont un homme est capable pour vostre service.

« On veult tousjours icy que Leurs Altesses de Conty et de Longueville excitent tous ces désordres. Icy je n'ay rien à vous dire sur tout cela que ce que je vous ay cy-devant mandé sur leur conduite passée; mais, sur ma foy, Madame de Longueville, en toute ceste affaire icy, a fait tout ce qu'on luy a dit qu'il falloit faire, et elle-mesme tout ce qu'elle a peu avec vigueur et une crainte extraordinaire que Vostre Altesse ne continuât là-dessus les deffiances dont on luy a donné tant d'advis et ne m'a paru rien du tout en ceste dernière occasion qui la deust faire soupçonner. Je ne crois pas mesme que de la grande Fronde aucun ayt eschauffé fort les affaires que M. de Massip; quelques autres en ont sous leur chapeau; MM. de Gourgues, Deblanc et Despagnet m'y ont paru fort bien agir, nous en jugerons mieux par la suitte.

« Ce 27 matin.

« J'ay receu ceste nuict la despesche de Vostre Altesse du 20 de ce mois, qui accuse la réception de toutes les miennes jusques au 17 inclusivement. Je conduits, Dieu mercy, toute chose dans vostre sens et comme vos lettres à la créance de

M. de Chavagnac me l'ont prescript; vostre despesche est venue fort à propos. J'ay fait remplir les six lettres en blanc des noms de MM. Deblanc, Despagnet, de Travers, de Massip, de Remon et Duduc; ces quatre derniers en ont besoing; vos lettres pour l'Ormière et pour Vilars seront rendues après disner, et sont comme il les fault dans l'estat présent des affaires, qui ne sont revenues comme elles sont que par la mauvaise conduite du Chapeau-Rouge et l'emportement de Guirault, qui s'en désespère à cette heure, qui a voulu attaquer des gens que je ne voulois pas qui fussent plus bas qu'ils estoient, et qui les a attaquez si foiblement qu'ils leur ont donné quatre fois plus de force qu'ils n'ont jamais eu. Ils ont pourtant perdu cinquante-deux hommes et en ont eu plus de soixante blessez, sans que ceux du Chapeau-Rouge en ayent perdu aucun, à cause qu'ils estoient à couvert.

« Je verray ce qui se pourra pour le prince de Tarente.

« M. de Vatteville a fort envye de venir icy, mais je n'y consentiray jamais en mon particulier que les choses ne soient calmées. Je lui feray escrire et escriray fortement pour la négociation nouvelle que vous m'ordonnez, touchant nos payes.

« Je ne rendray la lettre au parlement par

Guionnet qu'après que les affaires auront pris un austre train.

« Si par l'événement on peut faire revenir ceux qui sortent de Bordeaux, j'en useray comme vous le commandez, et ça tousjours esté mon sens. Il auroit esté faict ainsi doucement si on m'avoit voulu croire avant le premier exil, et tout n'auroit jamais esté aux extrémitez. Il y faudra faire tout ce qu'on pourra. Tout ce qui me fasche, est que cela faict de fascheux effectz au dehors; car pour le dedans, je ne croy pas qu'on puisse jamais le tourner contre vostre service avant les vendanges, comme je vous l'ay tousjours mandé; mais, en ce tems là, si nous ne sommes maistres de la campagne, tenez-le-vous prédit. Vous ne me mandez rien sur les jurats. Il est temps d'y songer, cela est fort important.

« Ce 27 après disner.

« Je viens de faire un tour par toute la ville pour vous mander quelque chose de positif. J'ay trouvé, ce me semble, un air assez calme. M. le duc (*d'Enghien*) a esté au collége ce matin et a disné chez luy.

« On a résolu à l'Ormée, c'est-à-dire à l'Hostel-de-Ville, que tous les jours ils seroient trente d'entr'eux pour avoir voix consultative avec les jurats et convocquer les trente, quand ilz ont besoing d'advis; et ce pourra mesme estre un moyen de terminer l'affaire, si l'on ne le peut autrement; car du moins leurs assemblées par là deviendront légitimes. Ils ont dit qu'ils ne quitteroient pas l'Hostel-de-Ville et qu'ils debvoient garder le fort contre la violence de leurs ennemis. Je ne doubte pourtant pas qu'ils n'en sortent quand M. le prince de Conty le voudra; et il le fault bien, car il ne se trouvera pas quinze conseillers qui entrent au parlement, tant que ces gens là seront maistres de ce poste. Avec tout cela, je ne trouve pas l'affaire si mauvaise qu'on pense, pourveu qu'on veuille bien agir.

« Madame de Longueville et M. le prince de Conti sont de fort bonne humeur; Dieu les y conserve !

« Je vous envoye une lettre que le chevalier de Thodias vient de m'envoyer, et une de M. de Chavagnac. J'ay quasi envie de luy donner la peine d'aller rendre une visite à M. du Dognon, auquel il seroit fort à propos que Vostre Altesse escrivit de temps en temps.

« M. Defaure, qui est icy, dit qu'il faict tous les jours de grandes prises, et qu'il sçait certainement qu'il a plus de cinq-cens-mil livres et ne manque de rien.

« Je vous ay desja mandé qu'on compte vos parolles et vos pas; on a mesme escrit le contenu en quelqu'unes de mes lettres; prenez y garde, s'il vous plaist; pour moi je ne m'en soucie guaire, je ne fais de malice à personne et ne songe qu'à vous servir comme je ferai toute ma vie très fidèlement.

« Je vous envoye une lettre de M. de Marchin.

« Madame de la Rochefoucauld partit hier; elle a souffert icy et y auroit eu plus d'incommodité, car elle n'a jamais voulu rien prendre de tout ce que je lui ay offert, si un de ses amys ne lui avoit presté sept mille livres, et que M. de Serité m'ayant dit et prié, quand il y auroit de l'argent, de faire payer quelque chose des appointemens de M. de la Rochefoucauld, j'ai fait tirer par M. Vacher un receu de luy de la dicte somme de sept mille livres, et luy ai fait donner une promesse dudict sieur Vacher d'acquitter pareille somme, lequel nous ferons quand les Indes arriveront; et je croy que Vostre Altesse le trouvera bon ainsy.

« Je fais tout ce que je puis pour contenter tout le monde et espargner vostre argent; quant aux affaires publicques, assurez-vous, Monseigneur, que j'y prendray tousjours le party qu'il faudra prendre selon que les uns ou les autres auront raison; mais, ma foy, ces gens icy sont bien estranges, et je suis bien marry de la mauvaise conduite de ceux qui ont recommancé noise, quand tout alloit finir[1]. »

[1] *Au dos est écrit* : A. S. A. du 27 juin 1652...

Dans ces documents inédits, nous relevons deux noms d'une manière particulière : ceux du marquis de Lusignan et de la duchesse de la Rochefoucauld.

Le marquis de Lusignan, fort oublié par l'histoire et cité à peine par quelques auteurs de Mémoires, jouait cependant dans les événements de Bordeaux un rôle considérable. Ce doit être ce même M. de Lusignan dont le duc de Saint-Simon rapporte la mort à la date de l'année 1707, à l'âge de soixante-quatorze ans, mort fort pauvre, dit-il. En effet, cette grande maison des *sires* de Lusignan, qui avait donné des rois de Jérusalem et de Chypre, des comtes d'Angoulême et de Poitou, était depuis longtemps déjà déchue de ses grandeurs, mais elle ne l'était pas de sa générosité et de son courage. La mission de pacification, remplie par le marquis au péril de sa vie, en est la suffisante preuve ; mais, s'il savait calmer le flot populaire, sa conduite pourtant n'était pas toujours aussi irréprochable, car il savait aussi le soulever. Il devait alors avoir vingt ans ; il était dans toute la fougue des passions et de la jeunesse ; imitateur de la vaillance du prince de Condé, il était en même temps un des ardents adeptes de sa politique, qui consistait à s'appuyer sur l'émeute pour paralyser ses ennemis par l'effroi. Sa bravoure et cette conduite l'avaient rendu éminemment populaire ; il était le duc de Beaufort des Bordelais.

Cette comparaison saisissante ne nous appartient pas ; c'est encore un document inédit qui nous la fournit :

« Les advis de Bordeaux confirment que M. le prince de Conty avoit de rechef accomodé les différends entre l'assemblée de l'Ormée et le parlement, en sorte que le président Pichon et quatre conseillers qui avoient été chassés et estoient revenus, s'estant de nouveau retirés comme de leur mouvement, le désordre a cessé à la persuasion du marquis de Lusignan, qui est le *Beaufort* de Bordeaux, et qu'on accuse d'avoir adroitement suscité cette dernière rumeur pour chasser les personnes qui lui étoient suspectes et à ce prince aussi [1]. »

La duchesse de la Rochefoucauld est aujourd'hui plus ignorée encore, s'il se peut, que le marquis de Lusignan ; et, pour la femme d'un si illustre et si volage époux, ce silence oublieux est, sans nul doute, le panégyrique même de sa vertu.

Andrée de Vivonne, dame de la Chasteigneraye, fille unique d'André de Vivonne, seigneur de la Béraudière et de la Chastaigneraye, grand faucon-

[1] Relation de ce qui s'est passé en France depuis le 5 janvier 1652 au 26 avril 1653. — *Manuscrit de la Bibliothèque nationale, Fonds de Sorbonne*, n° 1257.

nier de France, capitaine des gardes de la reine Marie de Médicis, et de Marie-Antoinette de Loménie, avait épousé, le 20 janvier 1628, à Mirebeau, en Bourgogne, François de la Rochefoucauld, le célèbre auteur des *Maximes*, alors prince de Marcillac. Ce mariage, s'il ne fut pas heureux, fut au moins fécond ; il en provint huit enfants, dont le dernier, une fille, née en 1641. La Rochefoucauld, qui partagea les deux moitiés de sa vie entre l'amour et l'amitié, entre Mme de Longueville et Mme de la Fayette, dans son grand cœur réserva sans doute à sa femme une part de ces deux sentiments.

Le départ de Bordeaux de la duchesse se rattachait évidemment à la rupture qui avait éclaté entre le duc de la Rochefoucauld et madame de Longueville; dissentiments bien amers pour cette princesse, car ses conséquences n'allaient à rien moins qu'à la brouiller avec son frère le prince de Condé. La Rochefoucauld, dans sa jalousie contre le duc de Nemours, oubliant tout devoir de reconnaissance et de respect pour celle qu'il avait aimée, cherchait tous les moyens de la perdre, et s'efforçait de rendre la conduite politique de madame de Longueville à Bordeaux suspecte aux yeux du prince. Ses insinuations trop écoutées étaient la cause de ces mortels chagrins de la princesse, sur lesquels elle revient sans cesse dans ses lettres; rejetée par son mari, obligée de fuir l'intimité du prince de Conti, abandonnée, bien plus, trahie par celui qu'elle aimait, brouillée avec le prince de Condé, quel lien, quel appui restera-t-il à la malheureuse femme qui s'est si follement jetée dans les aventures du cœur et dans les aventures de la guerre comme dans un tourbillon de plaisir?

Nous n'avons pas de peine à croire que madame de la Rochefoucauld quitta sans regret cette cour des princes, où elle goûtait des amertumes qu'elle sentait certainement, car nous en trouvons la trace dans la noble fierté avec laquelle elle refusa toute assistance d'argent venant de ce côté, malgré la gêne où les circonstances l'avaient réduite. Cette rupture définitive de la Rochefoucauld avec madame de Longueville commençait la seconde phase de la vie de l'écrivain philosophe, la phase de l'amitié. Madame de la Rochefoucauld dut la trouver moins pénible que la première à partager avec une autre!

Le message de Lenet dévoile, malgré les éloges qu'il se décerne lui-même, l'impuissance où il se serait trouvé pour rétablir seul le calme, sans l'intervention du prince de Conti; mais il témoigne aussi de l'habileté qu'il savait apporter à la mise en pratique de la politique de bascule adoptée par le prince de Condé, tant à Paris qu'à Bordeaux. Ce prince, qui manquait d'une haute portée politique, ainsi que nous avons eu souvent occasion de le constater, était rempli d'adresse pour l'emploi des moyens qui pouvaient amener le succès de ses étroites et ambitieuses vues personnelles; surtout il excellait à flatter les amours-propres pour susciter les dévouements. Ces lettres de sa main, avec suscriptions laissées en blanc, envoyées à Lenet pour être remises, après que celui-ci y aurait placé des adresses de son choix, à n'importe quel conseiller ou bourgeois de Bordeaux, sont certainement l'un des chefs-d'œuvre du genre. Quel zèle, quels sacrifices même n'y avait-il pas à attendre du conseiller ou du bourgeois flatté et enorgueilli de voir qu'il était assez important et considéré, pour qu'un si grand prince eût songé par une lettre à faire appel à son zèle! Mais ce même conseiller ou bourgeois n'eût-il pas été désappointé dans son amour-propre déçu, et qu'eût-il fait, s'il eût connu la vérité que nous révélons un peu tard à sa cendre? Avec la discrétion éprouvée de Lenet, Condé savait qu'il n'avait à redouter nulle révélation malencontreuse.

Lenet, dans sa correspondance, nous signale un parti de conseillers au parlement que nous n'avons trouvé nommé dans aucun historien; il est probable que la qualification qu'il lui donne est celle dont il l'avait baptisé lui-même. Ferions-nous une conjecture hasardée en croyant que ces conseillers, qui n'étaient ni du parti de la grande, ni du parti de la petite Fronde, mais des *plattes*, suivant la qualification de Lenet qui deviendrait fort expressive, étaient de ces hommes sans convictions, dont la platitude cherche toujours à se trouver du côté le plus fort? S'il en est ainsi, le parti des plattes a survécu à la Fronde de Bordeaux; l'histoire peut le suivre siégeant, sinon avec honneur, du moins avec profit, dans les assemblées politiques des divers régimes des temps modernes!

Dans un intervalle bien rapide, la prépondérance des deux partis ennemis se trouva donc éprouver les revirements les plus subits : l'Ormée dominante vaincue par la bourgeoisie; la bourgeoisie victorieuse, mais ne sachant pas assez se modérer dans son triomphe, foulée de nouveau sous les pieds de l'Ormée. Quant aux princes, ils ont soin de triompher toujours avec ceux qui triomphent. Lenet fait ressortir que la concession même obtenue par l'Ormée d'être représentée dans les conseils, devient moins dangereuse du moment que cette ingérance, cessant d'être irrégulière, est devenue légale; il s'entend quelque peu à faire de l'ordre avec le désordre. En outre, il faut le reconnaître, prépondérance pour prépondérance, celle de l'Ormée était préférable pour le parti des princes à la prépondérance de la bourgeoisie.

Celle-ci inclinait pour la grande Fronde, parti parlementaire, et la grande Fronde, depuis qu'elle avait reconnu son impuissance à établir un gouvernement fondé sur l'influence exclusive de la magistrature, inclinait pour la soumission au roi. Le triomphe de la bourgeoisie eût donc entraîné la prompte décadence du parti des princes. Lenet se fait fort auprès du prince de Condé de maintenir son autorité dans Bordeaux jusqu'au temps des vendanges inclusivement, à moins qu'à cette époque il ne soit maître de la campagne. Ne faut-il pas avant tout aux Bordelais qu'ils puissent faire librement leurs vendanges? Leur dévouement est à ce prix! La crainte d'en être empêchés ne leur a-t-elle pas fait prématurément conclure la paix de 1649?

Le prince de Conti recueillit personnellement et en peu de temps, des circonstances qui se pressèrent, un double honneur : à l'armée, il calma la sédition ; à Bordeaux, l'émeute sanglante.

CHAPITRE XXVIII.

Commencement du siége de Villeneuve d'Agen. — Le marquis de Théobon, gouverneur de la place. — Le comte d'Harcourt met obstacle à l'exécution des ordres de la cour rappelant plusieurs régiments. — Lettre du comte d'Harcourt au cardinal Mazarin, 22 juin 1652. — Congé accordé au comte d'Harcourt dont il refuse de profiter avant la prise de Villeneuve. — Autre lettre du comte d'Harcourt au cardinal Mazarin, 22 juin 1652. — La comtesse d'Harcourt se rend à Brisack après avoir obvié par un emprunt à ses embarras d'argent. — Lettre du marquis de Saint-Luc au cardinal Mazarin, 28 juin 1652. — Fragment d'une lettre de M. de Pontac. — Le lieutenant colonel du régiment de Charlevoix au camp de Villeneuve. — Lettre de Piloys au cardinal Mazarin, 5 juillet 1652. — Lettre de remercîment du comte d'Harcourt au cardinal Mazarin à l'occasion de quelques faveurs, 6 juillet 1652. —. Fragment d'une lettre du marquis de Bougy au cardinal Mazarin, 14 juillet 1652. — Nécessité de céder aux prétentions du comte d'Harcourt ou imminence d'une rupture. — Violence de caractère du colonel Balthazar. — Il tente inutilement avec le marquis de Montpouillan de secourir Villeneuve. — Brillante sortie des assiégés, défaite du régiment de Champagne, perte de son prestige. — Fragment d'une lettre du chevalier de Créqui au cardinal Mazarin, 6 juillet 1652. — Espérance fondée par les assiégeants sur le succès d'une mine. — Déception. — Lettre de Langey à Le Tellier, 14 juillet 1652. — Construction par les assiégeants d'une galerie couverte. — Lettre de M. de Pontac à Le Tellier, 15 juillet 1652. — Un débordement du Lot oblige à lever le siége. — Lettre du marquis de Saint-Luc au cardinal Mazarin signalant les fautes qui paralysent les armes du roi, 24 juillet 1652. — Reprise du siége, il est converti en blocus. — Lettre de Sainte-Colombe-Marin à Le Tellier pour demander le gouvernement de la place, 30 juillet 1652. — Un parti de cavalerie de l'armée des princes franchit le Lot à un passage mal gardé par le chevalier de Vivens. — Il secourt la place en traversant à force ouverte le quartier du marquis de Saint-Luc. — Sorties des assiégés. — Levée du siége le 8 août 1652. — Lettre du chevalier de Créqui à Le Tellier annonçant cette nouvelle. — Retraite du comte d'Harcourt au camp de Montflanquin. — Lettre du marquis de Saint-Luc au cardinal Mazarin, 10 août 1652, accompagnée de deux lettres du chevalier de Vivens qu'il envoie pour se justifier. — Disparition du comte d'Harcourt. — Sa lettre au comte de Vaillac, 14 août 1652. — Lettre du marquis de Saint-Luc au cardinal Mazarin, 16 août 1652, appréciant les conséquences de ce départ. — Le comte d'Harcourt dirige secrètement ses pas sur Brisack. — Lettre du roi à Charlevoix lui défendant de recevoir ni de reconnaître personne dans Brisack sans son ordre, 16 août 1652. — Ordre d'arrestation du comte délivré à Malleville, enseigne des gardes du corps, 24 août 1652. — Le comte d'Harcourt arrive à Brisack sans être atteint. — Appréciation des motifs de l'étrange conduite du comte d'Harcourt. — Lorsque la Fronde eut pris fin, le comte d'Harcourt reçut, en échange de Brisack, le gouvernement d'Anjou. — Le chevalier d'Aubeterre et la Bérurie envoyés à la cour. — Lettre du chevalier d'Aubeterre à Le Tellier, 21 août 1652. Lettre du marquis de Bougy à Le Tellier, 24 août 1652. — Situation favorable du parti des princes dans la Guyenne.

Le comte d'Harcourt, pendant que se dénouaient à son avantage les complications de l'affaire de Brisack, s'était rendu à Villeneuve d'Agen pour entreprendre un siége dont nous allons suivre les péripéties. Cette ville, située sur la rive droite de la rivière du Lot, était une place moins défendue par ses fortifications et par son château qu'elle ne l'était par l'habileté et le courage de l'excellent officier qui en était le gouverneur, Rochefort de Saint-Angel, marquis de Théobon, gentilhomme protestant, tué plus tard au passage du Rhin, en 1672. Théobon avait été, lors du siége de Bordeaux, en 1650, l'un des généraux de l'armée bordelaise, et la ville de Bordeaux, par reconnaissance pour ses services, donna son nom à son fils, qui s'appela Charles Bordeaux de Rochefort. Le comte d'Harcourt avait réuni pour cette expédition toutes ses forces disponibles, formant un effectif de deux mille fantassins et deux mille cinq cents cavaliers; en outre, le marquis de Saint-Luc vint faire sa jonction avec le petit corps d'armée qui opérait sous ses ordres. Le général de l'armée royale retenait près de lui, contrairement aux ordres de la cour, quelques régiments appelés à faire partie de l'armée du maréchal de Turenne. Laissant momentanément de côté sa politique de temporisation, afin de donner ensuite plus libre cours à ses projets, le comte d'Harcourt espérait s'emparer de Villeneuve d'Agen en peu de jours; il ne voulait donc pas diminuer ses moyens de succès. Il présentait à la cour la suspension du départ de ces troupes comme un léger retard, l'appuyant en outre de cette raison ou de ce prétexte qu'il ne pouvait les mettre en route avant qu'elles ne fussent indemnisées des frais de leur quartier d'hiver dont le payement n'avait pas encore été effectué. Le comte d'Harcourt s'en explique en ces termes avec le cardinal Mazarin[1] :

« Monseigneur,

« Nous dépeschons le chevalier de la Roque à Vostre Éminence pour luy rendre compte de nostre entreprise de Villeneuve et de l'estat auquel nous y avons mis les affaires du roy. Il dira sans doute à Vostre Éminence que nous ne manquons pas de nécessité de toutes choses ; mais que nous ferons suppléer le zèle au deffaut pour en avoir une favorable issue, qui sera sans doute bien moins prompte que si nous estions mieux pourveus. Nous envoyons un brouillon du plan des fortifications de la ville, que nous avons fait faire à veüe. Si nous avions des ingénieurs, nous aurions peu l'envoyer avec plus de netteté à Vostre Éminence ; mais ce n'est pas là le seul ny le plus considérable de nos besoins. J'en ay informé M. Le Tellier par ma précédente dépesche, comme je fais présentement à Vostre Éminence, du sensible dé-

---

[1] Nous avons tiré cette lettre inédite des *Archives nationales*, registre KK, 1219, page 387.

plaisir que j'ay du retardement des troupes dont Vostre Éminence a besoin auprès de Leurs Majestez. Je ne serois pas consolable si tout ce qu'il y a icy de fidelles serviteurs du roy ne voyoient l'impossibilité qu'il y a de les faire partir qu'elles ne soient satisfaites de leur quartier d'hyver pour lequel nous travaillons, et M. de Tracy particulièrement, avec des soins qui ne se peuvent exprimer, non plus que la passion et la sincérité avec lesquelles je suis,

« Monseigneur,

« De Vostre Éminence,

« Le très humble, très obéissant, très fidelle et très obligé serviteur,

« HARCOURT.

« Au camp devant Villeneuve, le 22 juin 1652. »

A ce moment, le comte d'Harcourt obtenait de la cour le congé qu'il sollicitait depuis longtemps pour aller soutenir de vive voix ses intérêts auprès du roi ; mais il déclare dans une seconde lettre au cardinal Mazarin, datée du même jour que la précédente, que le service du roi, qu'il préfère à sa propre satisfaction, le décide à n'user de cette autorisation qu'après le succès du siége de Villeneuve. Cette preuve authentique d'un congé accordé au comte d'Harcourt est digne d'une attention particulière. Ce fait était resté ignoré; il atténue dans une certaine mesure l'acte dont le comte fut accusé plus tard d'avoir déserté son armée, puisqu'il avait reçu positivement l'autorisation de la quitter.

« Monseigneur,

« Dans l'impatience que j'ay de m'expliquer à Vostre Éminence sur toutes les affaires qui me regardent, je ne pouvois recevoir de plus parfaite satisfaction que celle du congé qu'elle m'a procuré, et je ne différerois pas un moment d'en profiter si le service du roy, que j'ay tousjours préféré à toute autre considération, ne m'attachoit pour quelques jours au siége de Villeneüfve. Je tascheray de mettre toutes choses dans l'estat que Vostre Éminence peut souhaiter pour faire en suitte ce petit voyage auprès d'elle, et luy aller témoigner la reconnoissance que j'ay des nouvelles marques d'amitié qu'elle a données en ma faveur aux sieurs abbé de Charente et de Saint-Amant. Je sçay bien, Monseigneur, que mes ennemis travaillent à inspirer des sentiments à Vostre Éminence autant esloignés de l'attachement que j'ay à sés intérests que la sincérité de mes intentions luy est connûe; mais je ne suis pas moins persuadé que Vostre Éminence ne souffrira pas qu'il soit fait une notable injure à ma fidélité. Elle m'oblige de luy dire que j'ay appris avec quelque surprise par ce courrier l'arrivée de ma femme à Basle, n'ayant sceu son départ de Paris que par celuy qui m'a apporté la dernière lettre de Vostre Éminence, du troisième de ce mois. Il y en a plus de six que j'avois donné ordre à ma femme d'aller dans mon gouvernement pour se mettre à couvert des accidents de cette fascheuse guerre et y vivre avec moins de frais qu'aux environs de Paris. Son voyage n'avoit esté différé que par la nécessité d'argent, lorsqu'ayant trouvé des amis qui luy en ont presté, elle s'y est d'autant plus volontiers résolue qu'elle a jugé, à ce qu'elle m'escrit, de n'estre pas inutile à la conservation de Brisac au service du roy, et qu'elle avoit pris la résolution d'y entrer, comme elle aura fait sans doute aussy tost qu'un officier de la garnison de Philisbourg, que j'ay envoyé avec quelque argent dont mes amis m'ont assisté, aura peu la joindre. J'ay eu d'autant plus de joye de cette nouvelle qu'elle m'asseure plus solidement que jamais les moyens de rendre à Vostre Éminence le service qu'elle doit espérer de ma fidélité et de mon zèle, et qu'elle jugera qu'il y en a peu qui les puissent égaler, préférant comme je fais la satisfaction de Vostre Éminence sur la conservation de Brisac au notable intérest que j'ay à celle de Philisbourg, qui demeure comme abandonné par les avances considérables que je fais pour le premier. C'est ce qui me fait supplier Vostre Éminence d'agréer que le commissaire des Madrilz leur fasse connoistre les nécessités pressantes de Philisbourg et l'importance de quelques ordres envers M. le surintendant pour le changement d'une assignation invalide qui met nos affaires dans la dernière extrémité. J'espère tout de la bonté de Vostre Éminence, puisqu'elle peut tout espérer du respect et de la fermeté avec lesquels je suis,

« Monseigneur,

« De Vostre Éminence,

« Le très humble, très obéissant, très fidelle et très obligé serviteur,

« HARCOURT.

« Au camp devant Villeneuve, le 22 juin 1652 [1]. »

Le comte d'Harcourt, qui prudemment ne négligeait nulles précautions vis-à-vis du cardinal Mazarin, voulait, ainsi que sa lettre nous l'apprend, s'assurer de Brisack d'une manière plus positive encore par la présence dans ses murs de la com-

---

[1] Nous avons tiré cette lettre inédite des *Archives nationales*, registre KK, 1219, page 389.

tesse [1] sa femme, à laquelle il avait donné des instructions pour s'y rendre de son gouvernement de Philipsbourg. La mission de la comtesse présente exactement le contre-pied de la mission de la maréchale de Guébriant. L'importance que le comte d'Harcourt attachait à la possession de Brisack dépassait de beaucoup celle qu'il mettait à la possession de Philipsbourg; préférant exposer même celle-ci, il consacrait toutes ses ressources à la première; ressources bien restreintes, nous ne l'ignorons pas, car le comte met à nu une fois de plus sa misère, lorsqu'il nous montre la comtesse ne pouvant continuer son séjour aux environs de Paris, parce que l'existence y est trop chère, et néanmoins, dans l'impossibilité de s'en éloigner à défaut d'argent pour son voyage; réduite enfin à recourir à un emprunt pour partir.

Ce congé accordé au comte d'Harcourt, congé dont l'histoire n'a pas parlé, était cependant connu de toute son armée. Cette faveur, dont le comte comptait profiter après la prise de Villeneuve, était accordée certainement avec quelque imprévoyance; elle devait avoir pour conséquence de priver l'armée royale d'un chef expérimenté pour en livrer le commandement à des généraux d'une

---

[1] Voyez sur la comtesse d'Harcourt, tome II, la *note* de la page 413.

capacité médiocre, de plus divisés entre eux par des rivalités personnelles. Le marquis de Saint-Luc, serviteur fidèle de la cause royale, mais serviteur malheureux et peu écouté, s'empressa de signaler au cardinal les graves inconvénients de ce congé :

« Au camp devant Villeneufve, le 28 juin 1652. »

« Monseigneur,

« Je ne puis rien céler à Vostre Éminence de ce qui regarde le service du roi et ses intérêts; le congé qu'a obtenu M. le comte d'Harcourt va apporter, à son départ, une confusion dans les troupes estrange. L'armée demeurant entre les mains de MM. de Lislebonne et de Sauvebœuf, qui ne s'accorderont jamais, toutes nos conquestes se perdront encore plus facilement qu'on ne les a faictes. Il seroit facile de le retenir à mon advis, et je croy que le moindre tesmoignage qu'on luy pourroit donner de souhaitter qu'il demeure et que sa présence est nécessaire à l'armée, il n'en feroit aucune difficulté. Il m'a dict mesme qu'il a une douleur mortelle de quitter les troupes. C'est à Vostre Éminence à considérer que ce changement en peust apporter beaucoup en Guyenne, et que la plus part des officiers n'attendent que son départ pour se retirer chez eux.

« Nous avons assiégé Villeneufve, qui se deffend fort bien. Sans la passion que j'ay pour le service du roy, je n'y serois pas venu, à moins que d'avoir une attaque de mon costé. Étant séparé de la rivière du costé de M. le comte d'Harcourt, nostre pont de batteaux n'estant pas encore faict, je suis contrainct toutes les nuits d'estre à cheval pour empescher le secours qu'ils veulent jetter : le moindre, à mon advis, rendroit la prise fort incertaine.

« Je supplie instamment Vostre Éminence de vouloir révoquer la commission qu'elle avoit donné au président Daussomne de commander dans le Quercy ; quoy qu'elle ne soit que soubs le marquis de Cœuvres, qui en est sénéchal, et en son absence, il prend impudemment qualité de gouverneur de Quercy, se mesle de donner des ordres et vole tout le pays, soubz ce prétexte qu'estant maintenant très paisible et asseuré de tous costés, il est inutile d'y avoir un commandant. Cela me faict un tort et une injure extrême, que je ne puis souffrir du tout, en partageant ma charge. Je conjure Vostre Éminence de ne me refuser pas une chose sy juste, et de ne préférer point un homme de néant à moy, qui n'auray jamais de plus forte passion que de luy tesmoigner par mes très humbles services et par mes respects, que je suis,

« Monseigneur,
« De Vostre Éminence,
« Très humble, très obéissant et très obligé serviteur,
« Saint-Luc [1]. »

M. de Pontac [2] s'empressait quelques jours après de soumettre au cardinal Mazarin des observations analogues dans une lettre dont nous extrayons ce passage [3] :

« ... Si M. le comte d'Harcourt abandonne cette province pour aller faire voyage en cour, comme il tesmoigne en avoir le désir, je suis obligé de dire à Vostre Éminence qu'elle ne doibt plus faire estat après cela de la Guyenne. Je suis attaché d'un

---

[1] Nous avons tiré cette lettre inédite des *Archives nationales*, registre KK, 1219, page 402. Elle est écrite en entier de la main du marquis de Saint-Luc.

[2] M. de Pontac était président à la cour des Aydes établie à Agen ; il lui avait été délivré, datée du 12 avril 1652, à Gien, une commission d'intendant de justice, police et finance, en l'armée de Guyenne, *Archives du Ministère de la guerre*, vol. 135, page 183.

[3] Lettre datée du camp de Villeneuve, 6 juillet 1652. *Archives nationales*, registre coté KK, 1219, page 416. La clairvoyance du lecteur suppléera facilement à une certaine équivoque dans les expressions ; lorsque M. de Pontac parle de l'avantage qu'il y aurait à ce que le comte d'Harcourt fût arrêté en Guyenne, il veut dire retenu.

respect et d'un amour particulier pour la personne de M. le comte ; mais je doibs encore plus au roy et à l'Estat, et quand je devrois en estre reproché, je ne sçaurois me taire sur cette matière ; la personne de M. le comte d'Harcourt et sa réputation valent dix mille hommes en Guyenne, et je ne doute point qu'estant arresté en ce pays par les ordres du roy, les divisions de Bordeaux, où il est grandement aymé, n'éprouvent quelque changement qui surprendra Vostre Éminence. »

Un autre correspondant du cardinal Mazarin nous apprend que Charlevoix avait envoyé au camp du comte d'Harcourt, pour s'entendre avec le général en chef de l'armée royale, le lieutenant-colonel de son régiment :

« Monseigneur,

« Le comte d'Harcourt m'a fait veoir les lettres qu'il a reçues de Brissac par le lieutenant-colonel du régiment de Charlevoix, lequel lui donne toutes les asseurances qu'il peut desirer pour le rendre maistre de la place, et offre mesme d'y faire entrer un régiment d'infanterie. Il m'a dit ensuite que sy Vostre Éminence luy veult faire la grâce de luy faire donner les provisions, qu'il lui donneroit toutes les seuretés imaginables pour luy donner la satisfaction qu'elle désire. De sorte,

Monseigneur, qu'il attend les dernières résolutions de Vostre Éminence sur ce subject, et espère qu'elles luy seront favorables, veu le sentiment qu'il a pour le service du roy et pour celuy de Vostre Éminence. Je ne manqueray point d'entretenir le lieutenant-colonel, afin que je puisse être savant de l'estat des choses.

« Les mineurs sont attachés à la demi-lune de cette place, de ceste nuit : c'est pourquoy on espère d'en estre bientoôt le maistre. Je prie Dieu qu'il conserve Vostre Éminence et qu'il me donne des occasions où je puisse faire cognoistre,

« Monseigneur,

« De Vostre Éminence,

« Le très humble, très obéissant et fidel serviteur,

« De Piloys [1]. »

A la possession effective de Brisack, le comte d'Harcourt voulait ajouter la possession légitime et régulière, en obtenant du roi les provisions de ce gouvernement. Sur le terrain diplomatique, ce

---

[1] Nous avons tiré cette lettre inédite des *Archives nationales*, registre coté KK, 1219, page 414. Les Du Piloys ou Du Pillois étaient seigneurs du château de Tournebu, près de Gaillon, dont le donjon qui subsiste encore est considéré comme l'un des intéressants *spécimen* de l'architecture militaire du moyen âge.

général manœuvrait pour obliger le cardinal à compter avec lui.

Le comte d'Harcourt, maître de Brisack, et qui par cette possession pouvait se rendre maître de toute l'Alsace, était en effet devenu, aux yeux de la politique du cardinal Mazarin, un personnage plus digne d'être ménagé qu'il ne l'était auparavant. Il ne pouvait entrer dans les vues du premier ministre, nous en avons précédemment exposé les motifs, d'accorder satisfaction entière à l'ambition du comte; mais, pour le leurrer d'espoir, il lui donnait des demi-satisfactions. Au congé accordé, il joignit quelques autres menues faveurs. Deux officiers prisonniers de la garnison de Brisack, dont il avait jusqu'alors formellement refusé la mise en liberté, furent relâchés; et Roze, maréchal de camp, qui se rendait à Brisack, reçut l'ordre de se retirer. Ces deux actes motivent une lettre de remercîment du comte d'Harcourt au cardinal Mazarin [1] :

« Monseigneur,

« Je suis persuadé que M. Le Tellier rendra compte à Vostre Éminence de la dépesche que je lui fais, ce qui me dispensera de l'importuner

---

[1] Nous avons tiré cette lettre inédite des *Archives nationales*; registre coté KK, 1219.

d'une longue lettre ; restant d'ailleurs obligé de ne remplir celle-cy que des témoignages de ma reconnoissance envers Vostre Éminence des ordres qu'elle a eu la bonté de donner pour la retraite du Sr Roze et la liberté des deux officiers de la garnison de Brisac. J'ose dire à Vostre Éminence, sans diminuer mon ressentiment, qu'elle avoit le principal intérest à m'accorder ces faveurs, puisqu'elles me donnent plus de moyens de lui procurer la satisfaction qu'elle peut désirer,

« Monseigneur,
« De son très humble, très obéissant, très fidelle et très obligé serviteur,

« HARCOURT.

« Au camp devant Villeneuve, le 6 juillet 1652. »

Le passage suivant d'une lettre du brave marquis de Bougy au cardinal Mazarin vient confirmer à quel point la possession absolue de Brisack était assurée au comte d'Harcourt, et quel était le dévouement sans bornes que lui avait voué Charlevoix :

« Il est icy arrivé depuis quelques jours le lieutenant-colonel du régiment de Charlevois, lequel j'ai fort entretenu, et comme je luy ai dit que j'avois l'honneur d'estre dans les intérests de Vostre Éminence et tout à fait à elle, il me dit qu'il estoit aussy son serviteur, et que ce qui estoit arrivé à Brisac estoit par mésintelligence à cause des faux rapports que ceux qui ménageoient cette affaire faisoient de part et d'autre; que M. le comte d'Harcourt en estoit à présent le maistre, et que quoy que ce soit qu'il y commandast y seroit ponctuellement exécuté. Je luy demandai, si M. de Charlevois ne pouvoit s'accomoder à leurs intérests, quel party luy et sa garnison prendroient; il me dit que cela n'arriveroit jamais, et que M. de Charlevois avait trop de reconnoissance pour ne déférer pas tout à M. le comte d'Harcourt. Mondit sieur le comte a témoigné grande joie de son arrivée. Il continue toujours à dire que si Vostre Éminence luy en veut donner les provisions, il luy donnera telles asseurances qu'elle voudra de le luy remettre lorsqu'il luy plaira, sous les conditions dont il conviendra avec elle, sy mieux n'aime luy faire avoir quelque satisfaction dès à présent en luy remettant ses prétentions. Je croy qu'il faut se résoudre à la luy donner ou à rompre entièrement avec luy; au moins il ne paroît pas qu'il y ait de milieu [1]. »

Cette lettre définit clairement la situation : nécessité d'accorder au comte d'Harcourt les provi-

---

[1] Lettre inédite du marquis de Bougy au cardinal Mazarin.

sions du gouvernement de Brisack, dont la possession lui appartient de fait, ou le gouvernement de Guyenne, en échange de la possession de Brisack ; sinon, de la part du comte, rupture définitive avec le cardinal et avec la cour. Comme le comte préfère encore les honneurs glorieux à de matériels avantages, il a fait comprendre qu'il renoncerait encore à Brisack si immédiatement on lui accordait l'objet de ses prétentions les plus vives : le bâton de maréchal général ou l'épée de connétable.

Ces correspondances nous démontrent une fois de plus que, pendant la guerre de la Fronde, la plume n'était non moins active que l'épée. Pendant leur échange, le siége de Villeneuve d'Agen continuait son cours.

Le comte d'Harcourt occupait avec son armée la rive droite du Lot, sur laquelle la ville est située ; en face, sur la rive gauche, le marquis de Saint-Luc avait établi son quartier. Comme la possession de Villeneuve était importante pour le parti des princes, le comte de Marsin, le marquis de Montpouillan, le colonel Balthazar, réunissent quelques forces disponibles pour porter secours à la place.

À ce moment se rencontre dans la vie de Bal-

datée du camp de Villeneuve, le 14 juillet 1652. *Archives nationales*, registre coté KK, 1219, p. 431.

thazar un chagrin qui fut de nature à lui inspirer la pensée de se retirer de la lutte à laquelle il participait avec une infatigable ardeur. Il perdit son fils. Nous n'avons aucun détail sur cet événement, sur lequel ses Mémoires sont restés silencieux; nous l'ignorerions même, s'il ne nous était révélé par le plus illustre des correspondants du conseiller Lenet, qui termine une de ses dépêches par ces mots :

« Je vous envoie une lettre pour M. Balthazard
« sur la mort de son filz, *par laquelle je le prie*
« *de ne point s'éloigner de la province.*
« Louis de Bourbon [1]. »

La dépêche est écrite de la main d'un secrétaire; mais le prince a ajouté de sa propre main les mots que nous avons soulignés, qui prouvent l'importance qu'il attachait à conserver ce chef à son parti, puisque, pour le retenir, il lui écrivit lui-même. Le prestige et l'effroi inséparables du

---

[1] Dépêche inédite; papiers de Lenet; *Bibliothèque nationale*, fonds français, 6708, t. VIII, f° 58. Le commencement de cette dépêche se rapporte à l'élection des jurats à Bordeaux.

L'éditeur récent des Mémoires de Balthazar, qui a accompagné le texte de l'auteur de tant de notes intéressantes, a ignoré, comme tous les historiens, le fait de l'existence d'un fils du colonel, de sa mort, et des conséquences fâcheuses pour le parti de la Fronde qui en auraient pu résulter, conséquences que le grand Condé se hâta de prévenir par sa lettre.

nom de Balthazar décuplaient moralement le nombre des soldats placés sous ses ordres.

Cependant la violence et la dureté habituelles du colonel Balthazar, non-seulement envers ses ennemis, mais encore envers son propre parti, avaient contribué dans une certaine mesure à exciter les actes d'insubordination dont venait de donner un si fâcheux exemple l'armée du comte de Marsin. Le colonel avait fracassé d'un coup de pistolet la tête d'un capitaine du régiment de Montpouillan. De là rupture ouverte entre les deux colonels; il ne fallut rien moins que la nécessité de secourir Villeneuve pour les décider à marcher ensemble. Comme le comte d'Harcourt avait enveloppé la place, du côté où ils se présentèrent, de forces supérieures aux leurs, ils ne purent même l'aborder. Un capitaine du régiment de Balthazar, envoyé en avant avec cent cinquante maîtres et des munitions pour ravitailler la place, après avoir franchi par ruse les premiers postes des assiégeants, fut obligé de prendre la fuite dès qu'il se vit découvert; mais la place, bien que réduite à ses seules ressources, se défendait vigoureusement.

Dans une sortie, le régiment de Champagne, qui était de tranchée, fut écrasé et mis en fuite par les assiégés, après avoir perdu un grand nombre de ses officiers; son vaillant colonel, La Motte

Védel, se fit tuer pour ne pas survivre à la gloire de son régiment[1]. Cette déroute diminua singulièrement le prestige qui s'était attaché jusqu'alors au nom d'un corps dont nous avons admiré les hauts faits à Miradoux[2].

Après ce fait d'armes glorieux pour les assiégés, le chevalier de Créquy[3] écrit au cardinal Mazarin :

« Monseigneur,

« Depuis la dernière que je me suis donné l'honneur d'écrire à Vostre Éminence, on n'a pas esté du tout si juste que je me l'estois imaginé à l'attaque de cette place qui ne pourra durer encore que peu de temps, le mineur ayant esté attaché cette nuit. Ce qui donne sujet de désespérer, c'est que notre misère est plus difficile à combattre que la vigoureuse résistance des ennemis, qui n'ont fait

---

[1] Nous avons trouvé ce fait de la mort de La Motte Védel consigné dans le manuscrit inédit intitulé : *Relation de ce qui s'est passé en France depuis le 5 janvier 1652 jusqu'au 26 avril 1653*, que nous avons souvent cité.

[2] Cet anéantissement du vieux prestige du régiment de Champagne ressort de l'ensemble de la correspondance adressée au cardinal Mazarin conservée aux *Archives nationales*.

[3] Jean de Créqui, seigneur d'Aufeteu, maréchal de camp par brevet du 26 juin 1651, marié le 4 juillet 1650 à Madeleine Le Fèvre de Caumartin, fille de Jacques Le Fèvre de Caumartin, conseiller d'État, ambassadeur en Suisse. Voy. *l'Histoire généalogique du Père Anselme*.

que cette seule sortie sur le régiment de Champagne, dont l'échec ne fait point relâcher notre infanterie de la fermeté à bien servir; et M. le comte d'Harcourt, qui s'y occupe tout de son mieux, diligente la chose dans le dessein d'aller un tour en cour[1]. »

Cette lettre put faire croire au cardinal Mazarin que la sortie victorieuse des assiégés demeurerait sans résultat compromettant pour les armes royales, et que le succès certain de la mine creusée sous le rempart de la demi-lune, en avant de la place, lui permettrait d'apprendre sous un bref délai la prise ou la capitulation de Villeneuve. Ce passage d'une lettre dont nous avons précédemment cité un autre fragment était de nature au contraire, et avec plus de justesse, à dissiper toute illusion :

« Je n'oserois parler à Vostre Éminence du siége de Villeneuve, puisqu'il n'est guère plus avancé que le quatriesme jour que nous y sommes arrivés, et qu'on ne peut encore dire dans quel temps on la prendra, le poeu d'infanterie qui est isy est la prinsipale cause de ce que l'on va sy lentement[2]. »

---

[1] Fragment tiré d'une lettre inédite datée du camp de Villeneuve, 6 juillet 1652. *Archives nationales*, registre coté KK, 1219, p. 418.

[2] Fragment d'une lettre inédite du marquis de Bougy datée

La mine sur laquelle les assiégeants fondaient tant d'espérances ne réussit pas ; les assiégés l'avaient contre-minée. Laissons parler un correspondant du ministre Le Tellier, le marquis de Langey [1] :

« Monsieur,

« Avec la passion que j'ay de vous asseurer souvent de mes services, j'ay creu que vous ne seriez pas fasché de sçavoir des nouvelles de cette province et de ce qui se passe particulièrement dans nostre armée et dans celle des ennemys. Sans cela, j'appréhenderois que mes lettres ne vous fussent plustost importunes qu'agréables, vos occupations, en ce temps-icy, estant trop nécessaires pour toutes les affaires du royaume ; mais comme celles-cy sont du nombre, je n'appréhenderay pas

---

du camp de Villeneuve, 14 juillet 1652. *Archives nationales*, registre coté KK, 1219, p. 431.

[1] Nous trouvons sur lui cette anecdote dans *l'Histoire généalogique du P. Anselme*, à l'article de la maison de Caumont. Marie de Saint-Simon de Courtemer, fille d'Antoine de Saint-Simon, marquis de Courtemer, et de *Susanne* Madelaine, avait d'abord épousé René de Cordouan, marquis de Langey, dont elle se fit séparer pour cause d'impuissance par arrêt du 8 février 1659. Le marquis de Langey se remaria à Diane de Montault-Navailles, dont il eut plusieurs enfants. Il prit requête civile contre l'arrêt du 8 février 1659 et produisit ses enfants pour moyen de cette requête qui fut entérinée par arrêt du 13 février 1677.

de vous mander tout au long ce qui s'y passe. Nous n'avons pas encore comblé le fossé de Villeneufve à cause qu'on voulût avancer la prise d'une demie lune par où on l'attaque, en y attachant un mineur qui passa dans le fossé fort aisément, parce qu'il n'avoit de l'eau que jusqu'au dessous des bras. Il y travailla au commencement avec assez de bonheur, et fist presque son fourneau sans qu'ils s'en aperceussent; mais par malheur le mineur n'estant pas assez entendu, fut plus longtemps qu'il ne falloit à l'achever. En ce temps-là malheureusement ils s'aperçurent qu'on y travailloit, de sorte qu'ils contreminèrent leur demie lune, et nostre mine ne fist aucun effect. Depuis on s'est résolu d'y aller par les formes, c'est-à-dire autant que maréchaux de camp en peuvent sçavoir, où je ne remarque ny expérience, ny vigilance, quoy qu'elle soit moins nécessaire en cas de siége qu'en tout autre; car cette ville n'est point du tout forte, ny en fortifications, ny en hommes, et vous vous estonneriez si vous l'aviez veüe, qu'on peust douter de sa prise. Les ennemis la voulurent secourir vendredy 12ᵉ de ce mois, et commandèrent à Dom Luc, capitaine dans le régiment de Baltazard, de la secourir avec cent cinquante maistres, à quelque prix que ce fust, qui portèrent des munitions. Il passa un de nos petits corps de garde sans qu'il les arrestast, parce qu'ils dirent aux vedettes qu'ils estoient de l'armée de M. de Saint-Luc; mais aprez qu'ils l'eurent passé, par bonheur nostre grande garde qui alloit reprendre son poste de jour, leur fist croire, quoy qu'elle ne les aperceust point, que nous marchions à eux. L'apréhension qu'ils en eurent les fist retirer avec tant de diligence que, quoy que peust faire M. de Bougy, il ne les put joindre en quatre lieües de ce pays icy, et ne prist que dix ou douze prisonniers des plus mal montés. Depuis nous avons eu advis qu'ils ont encore dessein d'entreprendre un second secours; mais difficilement le pourront-ils exécuter. Voilà ce qui se passe dans nostre armée. Pour celle des ennemis, elle a pensé se révolter contre Marsin et l'amener prisonnier dans la nostre; mais il les a apaisé en leur promettant une montre, et encore croit-on, à ce que disent quelques-uns des leurs que nous avons pris prisonniers, qu'après avoir receu la montre ils pourront bien exécuter leur premier dessein. Bordeaux est, comme vous sçavez, partialisé; mais nous avons nouvelle asseurée que le désordre y est plus grand que jamais, et la pluspart des conseillers de Bordeaux demandent des passeports pour se mettre en seureté, n'y croyant pas estre à Bordeaux, parce que le peuple n'a plus aucun respect pour eux. On nous asseure icy que M. de Turenne a gagné une bataille dans les faubourgs de Paris avec tant d'avantage, qu'il ne reste plus que trois mille hommes en l'armée de delà, ce qui resjouit merveilleusement tous les bons serviteurs du roy, et moy particulièrement, qui finiray en vous asseurant que je suis,

« Monsieur,

« Vostre très-humble et très-obéissant serviteur,

« LANGEY.

« Au camp devant Villeneufve en Agenois, ce 14 juillet 1652[1]. »

Si la fin de cette lettre revient sur quelques faits qui nous sont connus, nous l'avons néanmoins citée en entier, parce qu'elle les complète par quelques particularités, telle que le projet de l'armée révoltée du comte de Marsin de livrer son chef au comte d'Harcourt, et parce qu'elle fait connaître l'espoir caressé dans le camp du parti royal que la révolte de l'armée de Marsin, calmée par le prince de Conti, n'était qu'assoupie et se réveillerait immédiatement après la distribution de la paye ou monstre[2] promise. Cette seconde

---

[1] Lettre inédite; *Archives du Ministère de la guerre*, vol. 134.

[2] Le mot *monstre* avait pour sens primitif la liste des gens de guerre; pour sens le plus usuel la revue des gens de guerre pendant laquelle se faisait la paye; subsidiairement enfin, comme dans la lettre précédente, il était employé pour désigner la solde elle-même.

révolte en perspective et les troubles intérieurs qui déchirent la ville de Bordeaux sont la diversion sur laquelle compte le plus le correspondant de Le Tellier pour assurer la prise de Villeneuve d'Agen. Cependant une seconde lettre adressée à ce ministre, à la date du lendemain, par M. de Pontac, intendant de l'armée royale en Guyenne, lui annonce qu'une galerie couverte est en construction pour s'emparer de l'imprenable demi-lune ; cette lettre ajoute des détails sur la levée des ressources financières destinées à la subsistance de l'armée, et en même temps sur les avances personnelles que l'intendant est obligé de faire.

« Monsieur,

« Je me suis donné l'honneur de vous informer depuis peu de tems de l'estat de l'armée du roy commandée par M. le comte d'Harcourt et du siége de Villeneufve. Le mespris qu'on a fait dans le commencement de ses habitants a causé les longueurs d'une attaque, laquelle est présentement en estat, ayant esté menée par les formes ; la galerie couverte qu'on a faite dans le fossé devant estre achevée à ce soir, le mineur se pourra attacher cette nuit, et nous espérons que dans deux ou trois jours nous nous serons rendus maistres de ceste demy-lune qui fait tant de bruit, et laquelle, à dire le vray, est aussy bonne et aussy bien deffandue qu'il s'en soit veu il y a longtemps. Après cela, la ville ne nous faira pas grande résistance selon les apparences; cependant nous faisons tout ce que nous pouvons pour réduire ces rebelles à l'obéissance, et par la force des armes et par toute sorte d'adresse, entre autres par des billets dont je leur fis hier jeter bonne quantité dans la ville de Villeneufve. L'armée n'a point manqué jusques à présent de pain, ny de munitions de guerre. M. le comte d'Harcourt a voulu se reposer sur moy des soings de ceste fourniture; je l'ay faite jusques à présent assez abondante à mes despens et avec le crédit de mes amis, en attendant que le remboursement de mes avances arrive, ce que Son Altesse me fait espérer au retour de M. de Tracy, qui est allé en Rouergue pour retirer les contributions ordonnées sur ce pays-là. Je ne manqueray, Monsieur, de continuer mes soings et mes assistances pour faire que l'armée aye toutes les choses nécessaires.

« Vous m'obligerez, Monsieur, d'en informer le Roy et Son Éminence, et d'estre persuadé que si mon crédit et ma capacité pouvoient aller aussy avant que mon zelle, que Sa Majesté auroit bien tost réduit les villes rebelles de Guyenne à son obéissance.

« Je suis obligé, Monsieur, de vous dire que

l'arrêt du conseil qui ordonne la levée des cinq cens mille livres sur les généralités de Bordeaux et de Montauban, pour l'année présente, ne m'a point encore esté rendu. J'estime que celluy qui la portoit a esté assommé. Il seroit nécessaire d'en faire envoyer promptemant un duplicata; et affin qu'il n'y aye aucune difficulté, ny résistance dans les payemans, il seroit encore à propos d'envoier des quittances de M. le trésorier de l'espargne à présent en exercisse de ladite somme de cinq cens mille livres. Nous nous en pourrions passer dans la généralité de Bordeaux; mais dans celle de Montauban, lesdites quittances nous sont absolumant nécessaires. Il vous plaira, Monsieur, en donner avis à M. le surintendant, et me faire l'honneur de me croire,

« Monsieur,
« Votre très-humble et très-obéissant serviteur,
« DE PONTAC.

« Au camp devant Villeneufve, ce 15 juillet 1652 [1]. »

La galerie couverte au moyen de laquelle un nouveau fourneau devait être creusé sous la demi-lune, n'eut pas meilleur succès que la mine précédemment éventée; par deux fois les assiégés détruisirent cette galerie en y mettant le feu. Enfin

[1] Lettre inédite, *Archives du Ministère de la guerre*, vol. 134.

l'eau vint elle-même au secours de la place : le Lot, grossi par une crue extraordinaire, envahit les travaux des assiégeants et leur campement, les forçant à lever le siége à la hâte et à se retirer après avoir fait des pertes considérables [1].

Cette impuissance devant une bicoque telle que Villeneuve d'Agen produisait en Guyenne le plus défavorable effet. Alors le dévoué et peu écouté Saint-Luc prend de nouveau la plume pour analyser au cardinal Mazarin les fautes qui paralysent les armes du roi, et pour le supplier d'y porter un remède efficace.

« Au camp devant Villeneufve, le 24 juillet 1652. »

« Monseigneur,

« Je croirois manquer à la passion que j'ay pour le service du roy et pour les intérests particuliers de Vostre Éminence si je ne vous représantois l'estat véritable des affaires de cette province, où nous avons trouvé moyen, en séparant nos troupes, de faciliter aux ennemis tous leurs dessains. Cette séparation de nos forces est cause que nous n'avons peu prendre Villeneufve, n'ayant pas assez d'infanterie, et de l'advantage que les ennemis ont

---

[1] La *Relation* inédite souvent citée par nous évalüe à huit cents hommes les pertes éprouvées par l'armée du comte d'Harcourt.

remporté sur Folleville. La pensée d'assiéger Brouage me paroist fort chimérique, et à moins que d'avoir une intelligence formée et indubitable sur cette place, je ne puis comprendre que l'on occupe là quatre-mille-cinq-cents hommes de pied, qui nous auroient rendeu maistres de tout le reste de la province, à la réserve de Bordeaux. Sy dans cette conjuncture M. le comte de Harcourt vient à se retirer avec les détaschements qu'on prétend faire, la Guyenne, à mon advis, est perdeue sans ressource. Il est temps d'y songer fort sérieusement, aussy bien qu'à rasseurer l'esprit de M. le comte de Harcourt, qui appréhende qu'on ne le veuille perdre à la cour. Il m'a dict qu'il feroit de Brisac ce que Vostre Éminence voudroit, sy l'on luy donnoit quelque autre gouvernement ou establissement solide ailleurs. Je supplie Vostre Éminence de croire que je ne luy mande rien que je ne juge nécessaire, et que la liberté que je prends ne part que du zèle passionné que j'ay pour son service, personne au monde n'estant avec plus de respect et de fidélité,

« Monseigneur,

« De Vostre Éminence,

« Le très-humble, très-obéissant et très-obligé serviteur. — « Saint-Luc [1]. »

---

[1] Nous avons tiré cette lettre inédite des *Archives nationales*, registre KK, 1219, p. 446.

Les eaux du Lot s'étant un peu retirées, le comte d'Harcourt reparut devant Villeneuve d'Agen. La galerie de bois fut reconstruite; mais les eaux étaient encore assez fortes pour empêcher de passer le fossé de la demi-lune; le conseil de guerre décida en conséquence que les opérations du siége seraient plus particulièrement converties en blocus. Les assiégeants redoutaient la vigueur des assiégés à repousser toute attaque; mais ils tenaient pour assuré qu'il suffirait d'attendre l'épuisement de leurs ressources pour qu'ils se rendissent sans tarder. Sainte-Colombe Marin regardait le succès comme assez indubitable pour ne pas craindre de demander par anticipation à Le Tellier le gouvernement de la place :

« Monseigneur,

« Monsieur le comte d'Harcourt, m'ayant veu servir assez utilement à ce siége, m'a fait l'honneur de m'offrir le gouvernement de la place, qui enfin est réduite aux aboïs. J'ai creu de mon devoir, Monseigneur, de vous supplier très humblement, comme je fais, d'avoir pour agréable que je ne l'aye pas refusé, et qu'à mesme temps je vous représente son importance, afin que la cour ayt plustôt pensée à la conserver pour le bien de son service qu'à la faire servir d'exemple. Elle est d'autant plus considérable, Monseigneur, que par le moyen d'un pont qui est au milieu de la ville, on a communication avec divers pays comme avec le Rouergue, le Quercy, l'Auvergne, le Limosin, et qu'elle est dans le cœur de la Guienne et une des plus notables villes de ceste province, très bonne d'ailleurs dans son assiette, et habitée d'un grand peuple qui tesmoigne desjà une extrême douleur d'avoir suivi le caprice d'un gouverneur mal intentionné pour le service du roy, où que ceux qui se viennent rendre connoissans leur faute, auroient la mesme vigueur à la conserver à l'advenir pour le service de Sa Majesté qu'ils ont eue à la deffendre maintenant. Il ne se peust pas dire la fatigue qu'ils nous ont donnée; il est vrai que le desrèglement du temps pendant quarante jours leur a esté très favorable, à cause que nos tranchées estoient, comme encore, pleines d'eau. Ils nous ont par trois diverses fois bruslé une galerie que nous avions faite sur leurs fossés; mais enfin, maugré leur résistance, nous avons belle espérance de les voir bientost soubmis. Il m'en reste, Monseigneur, ceste satisfaction qu'après y avoir eu la conduite de tous les travaux, M. le comte d'Harcourt reste satisfait et de ma conduite et de mes soins. Je ne le serois pas de moy-mesme si je n'aves fait mon possible pour servir utilement. J'espère bien aussy que Leurs Majestés, par vostre moyen, Monseigneur, prendront enfin quelque soin de moy, puisqu'à force de servir je suis devenu le plus pauvre gentilhome qui soit en France. Je puis vous dire qu'il ne me reste à perdre que la vie, que je n'ai pourtant jamais espargnée. J'en ay de bons tesmoins, et ce siége icy ne me couste pas moins de cinq hommes qui ont esté tués auprès de moy. Mon frère de Marin y a esté si malade, qu'il a esté contraint de se retirer. Faites-moy, s'il vous plaist, ceste grâce, Monseigneur, de m'apprendre vostre intention pour moy sur la suicte de ce gouvernement, afin que, par une parfaite obéissance, je vous puisse faire voir que je suis avec plus de submission et de respect que personne du monde,

« Monseigneur,

« Vostre très humble, très obéissant, très fidèle et très obligé serviteur,

« Ste-Colombe Marin. »

« Au camp devant Villeneufve, ce 30 juillet 1652. »

« Monseigneur, j'obmetes à vous dire que M. le comte d'Harcourt m'a dit qu'il me laisseroit dans la place son régiment jusqu'à ce que j'eusse mis sur pied celuy qu'on m'a fait l'honeur de me donner[1]. »

---

[1] Nous avons tiré cette lettre inédite des *Archives du Ministère de la guerre*, vol. 134.

Pendant ce blocus, un parti de l'armée des princes se présenta pour secourir la place; cette tentative fut plus heureuse que la précédente. Ce détachement, fort de cent cinquante cavaliers sous les ordres d'un frère du marquis de Théobon, passa le Lot à une demi-lieue du camp de l'armée royale, sur un point que le chevalier de Vivens [1] avait promis de garder, soin que néanmoins il avait négligé de prendre. Cet escadron avait l'avantage, en abordant Villeneuve par la rive gauche du Lot, de n'avoir à forcer de ce côté que les faibles lignes du marquis de Saint-Luc. Ce général, toujours malheureux, fut surpris par cette irruption imprévue; ses lignes furent traversées, et l'escadron entra dans la place avec les munitions qu'il conduisait, cinq jours après la reprise du siége. Ce ravitaillement donna aux assiégés une nouvelle vigueur; ils firent deux sorties, l'une de deux cents fantassins, l'autre de cinq cents hommes, dont moitié de cavalerie, sur le quartier du marquis de Saint-Luc, qui fut cette fois assez favorisé du sort pour réussir à les repousser.

Ces vigoureuses sorties faisaient éprouver aux assiégeants les pertes les plus sensibles [2]. Aussi le

---

[1] Il appartenait à une maison qui tirait son nom du château de la seigneurie de Vivens, près de Clairac, en Agenais.

[2] De Paris, le 20 août 1652 :
« L'on confirme de Bordeaux que Villeneufve-d'Agenois a

comte d'Harcourt, avec ses troupes fatiguées par de longues et inutiles tentatives, pressé d'ailleurs de détacher de son armée les régiments réclamés pour fortifier celle du maréchal de Turenne, ne jugea plus possible la prise de Villeneuve d'Agen et leva le siége le 8 août, deux mois environ après l'avoir entrepris.

Cette impuissance à s'emparer d'une place d'une force très-secondaire et cette retraite produisirent dans toute la Guyenne le plus désastreux effet pour le prestige des armes royales. Ce résultat les obligeait pour longtemps à se tenir sur la défensive.

Le chevalier de Créquy, en annonçant au ministre Le Tellier la fâcheuse nouvelle de la levée du siége de Villeneuve d'Agen, s'explique clairement sur la portée de cet événement; nous empruntons à sa lettre les passages les plus intéressants [1] :

esté secourue non par MM. de Marchin et Balthazar, mais par un frère de M. Théobon qui est entré avec cent cinquante maistres, sans en perdre un seul; et depuis il y a eu plusieurs sorties dans lesquelles les assiégeants ont perdu beaucoup de soldats. » *Relation de ce qui s'est passé en France depuis le 5 janvier 1652 jusqu'au 26 avril 1653. Manuscrit inédit. Bibliothèque nationale, Fonds de Sorbonne, n° 1257.*

[1] Lettre inédite, *Archives du Ministère de la guerre*, vol. 134.

« Au camp de Villeneuve, ce 8 août 1652.

« Monsieur,

« Je suis bien fâché de n'avoir à vous annoncer que de méchantes nouvelles, tantost pour le retardement de la marche des troupes[1], et présentement pour la levée du siége de Villeneuve, duquel je commençois à me douter par la dernière que je me suis donné l'honneur de vous escrire. C'est à la vérité un grand échec pour les affaires du roy en ce pays de n'avoir pu réduire cette place; mais il augmente de beaucoup, nos troupes estant en misérable estat par la continuation d'une fatigue qui auroit mis un bien plus grand corps d'armée à bout.

« Dorénavant que l'on sera obligé d'entretenir une guerre sur la défensive, si l'on est bien juste dans ces reproches, il sera difficile de la continuer dans un pays où le libertinage de nos troupes et la méchante volonté des peuples nous font fort haïr. De nécessité, il faut que celui qui sera chargé de cette affaire se mette dans l'esprit de considérer le poste d'Aiguillon comme le seul qui peut maintenir la guerre par la facilité d'avoir et de

---

[1] C'est-à-dire le retard apporté au départ des troupes commandées pour aller renforcer l'armée du maréchal de Turenne.

maintenir deux ponts, à savoir, l'un sur le Lot et l'autre sur la Garonne, les deux grandes rivières de ce pays, dont la facilité du passage nous peut faire porter la guerre dans tous les lieux de la province où l'on la peut le plus appréhender.

« Je vous parle de cette façon, m'imaginant que M. le comte d'Harcourt n'est pas dans la pancée de demeurer. Aussi n'est-il pas déterminé, car tantost il parle de s'en venir avec nous, et tantost, par la demande que lui fait M. du Plessis du reste de son infanterie, d'aller à Brouage. »

Le comte d'Harcourt, après le levée du siége de Villeneuve, était allé établir son camp à Montflanquin[1]; le marquis de Saint-Luc était retourné dans son gouvernement de la ville de Montauban. Dans la crainte que l'insuccès du siége de Villeneuve d'Agen ne lui soit plus particulièrement reproché, le secours étant entré dans la place du côté dont la garde lui était confiée, il a soin d'écrire au cardinal Mazarin pour se disculper, en rejetant toute la faute sur le chevalier de Vivens, dont il avait reçu deux lettres dont il envoie les copies :

[1] Petite ville de l'Agenois placée sur un coteau sur la rive gauche de la Lède.

« A Montauban, le 10 août 1652.

« Monseigneur,

« Le malheureux succès du siége de Villeneufve ne peut estre imputé qu'au peu d'infanterie que nous avions et aux pluyes continuelles qui ont empesché de continuer nos travaux et de passer le fossé de la demy-lune. L'on résoléust dans le conseil de guerre de changer le dessain d'assiéger par force en celuy d'un blocus. Cinq jours après il entra un secours de cent-cinquante chevaux de mon costé, et passèrent le Lot à demy-lieue du camp de M. le comte de Harcourt, en un poste que le chevalier de Vivens luy avoit promis et à moy de garder, dont j'ay les lettres. Cela ne pouvoit en rien changer la résolution qu'on avoit prise. Depuis estre entrés, ils ont faict deux sorties : la première de deux-cents hommes que je poussay jusques soubs leurs murailles, et l'autre de cinq-cents hommes, cavallerie et infanterie. J'arrivay dans le temps que cent ou six-vingt mousquetaires, qui estoient tout ce que j'avois d'infanterie, avoient pris la fuite, et que la cavallerie des ennemis poussoit la mienne. Je feus assez heureux pour faire regaigner à cette infanterie son poste, et je la fis tourner, et charger ma cavallerie, qui les mena battant jusques au pied de leur demy-lune. Je prends toutes les troupes à témoing du service important que je rendis dans cette occasion, et ayme mieux que Vostre Éminence l'apprenne des autres que de moy. Je m'estois donné l'honneur d'escrire à Vostre Éminence, il y a desjà quelque temps, que je gardois deux lieues de pays avec cent-cinquante chevaux, et que je n'en pouvois respondre; je la supplie de s'en souvenir. Je ne croy pas qu'on m'en puisse blasmer de cet accident que je ne pouvois empescher avec sy peu de forces, et particulièrement un autre en répondant positivement par la copie des lettres que je luy envoie du chevallier de Vivens, lequel, comme tesmoignera M. le comte de Harcourt, luy avoit donné les mesmes asseurances. Je m'en suis veneu en cette ville pour maintenir tousjours les esprits dans leur devoir; et, en cas que M. le comte de Harcourt se servit du congé qu'il a de la cour, n'estre pas obligé de servir en foule. Je suis prest d'obéir à celuy qu'on envoyera; mais je ne puis estre compagnon dans la province avec des gentilshommes particuliers : M. de Sauvebœuf et M. de Marins. Je supplie Vostre Éminence de croire que je ne manqueray jamais de zèle pour le service du roy et pour tous vos intérests, et que personne au monde n'est avec plus de passion et de respect,

« Monseigneur,
« De Vostre Éminence,
« Très-humble, très-obéissant et très-obligé serviteur,
« SAINT-LUC[1]. »

Copie des deux lettres du chevalier de Vivens, commandant du régiment de Créquy,

« Du 27 juillet 1652.

« Monsieur,

« Je receus hier deux de vos lettres du 25° du mois courant; je m'en estois allé à un cloistre pour y passer ceste Sainte-Anne. Les eaux sont sy puissantes qu'il est impossible aux ennemis de faire exécuter aucun mauvais dessein, oultre que j'y prends si exactement garde par des hommes affidés que j'ay du costé de delà la rivière et par les postes advancés au pays que mes amis tiennent. Reposez-vous, s'il vous plaist, sur mes assertions pour cette affaire; je vous en réponds et vous asseure que quand l'ennemy se présentera de

---

[1] Nous avons tiré cette lettre inédite, écrite en entier de la main du marquis de Saint-Luc, des *Archives nationales*, registre KK, 1219, p. 450.

Cleyrac[1] à Sainte-Livrade[2], vous serez adverti, et que je le tiendray le temps que vous voudrez, de la rivière faisant résistance, quand toute leur armée y seroit. Ils sont occupés delà la Dordogne ; il n'y a deçà qu'une garnison à Castillionés[3]. »

« Du 30 juillet 1652.

« Monsieur,

« Je croy que sy vous mestiez un party à Saint-Gervais, cela seroit capable de faire soullever les habitants de ce lieu et des environs, et, par ce moyen, faciliter plustôt le passage aux ennemis ; mais je vous prie de croire qu'il est impossible que les ennemis passent la rivière, et que sy cela arrive, je suis un traistre. Je seray soigneux de vous advertir de tout ce qui se passera ; soyez sans inquiétude, je suis et je serai toute ma vie, etc.[4] »

Si ces deux lettres n'excusaient qu'imparfaitement le marquis de Saint-Luc, qui n'aurait pas

---

[1] Clairac, petite ville sur la rive droite du Lot, faisant aujourd'hui partie du département de Lot-et-Garonne.
[2] Bourg aujourd'hui chef-lieu de canton du département de Lot-et-Garonne, centre du commerce des prunes d'Agen.
[3] Castillonnès, à 32 kilomètres de Villeneuve d'Agen, aujourd'hui chef-lieu de canton du département de Lot-et-Garonne.
[4] Les copies de ces deux lettres sont placées à la suite de la

dû s'en reposer si aveuglément sur un autre, elles étaient accablantes pour le chevalier de Vivens.

Ni la clairvoyance du chevalier de Créqui, ni celle du marquis de Saint-Luc, n'étaient en défaut, à l'endroit des intentions du comte d'Harcourt. Ce général, en jetant à dessein diverses incertitudes sur ses projets, méditait en secret celui de quitter son armée. Il disparut sans avoir pris congé de personne, dans la nuit du jeudi au vendredi 16 août 1652. Il s'était fait précéder de cette lettre adressée au comte de Vaillac [1] :

« *A M. le comte de Vaillac, maréchal de camp.*

« Monsieur,

« Vous vous rencontrez par bonne fortune sur mon chemin de la cour ; vous êtes assez mon ami

---

lettre précédente, dans le registre cité des *Archives nationales*.

[1] Jean-Paul Gourdon de Genouillac, comte de Vaillac, ami du père du duc de Saint-Simon. Il devint lieutenant-général, premier écuyer du duc d'Orléans, et chevalier du Saint-Esprit, en 1661. Sa maison avait fourni deux grands maîtres de l'artillerie de France, dont le plus célèbre est Galiot de Genouillac, seigneur d'Acier, qui fut aussi grand écuyer de France sous le règne de François Ier. Si ce monarque eût écouté ses conseils, il lui eût épargné la défaite de Pavie. Galiot de Genouillac, dont la carrière aboutit à une éclatante disgrâce pour avoir osé lever les yeux sur la reine, bâtit dans sa retraite auprès de son châ-

pour n'avoir pas de scrupule de vous demander un relais de sept ou huit chevaux. Je seray bien aise de faire diligence et de surprendre mesme tout le monde, affin que mon départ fasse de moins mauves effets dans le pays, étant dans le dessein d'y revenir, si l'on me donne quelque satisfaction à la cour. Ayes, je vous prie, cette bonté pour moy, et croyes que je suis avec une estime toute particulière,

« Monsieur,

« Vostre très-fidelle serviteur.

« HARCOURT.

« Au camp de Montflanquin, le 14 août 1552 [1]. »

Le général de l'armée royale couvrait son départ de l'apparence d'un voyage à la cour, auquel il avait été précédemment autorisé. Malgré l'incertitude que le comte d'Harcourt laissait, depuis

teau, en Quercy, une église où il grava sur la pierre ces mots qui s'y lisent encore : *J'aime fort une !*

Dans une des vallées du Périgord que la Colle arrose de ses eaux tranquilles, non loin de sa jonction avec la Dronne, au-dessus de Brantôme, on voit sur la crête des longs coteaux abrupts, comme une muraille, qui bordent le cours de la petite rivière, un château altier dont les ruines semblent défier le temps et laissent entrevoir la voûte azurée du ciel à travers les ouvertures béantes des courtines et des tours; c'est le château de Brussac, qui était l'un des fiefs du grand écuyer.

[1] Nous avons tiré cette lettre inédite des *Archives nationales*, registre coté KK, 1219. Cette lettre est la seule qui soit de

quelques jours, planer sur ses projets, certains préparatifs de voyage avaient éveillé l'attention, et son départ était prévu avant d'être réalisé. Le marquis de Saint-Luc, sans en être encore informé, en parlait comme d'une chose certaine dans sa correspondance avec Le Tellier. Après quelques plaintes personnelles suscitées par un froissement d'amour-propre, il appréciait ainsi les conséquences de cet événement :

« A Montauban, le 16 d'août 1652.

« Monsieur,

« Je prévoy une grande confusion dans cette armée par le despart de M. le comte de Harcourt, que je tiens indubitable. M. de Tracy a trouvé la pluspart de ses chevaux à Cahors, et, dans le mesme temps, il avoit donné rendez-vous à plusieurs personnes à Agen, et faict courre le bruit qu'il s'y en alloit pour voir M. d'Arpajon.

« L'on m'a asseuré que l'on avoit faict lieutenants-généraux dans l'armée de Guienne M. de Bougy, M. de Marins et M. le comte de Rieulé ;

---

la main du comte d'Harcourt ; les autres sont écrites par des secrétaires et seulement signées par lui.

Lorsque la fuite à Brisack du comte d'Harcourt eut fait connaître la vérité sur son prétendu voyage à la cour, le comte de Vaillac s'empressa évidemment d'envoyer au cardinal Mazarin la lettre qu'il avait reçue.

pour moy, je ne puis dans une province où j'ay l'honneur de commander seul, n'y ayant plus de gouverneur, estre compagnon de ces Messieurs et servir dans la foule. M. le comte de Harcourt a ruiné dans le siége toute l'infanterie qui composoit ma brigade; pour la cavalerie, il ne me reste plus que deux cents maistres; vous pouvés juger si l'on détasche les soixante cornettes de cavalerie qu'on demande, que nous ne soyons plus les maistres de la campagne. Je croy qu'il vaudroit mieux tout emmener ou tout laisser; touts les peuples seroient contre nos troupes dès que nous serons les plus foibles; et il sera comme impossible de les faire subsister, les villes estant lasses de contribuer après plus de quinze cents mille livres qu'elles ont fournies, sans compter les foulles et logements qu'elles ont soufferts. Je suis obligé de vous mander l'estat des affaires de Guienne; c'est à vous à y apporter l'ordre qui sera nécessaire : et considérez, s'il vous plaist, qu'à moins d'un homme de haute qualité et d'un grand mérite, l'on aura peine à tirer aucun service considérable de toute la cavalerie. Je suis,

« Monsieur,

« Vostre très-humble et obéissant serviteur,

« SAINT-LUC[1]. »

---

[1] Nous avons tiré cette lettre inédite des *Archives du Ministère de la guerre*, vol. 134.

Pourquoi ce mystère dont le comte d'Harcourt s'était enveloppé, s'il allait simplement à la cour en vertu du congé qu'il avait obtenu? Si telle eût été son intention, ce mystère était bien superflu; mais le départ pour la cour n'était que le prétexte pour couvrir ses projets et déjouer toute velléité d'obstacles à son voyage, dont le but n'était pas la cour, mais cette place de Brisack, dont il voulait prendre possession lui-même après s'en être assuré par son lieutenant. Avec une suite de quatre ou cinq personnes, il chevauchait à travers la France, le plus secrètement et le plus rapidement possible.

Dès que la cour est informée du départ du comte du milieu de son armée et de la direction qu'il donne à sa marche, elle se hâte de prendre deux mesures de nature à paralyser la réalisation de ses plans : la première est une lettre du roi lui-même, portée à Charlevoix par le capitaine Lambourg, exempt des gardes du corps, lui intimant l'ordre de ne recevoir ni de ne reconnaître personne dans Brisack sans un ordre royal [1]; la seconde est l'envoi sur les pas du comte d'Harcourt de Malleville [2], enseigne des gardes du corps, avec mission de l'arrêter.

[1] Lettre datée du 16 août 1652; *Archives du Ministère de la guerre*, vol. 136.
[2] On trouve, dans *l'Histoire généalogique du P. Anselme*,

Cet enseigne est porteur de l'ordre suivant, qui lui permet de requérir main-forte en tous lieux :

« *De par le roy*.

« Sa Majesté ayant esté advertie que le Sr comte d'Harcourt, auquel elle avoit confié le commandement de son armée de Guyenne, a quitté ladite armée sans luy en donner advis, dans le temps auquel sa présence y estoit le plus nécessaire, et qu'il a dessein d'aller à Brisac s'emparer de cette place, sans en avoir commandement ny permission de Sa Majesté, oubliant son debvoir naturel et ses obligations particulières pour une infinité de grâces qu'il a reçues du feu roy et de Sa Majesté actuellement régnante, et ne pouvant souffrir une entreprise de si grande conséquence et si préjudiciable à son service et à son estat, Sa Majesté a résolu de s'assurer de la personne du Sr comte d'Harcourt, et ayant donné ses ordres pour cet effet au sr de Malleville, enseigne des gardes de son corps, Elle mande et ordonne à tous gouverneurs et ses lieutenants-généraux en ses provinces et armées, maréchaux de camp, chefs et officiers de ses troupes, gouverneurs de ses villes et places, maires et échevins d'icelles et tous autres ses offi-

une alliance de la maison d'Houdetot avec Pierre de Canonville, seigneur de Malleville.

ciers et subjets, de donner audit s^r de Malleville et à l'exempt des archers qu'il employra en cette occasion, toutes les forces et l'assistance, dans le temps et en la manière qu'il y sera requis, à peine aux refuzants de désobéir et de respondre à Sa Majesté du préjudice que son estat et son service en pourroient recevoir.

« Fait à Compiègne, le 24 août 1652.

« Louis.

« Le Tellier [1]. »

Le comte d'Harcourt avait de l'avance; il était déjà arrivé à Brisack que l'enseigne des gardes courait encore bien loin derrière lui. L'ordre royal resta donc inexécuté par Malleville; et Charlevoix ne tint nul compte de la missive royale qu'il avait reçue.

Quel intérêt plus considérable pouvait avoir le comte d'Harcourt à prendre par lui-même possession de Brisack, qu'à conserver le poste le plus glorieux et plus important de général en chef d'une armée? En outre, ne devait-il pas redouter l'impression fâcheuse que sa conduite pouvait laisser sur son nom? L'explication ne saurait se trouver que dans la crainte qu'il devait concevoir, depuis qu'il avait bravé la cour en s'assurant de Bri-

---

[1] Nous avons tiré ce document inédit des *Archives du Ministère de la guerre*, vol. 134.

sack malgré elle, de quelque ordre secret pour l'arrêter au milieu même de son armée, et cette crainte pouvait ne pas être chimérique. Il était évident, par les dégoûts dont il l'abreuvait, que le cardinal Mazarin voulait se débarrasser de lui en Guyenne; qu'il travaillait à lui susciter des désastres par la démoralisation de ses troupes mal nourries, mal habillées, mal payées, et par la diminution de leur effectif. Le bruit, fondé ou non, d'un ordre d'arrestation qui avait couru dans son armée, l'avait justement alarmé. La question de trouver un successeur à un homme investi d'une aussi grande réputation militaire était même secondaire aux yeux du cardinal Mazarin. Il importait bien moins au premier ministre que ce successeur fût un général habile, qu'il ne lui importait que ce fût un favori, un prétendant surtout à la main d'une de ses nièces, ainsi que nous le verrons sans tarder. Le comte d'Harcourt dut être évidemment placé dans la nécessité de garantir sa liberté, et avec elle une partie du moins de ses prétentions. A ce point de vue égoïste, il ne se trompa point; la possession de Brisack lui procura en effet le gage d'un marché: lorsque la Fronde eut pris fin, il reçut, en échange de cette place, un gouvernement de province, le gouvernement d'Anjou.

Après le départ de leur général, les principaux officiers de l'armée royale s'étaient empressés d'envoyer à la cour pour l'avertir de cet étrange événement et demander des ordres. Ils avaient choisi parmi eux deux messagers : le chevalier d'Aubeterre [1] et la Bérurie. Le chevalier n'ayant pas rencontré à Lagny, où il croyait le trouver, le cardinal Mazarin, s'empressa de se rendre plus loin auprès de l'Éminence toute-puissante, remettant à quelques heures plus tard la conférence qu'il devait avoir avec Le Tellier ; mais il adressa de Lagny à ce ministre la lettre suivante :

« *Monsieur d'Aubeterre à Monsieur Le Tellier.*

« Monsieur le comte de Harcourt ayant quitté l'armée la nuit du jeudi dernier venant au vendredi sans en dire rien à personne, à la réserve de quelques lettres que son enseigne des gardes donna à la pluspart des officiers généraux douze

---

[1] Le nom patronymique du chevalier d'Aubeterre était d'Esbarbès de Lussan. Sa maison n'ajouta le nom d'Aubeterre qu'après le mariage du père du chevalier avec la fille unique de David Bouchard, vicomte d'Aubeterre. Ce David Bouchard, vicomte d'Aubeterre, né à Genève où sa famille s'était retirée après avoir embrassé le protestantisme, était revenu dans sa patrie servir contre la Ligue Henri IV, qui le nomma gouverneur du Périgord.

Le chevalier d'Aubeterre, que Louis XIV fit dans la suite gouverneur de Collioure, mourut en 1707, âgé de quatre-vingt-douze ans, étant alors le plus ancien lieutenant-général du royaume.

heures après son départ, nous ayant extrêmement surpris, il fust résolu de despescher quelcun à la cour pour en donner l'advis, et de beaucoup d'autres choses qui regardent le service du roy. Tous ces Messieurs m'ont prié de faire ce voyage. En arrivant à Lagni, j'ai seu que Son Éminence n'en estoit partie que ce matin et estoit allée coucher à quatre ou cinq lieues d'icy. J'ai creu que la cour ne trouveroit pas mauvais que je prisse ce temps pour aller repsevoir ses commandements. Cela ne me retarde que de quatre ou cinq heures de plus, sur quoy je vous rendray un conte bien exact de toutes les affaires de Guienne ; cependant je vous envoye la lettre qu'il a escrit à M. de Tracy en partant. Je suis avec toute sorte de respec,

« Monseigneur,

« Vostre très-humble et très-obéissant serviteur,

« Le chevalier d'Aubeterre.

« A Lagny, ce mercredi au soir 21 août[1]. »

Le marquis de Bougy, non content de la mission confiée aux deux messagers de l'armée royale, écrivait peu de jours après leur départ cette lettre à Le Tellier :

---

[1] Nous avons tiré cette lettre inédite des *Archives du Ministère de la guerre*, vol. 134.

« Monseigneur,

« Depuis le départ de Messieurs d'Aubeterre et de la Bérurie, par lesquels nous vous mandions le départ de M. le comte d'Harcourt, il ne s'est fait auqun changement dans la province; nous avons pris un poste à trois lieues de Bergerac, le long de la rivière de Droz, à un lieu assez bon pour les fourrages, et pour remettre un poeu nos troupes en attendant les ordres de la cour, que nous souhaitons aveq beaucoup d'impatience. Je ne croy pas que, à la longue, les humeùrs de tout ce qui est isy s'accordassent fort bien les uns aveq les austres, et il est tout-à-fait important que l'on envoie icy au plus tost un supérieur, afin de prévenir les accidents qui en pourroient arriver. Cependant je vous puis asseurer que je n'oublieray rien, Monseigneur, de tout ce qui dépend de moy, afin d'entretenir la bonne correspondance entre Messieurs nos généraux. Je croy que l'arrivée de l'armée navale devant Bordeaux n'a pas peu contribué à tenir la province dans son devoir. Le départ de M. le comte d'Harcourt a donné la liberté à quantité d'officiers de quitter l'armée, les uns avec son congé, les austres sans. Je croy qu'il ne seroit pas mal à propos d'envoyer un ordre du roy qui ordonnast à chaqun de se rendre à sa charge dans un certain temps, sous peine d'estre cassé; ce qui serviroit du moins à contenir ceux qui restent, sy ce n'est que l'on aimast mieux faire exemple de quelqu'un. Je croy qu'il seroit bon ausy d'avoir un ordre pour casser tous ceux qui ne metteroient pas leurs compagnies à vingt vedettes effectives, après qu'ils auront resceu les deux mille escus que on leur a promis; l'on n'en a encore resceu qu'une partie, et l'on est après à avoir le reste, particulièrement pour les troupes que doit mener M. le chevalier de Créquy, afin qu'elles puissent estre en estat de marcher au retour du premier courrier. Un de nos partis a enlevé depuis deux jours un quartier du régiment de Baltasar, où il y avoit cinquante maistres et leur esquipage; lesquels ont presque tous estez pris ou tués. Les ennemis estoient commandés par Faget Gaston et d'Aupelles, capitaines de Baltasar, que on dit estre morts ou pris; nostre party estoit des régiments de Saint-Germain et de Saint-Mégrin. Faites-moy l'honneur de me croire, s'il vous plaist,

« Monseigneur,

« Vostre très umble et très obéissant serviteur,

« BOUGY.

« Au camp de Censac, ce 24 août [1]. »

---

[1] Nous avons tiré cette lettre inédite des *Archives du Ministère de la guerre*, vol. 134.

Cette lettre exprime dans toute sa vérité le désarroi dans lequel le départ du comte d'Harcourt avait laissé l'armée royale livrée à la rivalité de généraux que ne rattachait entre eux aucun lien d'un commandement supérieur. A l'exemple du général en chef, beaucoup d'officiers avaient quitté l'armée; en outre, le départ des régiments long-temps réclamé par la cour, départ toujours différé par le comte d'Harcourt, allait s'effectuer sous la conduite du chevalier de Créquy, de sorte que la partie restait belle en Guyenne pour la cause des princes.

APPENDICE.

NOTE PREMIERE

Pour l'ensemble des trois volumes publiés.

Traité de Monseigneur le prince avec le roy d'Espagne.

La violente conduite du cardinal Mazarin, l'aversion obstinée qu'il a tousjours eue pour la conclusion de la paix entre les deux couronnes, et sa téméraire entreprise sur la personne de Monseigneur le Prince de Condé dont l'illustre et glorieuse vie le met non-seulement à couvert de tous soupçons de crime, mais lui devoient faire recevoir des récompenses qui marquassent à la postérité la gratitude du Roy très-chrestien envers lui pour les signalés services qu'il en avoit receus, sur celle de M^r le prince de Conti, son frère, aussi grand par ses mérites que par sa naissance, et sur celle de Mr de Longueville, leur beau-frère, qu'il a tenus onze mois dans une rigoureuse prison, ayant excité tous les ordres du royaume de France à faire des remonstrances à la Reyne pendant sa régence pour esloigner ce malheureux ministre de ses conseils et de la personne du Roy son fils; depuis tous les parlements ayant donné leurs arrests pour le chasser de ses estats, l'ont enfin contraint de sortir hors de France et obtenu une déclaration qui l'esclud d'y retourner jamais. Néantmoins ledit cardinal estant retiré dans les terres de Mʳ l'électeur de Cologne, frontières de France, il n'a cessé de continuer ses anciennes intelligences près de leurs Majestés et de faire de fortes cabales dans leur cour pour rentrer dans le ministère, entreprendre de nouveau sur la personne de Mʳ le Prince, entretenir par ce moyen le désordre qu'il a mis depuis longtemps dans l'Estat et qui trouble le repos de toute la Chrestienté: de sorte qu'après plusieurs vaines entreprises pendant la minorité du Roy très-chrestien, pour parvenir enfin avec plus de facilité à ce détestable dessein, il auroit attendu le jour que S. M. se déclara majeure à 15 ans accomplis, suivant l'ancien usage, auquel il fist chasser contre toutes les lois du royaume les principaux ministres de France et faist establir en leurs places ses plus affidés partisans, prétendant en suitte rentrer dans le ministère et exercer sous le nom du Roy de cruelles vengeances contre tous les bons François, auteurs de son exil, et continuer la guerre pour affermir sa fortune qu'il a eslevée sur les ruines des peuples. Ce que le dit seigneur Prince ne pouvant plus dissimuler, ni souffrir, il seroit sorti hors de la Cour avec Mʳ le Prince de Conti, son frère, madame la duchesse de Longueville, sa sœur, Mʳ le duc de Nemours et Mʳ le duc de la Rochefoucaut, par l'advis de plusieurs princes, ducs, pairs, mareschaux de France, gouverneurs de provinces, grands seigneurs et notables personnag e, intéressés par la grandeur de leur naissance et par leurs vertus au bien de l'Estat et au repos de la Chrestienté, pour se retirer en ses gouvernemens et aviser avec eux au service du Roy, au soulagement des peuples, à la seureté publique et à la leur particulière. Enfin, après plusieurs grands et importans moyens desquels ils ont résolu de se servir et dont ils se servent actuellement en France au consentement de tout le monde, ils ont jugé convenable à un si grand dessein de supplier très-humblement S. M. Catholique qu'il lui plaise contribuer ce qui dépend de son auctorité royale pour assister ledit seigneur Prince de Condé et tous les princes, ducs, pairs, mareschaux de France, gouverneurs de provinces et seigneurs cy-dessus nommés, et plusieurs autres unis avec eux et portés de mesme desir (lesquels encore qu'ils soient compris dans ce traicté ne doivent par de certaines raisons y estre nommés quant à présent et qui le seront en temps et lieu) pour le succès d'une entreprise digne d'estre soustenue par un si grand monarque, et qui est esgalement glorieuse et advantageuse aux deux couronnes, puisqu'elle n'a pour fin que l'establissement d'une paix juste, égalle, honneste et durable entre les deux Roys, le soulagement de leurs sujets qui gémissent depuis longtemps dans les désordres de la guerre; ce que S. M. Catholique ayant ouï et approuvé, s'est portée à soustenir ce grand et juste dessein avec tant d'affection qu'elle a bien voulu pour la tranquillité publique le préférer à ses intérests propres et à la justice qu'elle doit à tous ses estats pour la réunion de ceux qui s'en sont séparés, avec la mesme bonté qui lui avoit faict relâcher à Munster, à la veue de toute l'Europe, de si grands et si considérables advantages pour la couronne de France, afin de l'obtenir, remettant entre les mains de Dieu, l'unique et véritable juge des actions, des desseins et des plus secrettes pensées des Roys, cette affaire pour laquelle S. M. Catholique ne cessera de faire des prières publiques dans toutes les terres de son obéissance. Et afin que ledit seigneur Prince et tous ceux qui sont unis à luy puissent, soubs son autorité royalle, par la force de leurs justes et légitimes armes, parvenir aux fins proposées qui sont la conclusion d'une paix juste, honneste et durable entre les deux couronnes, empescher les desseins de ceux qui la traversent pour leurs propres intérests et fins particulières, au préjudice de ceux du Roy trèschrestien, de ses estats et de ses peuples, faire observer les déclarations et arrests du parlement, establir la seureté dudit seigneur Prince, le remettre dans le rang, dignité et emplois qui sont deus à la grandeur de sa naissance et de ses mérites; semblablement le seigneur Prince de Conti, Madame la duchesse de Longueville, tous les princes, ducs, pairs, mareschaux, gouverneurs des provinces, grands seigneurs, personnes de qualité et villes unies dans toutes les dignitez, rangs, biens et priviléges qui leur appartiennent; S. M. Catholique a généreusement et avec une libéralité toute royale accordé les secours ci-après mentionnés; et a esté convenu de part et d'autre ce qui suit, à sçavoir : de la part et par le commandement de sadite Majesté, par dom Hieronimo de la

Torre, chevalier de l'ordre de Calatrava, de son Conseil et son secrétaire d'estat; et de la part de Mʳ le Prince par monsieur Lenet, conseiller ordinaire en tous les Conseils du Roy tres chrestien, chargé du plein pouvoir dudit seigneur Prince, et comme aussi de celui dudit seigneur Prince de Conti et de Madame la duchesse de Longueville, de Mʳ le duc de Nemours, de Mʳ le duc de La Rochefoucault, et encore celui de Mʳ le prince de Condé pour plusieurs personnes de grande qualité qui ne peuvent estre nommées quant à présent, duquel plein pouvoir la teneur s'en suit:

Nous, Louis de Bourbon, Prince de Condé, prince du sang, avons donné pouvoir à Mʳ Lenet, conseiller ordinaire du Roy en tous ses Conseils d'estat et direction de ses finances, de faire toute sorte de traictés et associations avec S. M. Catholique, pour parvenir à la paix générale et procurer le repos à toute la Chrestienté, en arrester les conditions ainsi qu'il le jugera à propos, promettant les ratiffier et exécutter de point en point, comme aussi Nous, Armand de Bourbon, Prince de Conti, prince du sang, Anne de Bourbon, duchesse de Longueville, princesse du sang, Charles Amédée de Savoye, duc de Nemours, François, duc de La Rochefoucaut, promettons d'entrer dans les mesmes conditions et les exécutter en la mesme manière qui sera convenue par ledit sieur Lenet auquel nous donnons aussi tout pouvoir. Faict à Montrond ce 16 septembre 1651. Signé Louis de Bourbon, Armand de Bourbon, Anne de Bourbon, Ch. Am. de Savoye, François de La Rochefoucaut. Et à costé est escrit: Nous donnons aussi le mesme pouvoir à monsieur Lenet de traicter pour plusieurs personnes de grande qualité qui seront nommées en temps et lieu. Signé Louis de Bourbon.

Et en vertu d'iceluy plein pouvoir ledit sieur Hieronimo de la Torre et ledit sieur Lenet ont arresté et signé les articles suivans qui seront ratifiés de part et d'autre selon les formes et teneur.

I.

Premièrement, que toutes les forces dudit seigneur Prince estant unies agiront sous la protection de S. M. Catholique par toutes voyes, sans jamais poser les armes qu'après estre parvenu à la conclusion d'une paix juste, égale, honneste et durable, avec une réciproque convenance des deux couronnes, moyennant quoi S. M. demeurera entièrement satisfaite.

II.

Comme au réciproque S. M. Catholique s'oblige et promet en foy de Roy de ne faire jamais aucune paix générale ou particulière, secrette ou publique, ni aucuns traictés de tresve, suspension d'armes et autres, sans ledit seigneur Prince et avec sa satisfaction juste, honneste et durable, seureté de lui et de toute sa maison, comme aussi de M. le prince de Conti, de madame la duchesse de Longueville, de M. le duc de Nemours, de M. le duc de La Rochefoucaut, et de tous les autres princes, ducs, pairs, mareschaux de France, gouverneurs, grands seigneurs, officiers de parlement, villes, provinces unies avec S. Altesse, et particulièrement de Bordeaux et de toute la province de Guienne.

III.

Et pour donner moyen audit seigneur Prince de soustenir glorieusement une si haute entreprise, S. M. Catholique lui a libéralement accordé les secours qui s'ensuivent, à sçavoir : pour la levée de toutes les trouppes qu'il a mises et qu'il mettra ci-après sur pied, tant de cavalerie que d'infanterie, chevaux d'artillerie, de vivres, etc., la somme de cinq cens mil patagons valant cinquante huit sols chacun, monnoye de France, qui seront payés dans la ville de Bourdeaux ou aux environs, au choix de S. Altesse, en trois payemens, dont le premier sera de 300,000 patagons, et se fera le jour que le présent traité sera par lui ratiffié; sur lesquels sera déduit celle que le sieur baron de Vatteville pourra avoir payée jusques icy sur le premier traité[1]; le second de 100,000 patagons, et se fera 30 jours après la ratification dudit seigneur Prince, ès mesmes lieux; et le troisième sera aussi de 100,000 patagons et se fera trente jours après ledit second payement; en telle sorte que toute ladite somme de cinq cent mil patagons sera entièrement payée par sadite Majesté Catholique soixante jours après la ratiffication et en la manière susdite; et neantmoins si son Altesse en desire quelque partie à Stenay ou Clermont, S. M. la lui fera tenir.

[1] Le traité fait par Sillery en Flandre en août 1651.

IV.

Pour la subsistance desdites troupes, S. M. C. fournira audit seigneur Prince pendant chaque mois, à commencer du premier de novembre, la somme de 40,000 patagons de mesme valeur, dont le premier payement se fera ès mesmes lieux que dessus, quinze jours après que ledit seigneur Prince aura ratiffié le présent traité; et continueront les payements de pareille somme de mois en mois et de la mesme quantité jusques à l'accomplissement de la paix générale.

V.

Et pour les généraux, principaux officiers de cette armée, attirail de vivres et d'artillerie, S. M. C. fournira par chacun an, à commencer dudit jour premier novembre 1651, la quantité de six vingt mil patagons, en douze payements égaux de dix mil patagons chacun, dont le premier commencera comme il est contenu au précédent article, et continuera de mois en mois jusques au temps porté par iceluy.

VI.

S. M. C. fourniera audit seigneur Prince certaine quantité de canons, armes, munitions et instrumens de guerre, au nombre et de la quantité dont lui ou ceux qui auront charge de lui conviendront avec le sieur baron de Vatteville, y compris celle qu'il pourra avoir donnée jusques à présent.

VII.

S. M. C. entretiendra dans la rivière de Bourdeaux ou aux environs une armée navale de trente vaisseaux de guerre, armés, munis, équipés en victuailles, chargés de gens de guerre et de marins pour combattre et servir sur lesdits vaisseaux; et outre ce, ladite flotte portera quatre-mille hommes de pied, qui mettront pied à terre pour toutes entreprises de guerre par les ordres dudit seigneur Prince, lorsque le port, dont ci-après sera parlé, sera fortifié et en deffence telle que cette infanterie y soit en seureté, comme il est porté par l'article douziesme, à condition que ledit seigneur Prince en ait besoin, et que, lorsqu'il sera en estat de s'en passer, S. M. C. les retirera, laissant seulement ceux qui seront nécessaires sur les vaisseaux, et seront tous lesdits soldats, vaisseaux et équipages entretenus et défrayés par S. M. C. pendant toute la guerre.

VIII.

Il y aura sur lesdits vaisseaux un officier de la part dudit seigneur Prince pour exposer ses ordres à celui qui les commandera de la part de S. M. C., qui obéira auxdits ordres sans difficulté; et sera chargé particulièrement ladite armée navale d'entretenir la communication et le commerce avec toute la ponctualité possible.

IX.

Et au cas que les ennemis opposent plus grand nombre de vaisseaux à ceux que S. M. C. accorde audit seigneur Prince et autres confédérés, S. M. C. s'oblige de fortifier sa dite armée de tous les vaisseaux qui seront en sa disposition et mesme prendre au fret s'il est nécessaire.

X.

Que tous les vaisseaux de guerre ou marchands qui seront en mer sous les saufs-conduits et sous le pavillon dudit seigneur Prince, auxquels se conformeront ceux du seigneur prince de Conty et autres princes, ducs, pairs, mareschaux, gouverneurs, seigneurs, villes unies, seront receus comme amis dans tous les ports de l'obéissance du Roy catholique et traités aussi favorablement que les siens propres, et le mesme s'observera envers les vaisseaux de sa dite Majesté dans les ports qui seront à la disposition dudit seigneur Prince et seigneurs confédérés.

XI.

Le mesme est entendu par terre pour tous ceux qui auront des passe-ports dudit seigneur Prince et de ses lieutenans généraux, et seront les ordres nécessaires envoyés par tout de part et d'autre pour la seureté et exécution desdits articles.

XII.

Que pour la seureté de ladite armée navale ledict seigneur Prince donnera un port qui soit capable de tenir en tout temps et d'hiverner lesdits vaisseaux et qui puisse estre fortifié par S. M. C., en sorte que toute ladite infanterie y puisse demeurer en toute seureté, et afin qu'elle y puisse establir des magazins, tenir munitions, artillerie et autres choses nécessaires pour la subsistance, retraite et conservation et mesme pour assister les trouppes voisines; lequel port ainsi fortifié sera gardé par S. M. C. jusques à la paix, auquel temps elle le remettra entre les mains dudit seigneur prince de Condé en l'estat qu'il se trouvera, retirant les armes et munitions; et pour juger si ledit port sera capable de ce que dessus, S. M. C. ou ceux ayant charge d'elle et ledict seigneur Prince en conviendront de bonne foy, le feront sonder et recognoistre par gens à ce cognoissant nommés en pareil nombre de part et d'autre.

XIII.

Outre ce que dessus, S. M. C. donnera la somme de cinquante mille patagons en un seul payement au seigneur prince de Conty pour luy aider à soutenir les frais du voyage qu'il se dispose à faire en Provence, et se fera ledit payement à Bourdeaux le premier jour de mars 1652.

XIV.

A esté pareillement accordé de part et d'autre que le traité de Stenay du 30 avril 1650 sera continué, et suivant icelui seront les articles 4, 5, 6, 7, 8, 9, 10 et 12 ici copiés et insérés pour estre exécutés réciproquement par S. M. C. et ledit seigneur Prince ou ceux qui commanderont de sa part les trouppes qu'il a aux environs dudit Stenay, jusques à la paix générale, en la mesme manière qu'il a esté accordé de la part de S. M. C. avec Madame la duchesse de Longueville et M. de Turenne, sans y changer aucune chose que leurs noms ou celui dudit seigneur Prince et de celui qui commandera de sa part lesdites trouppes de Son Altesse.

S'en suit la teneur desdits articles :

4. Plus S. M. C. donnera chaque mois quarante mil patagons pour l'entretenement et subsistance des trouppes desjà levées ou qui se leveront pour madame de Longueville ou ledit sieur de Turenne, le mois de trente jours inclusivement et commençant ledit premier mois du jour que le traité aura esté signé; comme aussi S. M. C. donnera de plus à ladite dame de Longueville et audit sieur de Turenne la somme de soixante mil patagons par an, payable à trois payements, de quatre en quatre mois, sçavoir: 20,000 à chaque premier mois des quatre qui commenceront dès le premier jour que le présent traité aura esté signé, et ladite somme sera pour employer en ses affaires particulières et des personnes de condition de

son parti et en d'autres frais comme bon leur semblera.

5. S. M. C. joindra aussi aux trouppes levées ou qui se doivent lever de la part de ladite dame de Longueville et dudit sieur de Turenne deux mil hommes de pied et 3000 chevaux effectifs, armés avec les munitions nécessaires tant pour les susdites trouppes que pour l'artillerie que S. M. C. entretiendra dans ladite armée; toutes lesquelles troupes jointes entreront en France se servant de tous les moyens possibles, soit pour la prise des villes et places, soit pour faire des prisonniers du parti contraire, et en toute autre manière pour obliger le cardinal Mazarin à l'une et à l'autre des deux fins ci-dessus expliquées, et pour luy oster la facilité de se rendre plus grand, estant desjà la puissance où il se trouve sans mesure, pernicieuse, dangereuse tant à la France qu'aux autres parties de la Chrestienté.

6. Réciproquement, ladite dame de Longueville et ledit seigneur de Turenne mettront entre les mains de S. M. C. toutes les fois qu'il en seront requis, la ville de Stenay, excepté la citadelle, dans laquelle ville S. M. C. mettra la garnison qu'il jugera à propos pour servir de retraite et de passage aux trouppes en cas de nécessité et pour la tenir en dépost jusques à la liberté du seigneur prince de Condé et establissement de la paix, lequel cas estant il la remettra audit sieur Prince, retirant la garnison et les armes avec toutes les munitions qui y auront esté mises de sa part.

7. Les places qu'on aura conquises en France sous la protection de S. M. C. demeureront en sa dispo-

sition et sous sa garde jusques à la conclusion de la paix entre les deux couronnes, avec cette distinction que S. M. C. mettra garnison dans les frontières, et que celles qui se prendront dans le royaume seront gardées par les trouppes que ladite dame de Longueville et ledit sieur de Turenne voudront faire entrer dans icelles, et de quelque manière que ce soit, ce sera toujours sous le nom et la protection de S. M. C.

8. La distribution des susdites sommes d'argent, excepté seulement celle des soixante mil escus destinée pour les affaires particulières de ladite dame de Longueville et dudit sieur de Turenne, seront acquitées conjointement ou séparément par les officiers du compteur ou payeur général, qui seront establis et résideront auprès, desdites personnes de la part de S. M. C.

9. Les quarante mil escus qui se doivent donner chaque mois se réduiront de moitié les six mois de campagne expirés, après que le présent traité aura esté signé.

10. Les deux mil hommes de pied et lesdits 3000 chevaux que S. M. C. doit donner, seront conduits par un chef de sa part qui obéira aux ordres dudit sieur de Turenne. Lesdits 5000 hommes vivront en France en bonne discipline, et seront païez de l'argent de S. M. C., et ladite dame de Longueville et sieur de Turenne seront obligés de leur fournir le pain de munition pendant qu'ils seront en France, sauf si lesdits 5000 hommes campent ou font siége à huit lieues inclusivement des frontières et lieux voisins de ses estats du Pays-Bas, auquel cas S. M. C. leur donnera le pain de munition.

12. S. M. C. estant en la possession de la ville de Stenay la pourvoira de tout ce qui sera nécessaire pour entretenir la garnizon qui y sera mise de sa part, et aider par tous moyens qui se trouveront dans la ville à la subsistance des troupes qui seront dans le voisinage et pour la nécessité des entreprises de la la campagne si toutefois S. M. C. ne trouve pas plus à propos d'establir un magazin de munitions de guerre et de bouche pour mesme effect dans la ville de Montmédi ou autre de ses estats.

Tous lesquels 4, 5, 6, 7, 8, 9, 10 et 12 articles susescrits du traicté de Stenay seront continués et exécuttés, les autres demeurant de nul effect comme iceux ayant esté entièrement parfournis, et entendu qu'en tous lesdits articles les noms de Mme de Longueville et de M. de Turenne demeureront convertis en celui dudit seigneur prince de Condé ou de ceux qui de la part de Son Altesse commanderont en Champaigne et Bourgongne, et que les fins y seront semblables à celles du présent traicté, s'observant seulement que les mois commenceront à courir et se feront les payemens d'iceux de la mesme manière que ceux du présent traicté pour Bourdeaux, sinon au cas que les trouppes de Son Altesse eussent joint celles de S. M. C. plustost que le premier de novembre, auquel cas les payemens commenceront du jour de la jonction et continueront de termes en termes jusques à la paix générale.

XV.

Est de plus accordé que si mondit sieur le Prince a

besoin de quelque partie de l'argent que S. M. C. sera obligée de lui fournir à Stenay ou Clermont pour ses places de Bourgongne, S. M. C. les lui fera tenir en déduction dans la ville de Dôle ou Besançon où elles seront délivrées avec bonne et seure escorte à celui qui ira quérir lesdites sommes de la part et avec ordre dudit seigneur Prince, en donnant pour lui quittance que Son Altesse approuve dès à présent comme dès lors, de mesme que si elles estoient de sa propre main; la mesme chose est entendue pour ceux qui recevront les sommes sus exprimées à Stenay et à Bourdeaux ou aux environs.

XVI.

Pour l'entretenement et subsistance de toutes les places qui sont sous le commandement et au pouvoir dudit seigneur Prince et garnisons d'icelles, y compris celle de Danvilliers commandée par ledit seigneur prince de Conti, S. M. C. a accordé, outre les secours cy dessus, la quantité de six vingt mil patagons par chacun an pendant toute la guerre, qui commencera à courir du premier novembre, et ce en douze payemens égaux de dix mil patagons chacun, dont le premier commencera quinze jours après la ratification du présent traité, pour continuer de mois en mois jusques à la paix, et se feront lesdits payements moitié à Stenay et moitié aux lieux dont mondit sieur le Prince conviendra avec celui qui a le plein pouvoir de S. M. C.

XVII.

Outre toutes les sommes ci-dessus, S. M. C. donnera audit seigneur Prince, pour les frais des courriers et autres despenses secrètes, la somme de soixante mil escus par an en douze termes égaux de cinq mil patagons qui seront payables de mois en mois en mesmes temps et lieux que les autres sommes cy dessus rapportées pour l'entretenement de l'armée, et à continuer jusques à la paix.

XVIII.

Les trouppes de S. M. C. agiront entièrement de concert et de bonne foy avec celles dudit seigneur Prince, afin que les entreprises qui seront faites de part et d'autre puissent plus facilement obtenir les fins susdites.

XIX.

Que toutes lesdites trouppes de S. M. C. obéiront audit seigneur prince sans difficulté; et pour tous les autres princes qui ne sont pas princes du sang et mareschaux de France, qui sont ou seront unis, ils en useront avec les généraux de S. M. C. comme et en la mesme manière que M. de Turenne en usoit l'an 1650 avec M. le comte de Fuensaldagne.

XX.

En cas que quelques-unes des places desdits seigneurs Princes ou autres unis viennent à estre assiégées par les trouppes ennemies, S. M. C. veut et entend, pour tesmoigner audit seigneur Prince combien ses intérests sont unis avec ceux de Son Altesse que tous les généraux et les trouppes qu'ils commanderont fassent tous les efforts possibles pour les secourir et leur donner toute l'assistance qui dépendra d'eux.

XXI.

S. M. C. donnera ordre au seigneur archiduc en Flandre de faire venir à Ostende, Nieuport et aux environs, deux mille Wallons bien armés, équippés et munis pour, sur les ordres qui leur seront envoyés par ledit seigneur Prince ou ceux qui auront charge de lui, passer par mer ou par terre au lieu qui sera porté par ledit ordre, et leur fournir les vaisseaux, vivres, armes, munitions et escortes nécessaires.

XXII.

Que dès à présent S. M. C. envoyera tous les ordres nécessaires pour l'exécution de tout ce que dessus en Flandre et en tous les autres lieux et à tous les officiers et chefs qu'il appartiendra, comme aussy pour recevoir les trouppes, que ledit seigneur Prince aura en Champaigne et en Bourgongne, dans les terres de S. M. C., en cas que pour quelque accident imprévu elles fussent contraintes de se retirer, auquel cas elles y seront receues comme amies et traictées comme celles de S. M. C.

XXIII.

Semblablement S. M. C. envoyera ordre au seigneur Archiduc, afin qu'il les envoye à ceux qui commandent dans sa comté de Bourgongne en tout ce qui leur sera possible.

XXIV.

En cas que du costé de Flandre on aye convenu[1] de quelque chose touchant ce que dessus, il demeure réduit au présent traicté, et les sommes qu'on y pourra avoir receues précomptées sur icelui.

XXV.

S'il manque quelque chose à l'accomplissement du traicté fait entre S. M. C. et madame la Princesse et MM. les ducs de Bouillon et de La Rochefoucault à Saint-Sébastien au mois de juin 1650, on l'adjustera avec le sieur baron de Vatteville comme il est raisonnable.

XXVI.

Enfin on se rendra de part et d'autre tous les offices requis et de bonne foy avec asseurance de sincérité,

---
[1] Entre l'Archiduc et Silleri.

tant pour les payements qui seront parfournis (mesme dans la paix s'il restoit quelque chose à payer lorsqu'elle sera conclue) que pour tout le contenu au présent traicté, et pour appuyer et soustenir réciproquement les desseins des uns et des autres, qui tous n'auront qu'une mesme fin, procurant tous les avantages possibles de part et d'autre, ledit seigneur Prince, le seigneur prince de Conti, madame la duchesse de Longueville, M. le duc de Nemours, M. le duc de La Rochefoucault, et tous les princes, ducs, pairs, mareschaux, gouverneurs, grands seigneurs, officiers et villes unies, recongnoissant avec respect et gratitude les graces et secours qu'ils reçoivent de S. M. C. en contribuant si généreusement au repos de la Chrestienté, à la tranquillité des deux couronnes dans lequel se trouve inclus le leur particulier; et S. M. C. continuera en leur faveur les effets de sa bonté royale et de son amitié, les gratiffiera en toutes les occasions qui se pourront présenter pour leur satisfaction et entière seureté, comme il se verra dans la suite du présent traicté.

XXVII.

En exécution du présent traité, s'il survient quelque difficulté, S. M. C. consent qu'elle soit terminée de sa part par le sieur baron de Vatteville, en vertu de son plein pouvoir promettant de ratiffier ce qui sera convenu pour ce regard entre lui et celui qui aura charge dudit seigneur Prince.

Fait à Madrid, le sixiesme novembre 1651.

Continuation du traicté du sixiesme novembre et articles adjoustés à icelui.

En continuant le traité fait cejourd'hui à Madrid entre S. M. C. par M. Dom Hieronimo de la Torre, chevalier de l'ordre de Calatrava, du conseil de S. M. C., et son secrétaire d'Estat, et M. le prince de Condé, M. le prince de Conti, madame de Longueville, M. le duc de Nemours, M. le duc de La Rochefoucault et autres confédérés, par M. Lenet, conseiller du Roi très chrestien en tous ses Conseils d'Estat et finances, en vertu de son plein pouvoir, est accordé de part et d'autre ce qui s'en suit :

XXVIII.

A sçavoir, que pour donner plus de moyen audit seigneur Prince de soustenir sa grande et louable entreprise, attendant que S. M. C. soit en estat de lui faire les avantages qu'il mérite, comme elle espère faire avec la grâce de Dieu, elle lui accorde outre les secours d'hommes, de vaisseaux et d'argent contenus audit traité pour subvenir aux frais extraordinaires et imprévues de la guerre, la somme de six vingt mil patagons par an, qui commenceront à courir le premier jour de novembre jusques à la paix générale, qui lui seront payés par S. M. C. au mesme lieu et au mesme temps que les sommes accordées pour la subsistance de ses trouppes, et ce en douze payemens égaux de dix mil patagons chacun par mois dont le premier commencera comme est dit, et quinze jours après qu'il aura ratiffié le présent traicté, et continuera de mois en mois tant que la guerre durera.

XXIX.

Comme aussi pour soulager d'autant plus ledit seigneur Prince en la grande despense qu'il est obligé de supporter, S. M. C. lui accorde, outre tout ce que dessus, pour plusieurs princes, ducs, pairs, seigneurs, gouverneurs, gentilshommes, officiers et personnes particulières, la somme de six vingts mil patagons par chacun an, tout le temps de la guerre, qui lui seront payés en la mesme forme et aux mesmes termes que ceux contenus en l'article précédent, en douze payemens égaux chacun de dix mil patagons, qui seront payés de mois en mois jusques à la paix et distribués en la manière convenue avec ledit sieur Lenet, si ledit seigneur Prince ne juge plus à propos de la distribuer d'autre sorte, et est le mesme entendu du contenu au 17e article.

XXX.

Toutes les sommes que S. M. C. donne par ce présent traité montent, tant pour les levées que pour le voyage de monsieur le prince de Conti en Provence, à celle de cinq cens cinquante mil patagons; et pour l'entretenement, réduisant toutes les sommes en payemens égaux se monte à six vingts mil patagons par mois, outre l'assistance d'hommes de vaisseaux et d'artillerie par elle entretenus particulièrement tant en la partie de Flandres qu'en celle de Guienne.

Fait à Madrid, le sixième novembre 1651.

Hiero^{mo} de la Torre.
Lenet.

Ce traité, appelé traité de Madrid, fut apporté par Lenet en Guyenne; M. de Saint-Agoulin reporta à Madrid la ratification, rédigée dans les termes suivants :

« Nous, Louis de Bourbon, prince de Condé, pair et grand maistre de France, duc d'Anguien, Chasteauroux, Montmorency, Albret et Fronsac, gouverneur et lieutenant général pour le Roy en Guienne et Berry, après avoir veu les traictez faictz en nostre nom par monsieur Lenet, conseiller ordinaire du Roy en tous ses Conseils d'estat, et direction de ses finances, en vertu du pouvoir que nous lui en avons donné à Montrond le 16 septembre dernier, avec M. dom Hieronimo de la Torre, chevalier de l'ordre de Calatrava, du conseil de S. M. C. et son secrétaire d'estat, au nom et du commandement de sadite Majesté; lesdits traictés conclus et arrestés à Madrid le 6 du présent mois, desquels a esté expédié deux originaux en espagnol et deux en français et tous signés desdicts sieurs de la Torre et Lenet, et un de chaque langue demeuré entre les mains de S. M. C. et autant pardevers nous; recognoissons les avoir ratiffiés et approuvés en tous leurs points selon leur forme et teneur, promettant de les entretenir et exécuter en tout ce qui dépendra de nous, sans jamais y contrevenir pour quelque cause et occasion que ce puisse estre; remerciant très humblement S. M. C. des assistances qu'il lui plaist de nous accorder.

Faict à Xainctes, le 23 novembre 1651.

LOUIS DE BOURBON.

Comme aussi nous, Charles Amédée de Savoye, duc de Nemours, François, duc de la Rochefoucault, ratiffions et approuvons lesdicts traictez et promettons d'exécuter le contenu en iceux sans jamais nous despartir des choses qui seront convennües par S. A. monsieur le Prince.

Faict à Xainctes, le 23 novembre 1651.

CH. AM. DE SAVOIE DUC DE NEMOURS.
LE DUC DE LA ROCHEFOUCAULT.

Comme aussi nous, Armand de Bourbon, prince de Conty, prince du sang, pair de France, gouverneur et lieutenant-général pour le Roy en Champagne et en Brie, et nous, Anne de Bourbon, duchesse de Longueville, princesse du sang, ratifions et approuvons lesdicts traictés et promettons d'exécutter le contenu en iceux sans jamais nous departir des choses qui seront convenues par S. A. monsieur le Prince. Faict à Bordeaux ce vingt-neuf^{me} novembre mil six cent cinquante et ung.

ARMAND DE BOURBON,
ANNE DE BOURBON.

Comme aussi nous de la Trimoille, prince de Tarante, ratiffions et approuvons lesdictz traictez, et promettons d'exécuter le contenu en iceux, sans jamais nous despartir des choses qui seront convenües par S. A. monsieur le Prince. Faict au camp de la Bergerie le 10e jour de décembre 1651.

Henry Charles de la Tremoille.

NOTE DEUXIÈME

Pour l'ensemble des trois volumes publiés, et en particulier pour le ch. XXIV, p. 154 et suivantes.

L'EVANGELISTE de la Guyenne, ov la descouuerte des Intrigues de la PETITE FRONDE, *dans les negotiations et les mouuemens de cette prouince, depuis la detention de Messieurs les Princes iusqu'à present. — A Paris, de l'imprimerie de la Veufue* I. GVILLEMOT, *ruë des Marmouzets, proche l'Eglise de la Magdeleine. M. DC. LII* [1].

Il y a long temps que la voix publique me sollicite de mettre au iour ce qui s'est passé de plus considerable dans la Guyenne, sur la creance qu'on a eu que j'auois les Mémoires les plus asseurez de ce qui se traictoit dans Bordeaux, Ville capitale de cette Prouince. Si ie n'en auois esté pressé par le vulgaire, ie ne me fusse pas aysément engagé à cette Rélation : Mais puis que les plus honnestes gens de Paris me l'ont demandée auec instance, et que le Recueil que j'ay fait des euenemens les plus notables arriuez en ces quartiers, a merité leur approbation : ie n'ay pû

[1] Cet imprimé est rare ; l'auteur de ces *Souvenirs* en possède un exemplaire, sur lequel cette reproduction a été faite textuellement.

me defendre de la donner au public, et de luy faire part de plusieurs choses cachées, qui ne sont pas moins vtiles pour son instruction, que dignes de sa curiosité. Ie ne pretends pas neantmoins faire vne Histoire complete; ce n'est qu'vn simple discours; et quoy que i'aye desià mis la main à la plume, et esbauché ce qui s'est fait depuis le commencement de nos guerres contre le Duc d'Espernon, ç'a esté plutost pour refuter les impostures qu'vn pernicieux Auteur en auoit semé en son Patois, que pour acquerir aucune estime de celebre Historien.

Mon intention est de déduire, en qualité de Syndic du Peuple, le plus succinctement qu'il se pourra, les verités les plus essentielles, et de manifester les fourbes, les trahisons et les méchancetez qui ont esté commises par ceux qui ont suiuy (mais auec dissimulation) le party de Mrs. les Princes, et qui, sous pretexte du Bien public, n'ont visé qu'à leurs interests, aux despens de la cause generale, et du seruice particulier de leurs Altesses.

Il est necessaire, pour la preuue de ce que dessus, que ie commence par le voyage et la retraite que Madame la Princesse de Condé, incontinent après la detention de Mrs. les Princes, fut contrainte de faire en la ville de Bordeaux, accompagnée des Ducs de Boüillon et de la Rochefoucaut. Ce fut en ce rencontre que toutes les intelligences que les Negotiateurs des Princes auoient entretenuës en cette Ville deuindrent infructueuses. Ceux-là mesmes qui auoient fait esperer toutes choses, furent les premiers à se joindre auec leurs Aduersaires. Ils aiderent à l'Aduocat general Lauië, afin de faire rendre l'Arrest, par lequel il estoit ordonné qu'on fermeroit les portes à Madame la Princesse et à M. le Duc d'Anguien, son fils. Cet Arrest auroit esté exécuté, si quelques particuliers du Parlement, secondez du zele des meilleurs Bourgeois, n'eussent émeu le peuple, qui, touché de compassion des disgraces de toute la Maison de Bourbon, qu'on regardoit desià comme agonisante, fit ouurir les portes, qu'on auoit fermées à cette Princesse et à toute sa suite, avec autant d'inhumanité que d'iniustice. Elle fut receuë auec des acclamations du peuple toutes extraordinaires. Mais elle ne fut pas si tost arriuée, que l'ambition de quelques-vns du Parlement forma des cabales secrettes auec les ennemis des Princes, qui se faisant de feste par tout, et ayant enuahi tous les emplois dans les affaires publiques, sous couleur de les seruir, intimidoient les foibles et gaignoient les interessez, par l'authorité qu'ils auoient vsurpée, et par le secours de leurs parens et de leurs creatures, qu'ils auoient fourrez dans les Commissions les plus importantes.

C'est cette maniere de gens, que leurs artifices et leurs tromperies ont fait connoistre au peuple, qui les a baptisez depuis du nom de PETITE ou de FAVSSE FRONDE. Ce sont ceux-là mesmes qui auoient enuoyé quelque temps auparauant le Sr. de Fontenel conferer auec le Comte de Batteuille[1] à Roquedetau, où se trouua le Marquis de Lusignan; et ce fut là mesme que Fontenel se fit pensionnaire des Espagnols moyennant 300 pistoles, qui lui furent comptées par l'ordre

---

[1] La véritable orthographe est Vatteville; mais rien n'était plus commun à cette époque que d'altérer l'orthographe de noms propres.

de Batteuille en presence de Lusignan. Mais comme il estoit aussi pensionnaire du Cardinal Mazarin, il prefera le seruice de ce Ministre à la fidelité qu'il deuoit à son pays, en éludant le dessein que le Roy d'Espagne auoit de secourir les Princes et les Bourdelois : Car le Comte, qui portoit dans sa fregate 800.000 francs, les ayant voulu compter au marquis de Lusignan et à Fontenel, ce dernier l'en détourna, en luy faisant accroire qu'on ne pourroit apporter en seureté vne si grosse somme à Bordeaux, tellement que Batteuille fust obligé de s'en retourner auec son argent à sainct Sebastien.

Cette affaire si malicieusement déconcertée causa un si funeste débris dans le party des Princes, que l'Armée, qu'auoient amené les Ducs de Boüillon et de la Rochefoucaut, se vid, faute de payement, presque entierement aneantie vn mois apres leur arriuée à Bordeaux; et ce fonds d'argent ayant esté diuerty de cette façon, il fallut songer aussi tost à prendre d'autres mesures. La Sagesse et la Politique du Duc de Boüillon ne se trouua jamais plus embarassée. Les factions et les diuers partis, qui se formoient dans la la ville, l'obligeoient à balancer toutes choses. Il faloit qu'il nourrist de belles esperances les bien intentionnez, attendant quelque nouueau secours d'Espagne. Il en toucha quelque temps apres cent mil escus, qui n'estoient pas suffisans pour remettre sus pied vne Armée desià presque dissipée; ni pour subuenir aux despenses, qui s'estoient faites depuis trois mois dans Bordeaux. L'on conserua autant qu'on pût nos troupes; mais elles n'estoient pas assez fortes pour tenir la campagne, ny pour s'opposer à celles de la

Cour, commandées par le Mareschal de la Meilleraye, authorisées et animées par la presence du Roy, qui porte par tout d'ordinaire, ou de la terreur, ou de la veneration.

Durant que Sa Majesté faisoit son sejour à Libourne, le temps de l'Eslection des Iurats s'approchant, on enuoye des Lettres de Cachet au Corps de Ville, par lesquelles S. M. vouloit que les Magistrats fussent continuez, et qu'on ne procedast point à nouuelle Eslection. Le peuple, qui desiroit la conseruation de ses priuileges, et qu'on creàt de nouueaux Iurats, veu mesmé que ceux qui estoient en charge luy estoient suspects, eut recours au Parlement, qui ordonna par Arrest qu'il seroit procedé selon la forme ordinaire à vne nouuelle Eslection. Messieurs de la PETITE FRONDE firent alors leurs brigues par tout : Et parce que Madame la Princesse pouuoit traverser leurs desseins, ils trauaillerent en sorte qu'elle tesmoigna souhaitter, que les Srs de Nort et de Fontenel, tous deux de la PETITE FRONDE, fussent éleus Iurats; et le Card. Mazarin trouuant cette élection selon son desir et selon son projet, ne se mit point en peine de la faire casser par Arrest du Conseil, comme contraire à l'ordre du Roy.

Ses Intrigues et sa Faction s'augmentant de iour en iour dans Bordeaux, ses partisans engagerent le Parlement et le Corps de Ville à vne Deputation vers le Roy, pour negocier vne Paix à sa mode. Dans cette conjoncture, Madame la Princesse et le Duc de Boüillon furent abandonnez presque de tous ceux qui auoient appuyé leur party. Monsieur de Taranque, Conseiller en la Grand'-Chambre, qui auoit rapporté auec chaleur quelques mois auparauant la Requeste de cette

Princesse affligée, declama publiquement contre ses interests, soustint auec hauteur qu'il falloit qu'elle se retirast, et qu'il estoit necessaire de s'accommoder auec la Cour. L'insolence du sieur Guionnet fut bien plus estrange, qui après auoir agy et pesté dans Paris contre le party des Princes, vint à Bordeaux, où il visita Madame la Princesse auec vne tellè arrogance, qu'il luy fist verser des larmes, en luy disant que Monsieur son mary estoit sans amis et sans appuy, puisque si cinquante Maistres eussent monté à cheual pour luy, il estoit en leur puissance de l'enleuer durant la translation qui fut faite de sa personne du Chasteau de Vincennes en celuy de Marcoussis; bref, que Messieurs les Princes estoient absolument perdus, et qu'il n'en falloit rien esperer.

Apres l'arriuée de Messieurs les Deputez du Parlement de Paris à Bordeaux, qui fut le 15. ou 16. iour du siege, nous fusmes reduits à traitter à Bourg, où estoit la Cour, et Madame la Princesse fut obligée par le Traicté de sortir auec Mr. son fils, et les Ducs de Bouillon et de la Rochefoucaut. Mais n'ayant pû obtenir la liberté de Messieurs les Princes, ils resolurent secrettement deuant que se separer, d'employer de nouueaux moyens pour briser les chaisnes de ces Illustres Captifs. Le Roy entre dans Bordeaux accompagné de la Reine sa mere et du Cardinal Mazarin. Pendant leur seiour ce Ministre decredité fit tous ses efforts pour estre honoré des visites du Parlement. Il se sert de la PETITE FRONDE pour paruenir à son dessein; laquelle il luy fut aysé d'interesser par la promesse d'vn dédommagement imaginaire des pertes qu'ils auoient souffertes en cette guerre. Ils le font proposer aux Chambres assemblées, mais sans effet, parce que le reste des Officiers ayant reconnu que c'estoit vne partie faite, refusa d'y consentir; et le Cardinal Mazarin fut trop heureux de se contenter des complimens de certaines gens du Parlement, qui luy offrirent tout le credit qu'ils auoient dans leur Compagnie. Les Presidens Daffis et Pichon ne furent pas des plus paresseux en cette occasion honorable; quoy que le premier eust exigé de Madame la Princesse vne Croix de diamans, et vne chaisne de trois cens pistoles, et que l'autre en eust accepté des cheuaux.

La Cour ne fut pas plutost partie de Bourdeaux, que Madame la Princesse se mit en deuoir d'executer ce qu'elle auoit secrettement resolu auec les Ducs de Bouillon et de la Rochefoucaut. Elle escriuit au Marquis de Lusignan, personnage tres-asseuré au party, de vouloir aller en Espagne y poursuiure de nouuelles assistances du Roy Catholique, qui peussent forcer les Ministres de France à redonner la liberté aux Princes. Il partit à l'instant, et donna charge à un nommé Carros, Bourgeois de Bordeaux, de receuoir tout ce qui luy seroit addressé de la part de Madame la Princesse, et de luy faire tenir en Espagne. Cette sortie inopinée du Marquis de Lusignan fit vn grand éclat. Le Marquis de S. Luc, qui estoit à Bordeaux, en fit plainte au Parlement, afin qu'on luy commençast son procez. Le Procureur general, qui n'a iamais paru en aucune bonne action, pousse l'affaire chaudement. Le sieur de Fontenel, qui auoit participé à toutes les negotiations precedentes, aussi bien que le Marquis de Lusignan, et qui sçauoit que Carros auoit agy et fait des voyages du costé de S. Sebastien, creut que c'estoit luy duquel le Marquis se seruoit. Il tasche par tous moyens d'en penetrer la verité, et mene en fin ce Carros par tant de tours et détours, qu'il luy fit aduouër l'intelligence qu'il entretenoit auec le Marquis, et le seruice qu'il pensoit rendre à Messieurs les Princes. Fontenel ayant ainsi faict tomber ce pauure Bourgeois dans le piege, en aduertit en mesme temps le Cardinal Mazarin. En attendant sa response, il iette de la frayeur dans l'esprit de Carros; il luy remonstre que sa negotiation ayant esté éuentée, que sa perte estoit certaine, s'il ne songeoit à quelque moyen, par lequel il peust se sauuer; que le plus expedient pour son salut estoit de continuër en apparence de seruir le party des Princes, et celuy du Cardinal Mazarin en effet, qu'il en tireroit d'honnestes recompenses, et l'Estat des auantages merueilleux; que pour faciliter ce dessein, il lui feroit expedier vn passeport de la Cour, afin de n'estre ny surpris ny arresté en France durant ses voyages. Et de fait Fontenel en escriuit au sieur de Lionne, et quinze iours apres il en receut le Passeport qu'il auoit demandé pour Carros.

Sur cette asseurance il fit plusieurs voyages à S. Sebastien, qui ayant fourny quelques lumieres à la Cour des negotiations secrettes de Madame la Princesse et des amis de Messieurs les Princes à Madrid, l'ordre fut enuoyé de la part du Roy au marquis de S. Luc pour arrester les Ducs de Bouillon et de la Rochefoucaut. On essaie d'autre costé de se saisir des personnes de Madame la Princesse et de Mr. le Duc d'Anguien son fils, au cas qu'ils vinssent à sortir de Montrond, à la faueur des gens de guerre, qui le tenoient comme inuesti par les quartiers d'hyuer, qu'on leurs auoit assigné aux enuirons. Le marquis de S. Luc, pour couurir plus finement son jeu, se rend à Saincte Foy, dont il est Gouuerneur particulier, et fait en mesme temps aduancer des troupes vers Bergerac, pensant enuelopper le Duc de Bouillon, qui estoit à Lanqueis auec partie de sa maison. Le Duc seroit tombé infailliblement entre les mains du Marquis, si l'vn de ses amis ne l'eust aduerty du dessein qu'il auoit contre luy, et ne luy eust conseillé de gaigner quelque lieu de seureté. Il se retira à Turene, où ayant appris comme l'affaire auoit esté découuerte, il se mit en estat de repousser les entreprises qui auoient esté concertées contre sa personne.

Considerons vn peu quelle estoit l'importance de cette capture. N'est-il pas vray que s'il eust esté pris aussi bien que le Duc de la Rochefoucaut, qu'il ne se fust trouué aucun Iuge ny aucun Tribunal du Royaume, quelque fauorable qui leur fust, qui dans l'ordre iudiciaire les peust garantir du dernier supplice, puis qu'apres le Traicté de Bourg, ils auoient encore negotié auec l'ancien ennemy de l'Estat? Il n'y a personne qui ne deuine aysement qui estoit la cause de ce mal heur, et quelle en eust esté la suite. Car il n'y a pas lieu de douter que si l'on n'eust pas reduit au mesme temps par vne prouidence speciale de Dieu le Card. Mazarin à s'enfuir de nuict hors de Paris, et qu'il eut pû s'emparer sans coup ferir des Chefs les plus considerables de la maison et du party de Messieurs les Princes, qu'il ne s'en fut défait bien tost par le fer ou par le poison, dedans le Haure de Grace, où ils auoient esté transferez.

Pendant toutes ces reuolutions, *Carros* reuenant de Sainct Sebastien fut aresté à Baionne; on le trouue muny d'vn passeport de la Cour. Le Comte de Toulongeon, Gouuerneur de cette place, en donna advis au Marquis de Sainct Luc; on interoge ce prisonnier, il se plaint de sa detention puis qu'il auoit passeport du Roy; il represente que le sieur de Fontenel, Iurat de Bordeaux, rendroit tesmoignage de son employ; on luy donna la liberté de lui escrire. Dans ses lettres il luy fit de grandes plaintes de sa detention; Fontenel luy fit response par deux ou trois lettres differentes, que la conioncture des affaires estoit fascheuse et contraire au desir qu'il auoit de procurer sa liberté, attendu que Monsieur le Cardinal M. auoit esté contraint d'abandonner tout; qu'on auoit eu grand tort à Baionne de l'arrester, puis qu'il auoit vn passeport du Roy; qu'on gastoit par là les affaires de la Cour: qu'il en escriroit neantmoins à Monsieur de Lionne, qui estoit resté à Paris. Ces lettres sont entre les mains du sieur d'Espagnet, Conseiller, confirmées par le sein et la confession de *Carros*; et cela passe pour vne verité notoire et constante dans Bourdeaux.

Tout le monde sçait que peu de iours apres que le Cardinal Mazarin eust quitté Paris, Messieurs les Princes furent tirés du Haure de Grace par la vigueur de son Altesse Royale et les Remonstrances du Parlement de Paris, qui moyennerent leur liberté. Les acclamations de ioye, auec lesquelles ils furent accueillis à Paris, ne furent pas moindres à Bordeaux; qui estoit encore plus enclin et plus interessé à leur conseruation. La Petite Fronde faisoit grande parade au dehors. Ils font resonner des feux d'artifices par tout.

Ils president à tous les festins. Ce sont les Roys des crapules et des débauches. Ils depeschent leurs Agens à Paris vers Monsieur le Prince; ils n'oublient aucune fourbe ni feintise pour parestre ses plus affidez seruiteurs; ils se vantent d'auoir seuls contribué a tout ce qui s'estoit fait dans leur ville pour les interests et la deliurance de leurs Altesses. Guionnet fut des premiers à s'insinuer aupres de M. le Prince auec effronterie et dissimulation. Le Prieur de Pichon n'est pas des moins eschauffez à se faire de feste; et s'il va le matin à l'Hostel de Condé, il passe le soir à l'Hostel d'Espernon; promet des merueilles à ce Duc pour son restablissement, luy donne parole que toute la famille des Pichons et leurs amis du Parlement le remettront dans Bordeaux; qu'il n'y a qu'à desinteresser quelques particuliers. Pour la haine du peuple, qu'il ne la doit en aucune façon apprehender; qu'on dissipera aysément la faction par la corruption et l'entremise des Chefs, qui le remuent et qui le gouuernent. Tant de belles promesses remplirent de vaines esperances le Duc d'Espernon. Il amene à la Reine ce Monsieur le Prieur; il luy promit les mesmes choses et luy debita les mesmes sornettes. Enfin on traicte auec luy, on le leurre d'vn Euesché au cas que l'affaire reussit, et d'vne somme de 80,000 escus pour recompense à ses freres, et à ceux qui en viendroient à leur honneur; on luy en deliure des Billets à acquitter sur le conuoy de Bordeaux. Il part à l'instant pour y aller, où estant arriué il fait relation à ses freres et aux interessez du projet de sa negotiation et du fruict qu'ils en deuoient esperer. Mais tous ces gens là ne se trouuant pas d'vn pareil advis, et la pluspart d'entr'eux voyant la risque qu'il y auoit à courir dans l'execution ; que ce n'estoit pas vne chose facile que la reconciliation de Bordeaux auec le Duc d'Espernon, et que leur credit estoit trop foible pour y paruenir; l'affaire esclata le lendemain au Palais les Chambres assemblées. On y declame hautement contre ces perfides negotiateurs; le peuple s'en émeut. Pour euiter sa vengeance, qui estoit aussi soudaine qu'infaillible, le Président Pichon, Muscadet, Conseiller, et le Prieur, tous trois freres, s'euaderent en cachette, n'y ayant aucune seureté dans la ville pour eux.

Les Bourgeois s'estant apperceus par ces menées des laschetez et des trahisons qui se brassoient parmy eux, rallient ceux qu'ils iugent les mieux intentionnez, et conuoquent des Assémblées, ausquelles ils donnerent le nom d'ORMÉE, par ce que la conuocation s'en faisoit sous des allées d'Orméaux; ils y forment plusieurs deliberations. Celle de l'expulsion du Duc d'Espernon de la charge de Gouuerneur de Guyenne n'y fust pas oubliée. Ils ioignirent tous vnanimement leurs vœux, et se fermerent à ce point d'auoir Monsieur le Prince pour son successeur. Les Deputez du Parlement et de la ville, qui estoient à Paris à solliciter sans cesse le changement de Gouuerneur, ne pouuoient obtenir aucune iustice des Ministres, quelque protection qu'ils eussent de S. A. R. et de Messieurs les Princes; on ne les entretenoit que d'esperances friuoles, et on les amusoit par de continuels delais; on les asseuroit que Monsieur le Duc d'Anjou seroit nommé leur Gouuerneur, et que le refus que faisoit le Duc d'Espernon de signer sa demission estoit l'vnique sujet de ce retardement. L'ORMÉE de Bordeaux, qui ne comprenoit pas bien ce jeu, creut avec raison qu'on cherchoit à la tromper; que quand mesme on leur donneroit Monsieur le Duc d'Anjou pour Gouuerneur, ils ne pouuoient recueillir aucun aduantage de ce choix; que la tendresse de ses années ne luy permettoit pas d'auoir les lumieres et les sentimens conuenables pour le soulagement et la restauration de la Prouince; qu'outre cela ayant esté éleué par le Cardinal Mazarin et le Mareschal du Plessis, son intime confident et sa creature tres-soumise, ennemis iurez de la Guyenne, il estoit à craindre qu'ils ne luy eussent inspiré quelques impressions de haine et des desirs de vengeance contre l'innocence de ses peuples. Ces considerations firent conclurre cette Compagnie d'auoir Monsieur le Prince pour Gouuerneur à quelque prix que ce fust. Tout le peuple se conforme à vne si glorieuse resolution, redouble ses cris, reïtere ses vœux, et fonde toute l'esperance de sa felicité en la personne de ce Héros.

Les Ministres, forcez par cette émotion extraordinaire de satisfaire à nostre attente, commanderent, quoy qu'auec vn dépit sanglant et vn regret indicible, que les prouisions luy en fussent expediées. Il ne les eust pas si tost receuës que la Cour, furieuse d'auersion et de jalousie contre les rares qualitez de cet illustre Conquerant, medita les moyens de luy arracher auec la vie, ou par vne mortelle prison, ou par vn lasche assassinat, qui auroient entraisné auec eux la ruine ineuitable de Bordeaux. Les aduis qui luy en furent donnez estoient si certains; et ses ennemis si desesperez, qu'il aima mieux ceder à leur violence, que de les aigrir dauantage par vne iuste et necessaire defensiue. Il s'en alla seulement à Sainct Maur pour estre plus en seureté, et depuis il fut contraint de se refugier en son nouueau Gouuernement pour se mettre à couuert contre cette nouuelle oppression. Ses ennemis pour le rendre odieux font sonner bien haut sa retraicte, de laquelle ils estoient fort contens dans le cœur. Ils publient qu'elle n'a fondement ny pretexte raisonnable; que le retour du Cardinal Mazarin est vne vision, de laquelle il veut pallier ses desseins; que le Roy a ratifié la Declaration de son bannissement par la premiere et la plus celebre action de sa Majorité. Tous les infames adorateurs des Ministres sement par tout le bruict et exaggerent les consequences de sa reuolte: qu'il est impossible que le Royaume puisse assouuir son ambition, qu'il se veut eriger en Souuerain, et qu'il aspire à la Couronne. Les foibles et les mal intentionnez, qui ne sont qu'en trop grand nombre, authorisent ces calomnies, et abusent par là beaucoup de gens.

Monsieur le Prince, qui ne faisoit que d'arriuer en son Gouuernement, chercha les voyes les plus aisées pour la conseruation de la Prouince, de sa personne et de sa Maison, de laquelle Bordeaux depuis 3 ans a esté le seul Asyle. Le Parlement s'vnit à ses interests; il nomme des Commissaires ou Intendans pour la leuée des Tailles; on enuoye des Conseillers dans toutes les Elections du ressort; Messieurs Guyonnet et Mounier sont nommez pour le haut païs; et le sieur de Nort, premier Iurat et Aduocat du Roy au Bureau des Finances, se fait supernumeraire par vn Arrest sur Requeste. Sa Commission estoit pour les Landes. Ces trois Commissaires de la PETITE FRONDE trauailloient à l'execution de leur Commission. Mais leur trauail est l'amertume des peuples, qui ne peuuent endurer l'oppression qu'ils en ressentent. Ils pillent et desesperent toute la Campagne. Ces excez sont cause que le peuple murmure contre son nouueau Gouuerneur, que le remede est pire que le mal, qu'on ne leur a monstré que des biens apparens pour des maux effectifs, que ces tyranneaux leur font souffrir. Monsieur le Prince voit ces choses auec déplaisir, et comme vn bon pere s'afflige de toutes ces calamitez : mais la prudence ne luy permet pas d'y apporter aucun remede quant à présent, de peur qu'en chastiant ces Corsaires publics, ils ne suscitent par vengeance quelque dangereuse faction contre luy. Il attend sans doute quelque occasion fauorable pour lancer les foudres de sa iustice auec effect dessus ces testes criminelles, et tesmoigner par là l'affection qu'il a tousiours eu pour le repos du peuple, qui neantmoins n'est ny guery ny soulagé par ce raisonnement.

Xaintes, que l'effroy et la reputation des armes de Monsieur le Prince auoit rangé de son party par capitulation, reçut de sa main le sieur de Chambon pour Commandant auec les troupes que S. A. estima suffisantes pour le maintien de cette place. Il n'y eut pas demeuré vn mois que cette ville et la Prouince de Xainctonge crie de tous costez contre ses persecutions et ses voleries. Le Comte de Harcourt, qui espioit les moindres occasions de profiter des desordres de son ennemy, s'auance pour secourir Cognac assiegé par le Prince de Tarente et le Duc de la Rochefoucaut. Ils supplient Monsieur le Prince, qui estoit encore à Bordeaux, d'y accourir en diligence et en personne.

La Petite Fronde, qui vid de quelle importance estoit ce voyage pour le bon establissement des affaires de S. A., le coniure de le retarder de quelques iours par la priere qu'elle luy fit de se trouuer le lendemain de la S. Martin à l'ouuerture du Parlement. Ils luy representerent malicieusement qu'en ce iour de ceremonie, ce corps si celebre et si passionné pour sa grandeur luy demandoit sa presence, de laquelle il n'auoit pas encore esté honoré; que dans vne action de cette qualité il feroit mesme une grace particuliere au Président Pichon qui y deuoit haranguer; et qu'estant le dernier des Presidens, il ne pouuoit de long temps esperer vn semblable rencontre et si auantageux pour sa reputation. S. A. ceda à ces discours pleins d'artifices plustost par importunité que par persuasion, et il se transporta au Palais, ou il fut regalé de la declamation impertinente du plus ridicule et du plus ignorant homme de la robbe. Et pour faire toucher au doigt, que cette belle Harangue auoit seule retenu Monsieur le Prince, il partit deux heures apres pour Cognac durant le plus mauuais temps du monde. Il se rendit le lendemain au Siege, mais trop tard, le Comte d'Harcour auoit desia sauué la ville; et les ennemis ont confessé que si S. A. fust arriuée au Camp vn iour plustost, que le Comte eut quitté son entreprise.

Cét heureux coup d'essay releua les courages abbatus de la Cour, et luy fit naistre l'enuie de s'emparer de la Rochelle, espouuentée du succez de Cognac. Elle y menage quelques esprits, qui, pour des mecontentemens particuliers contre lez amis de Monsieur le Prince, y donnerent l'entrée au sieur d'Estissac. A peine s'en est-il rendu le maistre, qu'il attaque vertement le reduit fortifié par le Comte du Daugnon. Il fut emporté incontinent par la trahison, ou, pour mieux dire, par la lascheté de quelques Suisses, qui pour racheter leurs vies obeïrent à l'indigne et brutale necessité, qui leur fut imposée par le C. d'Harcourt contre les Loix de la guerre, de poignarder leur Commandant.

Ce nouueau succez fait tout entreprendre à la Cour. Elle creut que le moment estoit venu, auquel elle pouuoit impunément rappeller le Card. Mazarin. La Reyne persuade au Roy de luy écrire pour son retour. Mr. le Garde des Seaux, qui auoit opiné aux Arrests rendus, et à la Declaration verifiée contre luy dans le Parlement, est contraint par des commandemens absolus, reïterez par plusieurs fois, d'en faire donner de contraires au Conseil en presence de S. M. pour la iustification de ce proscrit. On méprise les Remonstrances du Parlement de Paris, et l'opposition genereuse de tous les veritables François contre ce funeste restablissement. D'autre costé le C. d'Harcour augmente ses progrez en Xaintonge, non pas tant par la dissipation et par la défaite des troupes qui luy estoient opposées, que par la haine et le ressentiment des peuples, causez par le cruel traictement et les violentes exactions du sieur de Chambon. La continuation de ces desordres renuersa tous les obstacles, desquels on auoit iusques là fait barriere aux exploits du C. d'Harcour. Il pousse si viuement Mr. le Prince, inférieur en nombre et en qualité d'hommes, qu'il le force de retrograder, de luy laisser la possession libre de la Xaintonge, et de se mettre à couuert dans la Guyenne des riuieres de l'Isle et de la Dordoigne. Qui pis est, s'estant retiré à Bourg, il luy fut absolument necessaire, pour s'asseurer de cette place, de la liurer entre les mains de Batteuille ; et quasi en vn mesme temps il part pour le secours du Perigord, qui menaçoit d'vne defection generale s'il n'eust calmé les esprits par sa presence, et dissipé les menées, ou, comme quelques vns ont voulu dire, reparé les manquemens, qui auoient rendu la conduite du Marquis de Bourdeille suspecte de trahison et d'infidelité.

Durant ces entrefaites le C. d'Harcour passe la riuiere de l'Isle et sejourne quelque temps à Bourdeille. M. le Prince de Conty assiegeoit alors Caudecoste et le prit sur la moustache du Marquis de S. Luc. Après la reddition, ayant voulu apprendre par la bouche des habitans, pourquoy ils s'opiniastroient si fort contre son party; le sieur de la Iaunie, l'vn des plus considerables de cette ville, luy répondit de la part de leur Communauté, que les exactions, les violences et les oppressions qu'on leur auoit fait souffrir, les auoit desesperez et reduits à cette extremité; que le sieur de la Tour, son Secretaire, auoit entendu les plaintes de toutes les Communautez du haut pays, qui auoient vne entiere inclination à rendre leurs obeyssances à leurs Altesses, s'ils n'en eussent pas esté rebutez par les brigandages du sieur Guyonnet; qu'il auoit pillé auec brauades toutes les Communautez; qu'il auoit donné par derision des quittances aux Assésseurs, signées Bien pris, dont les copies collationnées auoient esté remises és mains du sieur de la Tour. Ce discours ayant outré le sieur Guyonnet iusques au vif contre le sieur de la Iaunie, il le fait enleuer de son authorité priuée et le fait conduire par ses satellites dans sa maison à Bordeaux. Le sieur de la Iaunie son frere, Curé dans la ville d'Agen, ayant eu aduis de l'outrage qu'on luy auoit fait, s'en plaint à M. le Prince de Conty, et redemande son frere, duquel il auoit appris l'enleuement. Il void Monsieur l'Aduocat General Dussaut, en qui reside tout l'honneur du Parquet, luy porte sa plainte de l'iniure faite à son frere, luy fournit des memoires des griuelées et des exactions exercées sur le peuple par le sieur Guyonnet. Mais comme cette affaire auoit excité grand bruit dans le Parlement et parmy la Bourgeoisie, la PETITE FRONDE fait sortir clandestinement de Bordeaux le sieur de la Iaunie, qui estoit leur prisonnier; et le lendemain les plaintes ayant esté portées par Monsieur Dussaut, il demande permission d'informer des exactions faites en la leuée des Tailles par le sieur Guyonnet et les autres Intendans. Il obtient Arrest, que vous auez veu imprimé, conforme à ses Conclusions. Le sieur Lapparée, frere du sieur Guyonnet, saisi d'apprehension que le Parlement de Bordeaux ne deuint executeur de l'Arrest que celuy de Thoulouse avoit fulminé contre luy, et poussé de fureur et de desespoir, fut en la maison de Monsieur l'Aduocat general, luy declare qu'il le tenoit pour l'ennemy mortel de sa maison; et on m'a asseuré que, sans la crainte de ses domestiques, il s'en fust pris à la personne de ce bon et venerable vieillard. Cette action fit vn grand éclat dans la ville. Le sieur Dussaut en fait le rapport au Parlement, sans pourtant en demander iustice; parce qu'il connut bien que c'estoit vne querelle apportée par la PETITE FRONDE pour fabriquer des moyens de recusation contre luy, et l'empescher d'estre partie pour le Roy contre ces Commissaires ou Intendans.

Monsieur le Prince de Conty estoit pour lors à Stafort, pressé par les sieurs de S. Luc et de Marin. Monsieur le Prince accourt de Libourne pour le secourir. Au bruit de sa marche et de son arriuée, la frayeur glace les cœurs dans le Camp de l'ennemy. Il le pousse si brusquement sur cette épouuante, que le Marquis de S. Luc est défait, et Marin contraint de se renfermer dans Miradoux. Il est à l'heure mesme inuesti et assiegé par Monsieur le Prince; mais n'ayant point d'artillerie, et plus de la moitié des munitions necessaires pour l'attaque manquant par la malice ou par la faute du sieur Guyonnet, il creut qu'il n'estoit pas à propos de rien hazarder qu'apres la venuë du Regiment du Parlement, qu'on luy asseuroit estre composé de douze cens hommes effectifs. S. A. donne les ordres pour le faire incessamment auancer dans des batteaux tout du long de la riuiere. Les viures et les autres denrées necessaires pour leur subsistance durant cette nauigation, devoient estre fournies aux soldats, auec defenses expresses pour éuiter le retardement qu'aucun d'eux descendit à terre. Au lieu d'obeyr ponctuellement à ces ordres, ils s'amusent à faire des stations en diuers endroits, rançonnent les lieux par où ils passent en remontant la riuiere, menent 300 hommes de moins qu'ils n'auoient à leur embarquement, et n'arriuent que trois iours apres la la venuë du C. d'Harcour, la leuée du siege de Miradoux; et la retraicte de Monsieur le Prince, qui n'auoit pas des forces bastantes pour maintenir en mesme temps son Siege, et combattre le secours sans la ionction de ce Regiment. Aussi S. A. en a fait ses plaintes hautement; et c'est auec raison que la cause de ce mauuais succez a esté attribuée à ce Regiment, dans lequel à peine se trouue-t'il à present 200 hommes. Les gens d'honneur et de probité n'en espererent iamais rien de bon, parce qu'il estoit l'ouurage du President Pichon, qu'il en auoit choisi tous les Officiers, et qu'il auoit fait son compte sur l'employ des deniers, qui ont esté touchez actuellement.

N'est-ce pas vn spectacle digne de compassion, de voir qu'un Prince du Sang, du tiltre et de la valeur de S. A., et qu'vne ville de la grandeur et de l'importance de Bordeaux, commettent la direction de leurs affaires à vn President Pichon, homme sans foy, sans vertu, et sans iugement? Ne vous semble-t'il pas que Dieu ait fait naistre toute cette famille pour la destruction de son pays? Car son frere, Prieur du Mas, petite ville sur le bord de la Garonne, à moitié chemin d'Agen à Bordeaux, après l'auoir sousleuée contre les sieurs Remon et le Duc, Commissaires du Parlement, qui en ont dressé et enuoyé leur procez verbal, y a fait entrer les troupes du Comte d'Harcour, et crier par les ruës, Vive le Roy et le Mazarin.

Tant que les affaires de Mrs. les Princes seront confiées à des traistres, ou conduites par des ignorans, elles ne peuuent auoir que des issuës mal-heureuses, et tomber peut-estre à la fin dans des precipices effroyables. Ie n'ay garde d'en accuser leur mauuaise fortune. Ils en ont détourné iusques à present les plus rudes coups par leur valeur et par leur prudence. Nous les prions seulement de considerer, que ne se seruant pas dans les emplois de gens de conscience et de reputation, il leur sera impossible de conseruer l'estime et la bien-veillance des peuples, qui sont les deux bases les plus solides et les plus durables de toute sorte de Gouuernement. Nous sçauons bien que M. le Prince n'est point ennemy de ces veritez, qu'il ne manque non plus d'inclination pour les suiure, que de patience pour les escouter. Il n'a point rebuté les personnes qui ont pris la hardiesse de luy en representer les suites auec vigueur et auec liberté. Mais ils se plaignent, quoy qu'à regret, de ce qu'il supporte vn mal, dont le remede est en sa disposition, et que sa bonté et sa connoissance soient tellement esbloüies par les déguisemens, et les fourbes de quelques siens Confidens, qu'il semble n'oser ou ne vouloir pas s'en seruir, parce qu'il choque leurs interests.

Le sieur de Chambon, duquel nous auons parlé cy-deuant, est celui la mesme qui vient de remettre Xaintes entre les mains du Marquis de Montausier. Et quoy qu'il eust sceu que Miradoux, qui n'est qu'vne bourgade denuée de toutes commoditez, sans eau, et presque sans murailles, auoit tenu dix-sept iours contre les attaques de Monsieur le Prince, ce vertueux exemple n'a fait aucune impression sur cet esprit, accoustumé au pillage et à la trahison. L'honneur, que luy auoit fait M. le Prince, de luy confier la garde de la Ville Capitale d'vne Prouince, n'a nullement flatté la bassesse de son cœur. Il croid auoir bien merité de S. A. quand il a tenu trois iours par grimace, et qu'apres auoir fait abbattre les Fauxbourgs des Dames et de S. Eutrope, deux des plus beaux qui fussent dans le Royaume, il a capitulé laschement, nonobstant la resistance des sieurs du Plessis et de Chambelay, l'vn commandant l'artillerie et l'autre le Regiment d'Anguyen.

Chacun peut facilement recueillir de ce discours, que tous ces Commandans et ces Commissaires, qui ont embrassé le party des Princes, n'ont agy que par des ordres secrets de la Cour; qu'ils en sont les vrais fauteurs, Emissaires et espions; qu'ils ont vn pouuoir secret des Ministres d'accabler les sujets du Roy de tous les maux imaginables, et qu'ils n'ont lasché la bride aux exces horribles de leur cruauté et de leur auarice, que pour décrediter la conduite des Princes, et leur endosser la haine des peuples. Il y a bien plus, ceux mesmes qui, durant le cours des guerres precedentes, estoient attachez au party contraire, sont auiourd'huy les mieux venus et les plus considerez chez les Princes. L'on y void auec plus d'assiduité que tout autre vn sieur de Virelade, autrefois Aduocat General au grand Conseil, Compagnie destinée pour la iustification du C. M. Cet homme a exercé la charge de Chancelier du Duc d'Espernon, pendant les premieres persecutions, qu'il a faites à Bordeaux. Sa plume venale et pedantesque a tracé toutes les lettres qui ont esté addressées et enuoyées soubs le nom du Duc au Parlement et à la ville; et l'vn et l'autre en ont conceu vne telle horreur, qu'il a esté exclus par Arrest de pouuoir iamais entrer dans aucun Office du Parlement.

Vous me demanderez peut estre, qui introduit tous ces suspects dans les maisons de leurs Altesses, qui conserue les Chavvesovris dans le corps du Parlement, pourquoy le peuple n'a pas encore eu le credit d'en chasser vn seul de la ville, et pourquoy on ne pournoid pas aux desordres et aux miseres, qui ont desolé les Prouinces. Ie vous trancheray hardiment le mot. C'est indubitablement le chef-d'œuure de la PETITE FRONDE [1].

[1] Nous croyons pouvoir désigner Marigny comme l'auteur probable de ce pamphlet; il a écrit un grand nombre de *Mazarinades*; mais cette raison serait peu concluante, si nous n'en avions de plus décisives.

Ce pamphlet traite spécialement des affaires de Bordeaux et de la Guyenne, mais il a été imprimé à Paris, en 1652: or, en cette même année, Marigny avait été obligé de quitter Bordeaux par suite de brouilleries avec la duchesse de Longueville et le prince de Conti, mais il s'était rendu à Paris auprès du prince de Condé et continuait à y servir de sa plume la cause de la Fronde. A part l'inévitable exagération de l'esprit de parti, l'exactitude des faits indique un auteur qui, comme Marigny, avait vécu à Bordeaux dans l'intimité des princes et dans un milieu où aboutissaient les fils de mille intrigues; donc nul autre que Marigny n'a été plus à portée et n'a été plus capable d'en être l'historien.

L'auteur de l'*Évangéliste de la Guyenne* frappe juste dans ses attaques contre les personnes; Guyonnet, qu'il maltraite, en est un exemple; son faux zèle pour la cause des princes fut aussi signalé par d'autres et les yeux du prince de Condé finirent par s'ouvrir à la vérité. Dans une lettre inédite, on lit cette réponse du prince à Lenet:

« Stenay, 16 février 1653.

« ... Je suis bien aise de l'avis que vous me donnez de Guyonnet, cela m'en fait donner de garde, et je croy tant mieux qu'il demeure auprès de moy qu'à Bourdeaux, où il auroit plus d'occasions de me nuire qu'il n'a pas icy où il n'en peut trouver aucun moyen... »

(T. XII, n° 6713, f° 212, papiers de Lenet, *Bibliothèque nationale*.)

Dans son précieux travail, *Bibliographie des Mazarinades*, publié par M. Moreau pour la *Société de l'Histoire de France*, l'*Évangéliste de la Guyenne* est signalé; mais nous avons pensé qu'il serait d'autant plus intéressant d'éditer de nouveau cette pièce historique importante, que M. Moreau ne l'a pas comprise dans son *Choix de Mazarinades*, édité pour la même *Société*.

NOTE TROISIÈME

Pour le ch. xxiv, p. 180, 183, 188; pour le ch. xv, p. 192.

Nouvelles envoyées par Blaye, le 3 mai 1652 [1].

Le Sieur de Montescieu, conseiller au parlement de Bourdeaux, chassé de la ville comme suspect avec les Sieurs Salomon et du Bernec, de la grande chambre, arriva hier icy, qui nous dit pour nouvelles que la division continue parmy les Bourdelois; mais qu'il y a peu d'espérance que cela produise aucune chose qui avance le service; tous ceux qui ont le crédit estant mal intentionnés.

Que les affaires de la province ne sont pas sy avancez que nous l'avions creu; Grenade, à quatre lieues de Thoulouse, tenant encore pour les princes; comme aussy la Réolle, St-Macaire, Cadillac, Langon, sur Garonne; dans la terre au delà de cette rivière; la ville de Bazas, les chasteaux de Nérac, Castel Jaloux, et la Brède; entre les deux rivières, Villeneuve d'Agenois; sur Dordogne, les villes de Bergerac, Ste-Foy, Libourne, et Bourg, et quelques autres bicoques.

Que la petite ville de Rions au deçà de Cadillac, à trois lieues de Bourdeaux, s'est déclarée pour le Roy, que Marchin avoit pris résolution de l'attaquer; que pour cet effet quatre pièces de canon estoient sorties

---

[1] Nous avons tiré ce rapport inédit adressé au ministre Le Tellier des *Archives du Ministère de la Guerre*, vol. 133.

de la ville de Bourdeaux; mais qu'ayant esté ramenées le jour avant son départ, l'on croit qu'ils n'ont osé pousser cette affaire par la crainte du secours.

M. le comte d'Harcourt est remonté, il y a desjà quelque temps, et toutes les troupes, vers le Mas d'Agenois où estoit le quartier du Roy, pendant la construction d'un pont qui se faict à Marmande par l'ordre de M. de Biron. Il n'était pas encore guère plus qu'à demy faict le dernier du mois passé; mais rien n'y a esté gasté par les eaux comme le bruit en avoit esté. On croit que M. le comte d'Harcourt passera entre les deux rivières, dès que le pont sera en estat.

Cependant les ennemis assemblent leurs troupes vers Cadillac par les soins de Marchin et de Balthasard, travaillans aussy à des recrues pour les fortifier.

On n'a faict arracher encore aucune vigne, et l'armée n'a pas faict plus de dégast vers Bourdeaux qu'ailleurs. Les Bourdelois espèrent la paix, plusieurs vaisseaux flamands ont passé depuis peu de jours apportant des grains, mesme nous avons veu passer un vaisseau de guerre des Estats qui les escorte qui est monté jusques à Bourdeaux, chose assez choquante pour le Roy, et qui mérite bien des plaintes à l'ambassadeur de Hollande. Ce n'est pas vivre en ami et bon allié que de secourir et assister les sujets rebelles et une ville déclarée criminelle; estant asseuré que sans ces assistances de Hollande et de Bretagne elle seroit incommodée de pain.

M. le prince de Conty a couru fortune dans son logis, et tout le conseil de guerre, par le plancher d'une salle chargée d'avoine qui tomba dans une salle dont tous estoient sortis il n'y avoit que deux heures, la maison en fut fort ébranlée; ce fut au soir. M. le prince de Conty en change.

Il a eu un placard assez insolent mis à la porte de St-André, à celle de Madame de Longueville, et ailleurs, qui disoit entre autres choses que cette grande familiarité de M. le prince de Conty avec Madame de Longueville estoit scandaleuse, que Son Altesse auroit bien meilleure grâce de s'appliquer aux affaires et aller à la guerre que de continuer cette vie, ce qui a fort fasché les intéressés; et les autres, qu'on croit autheurs de cette pièce, s'estant imaginés qu'elle estoit envoiée à M. le Prince avec des plaintes par le courrier de lundy passé; il fut enlevé vers le Charbon blanc pour contenter la curiosité.

Les présidens Violle et d'Affis, les conseillers Dalesme et Fayard, ont esté ces jours passez à Bourg en grande conférence avec le baron de Batteville auquel il est arrivé trois nouveaux vaisseaux, trois ou quatre cens hommes, et vingt beaux chevaux que le Roy d'Espagne envoie, dit-on, pour faire des présens.

Les Espagnols continuent plus fortement que jamais leurs fortifications, et font aussy toutes sortes de dilligences pour mestre leurs vaisseaux en estat de servir, faisant embarquer depuis quelques jours les gens de guerre et toutes les choses nécessaires, dans huit vaisseaux, qui sont en estat de faire voisle, qui doivent partir sans attendre le reste.

L'on dit que le baron de Batteville ne s'embarquera pas et que Méotrix arrivé depuis peu de temps conduira cette escadre au comte du Doignon, le dessein estant d'aller jusques aux costes de Bretagne pour empescher l'assemblée des vaisseaux du Roy, Meotrix promettant merveille en cette occasion : peu de jours nous feront voir plus clair à leurs démarches et à leurs desseins.

Nos petites galliotes ont enlevé il y a quelques jours vn navire flamand, chargé de sept à huict cens quartiers d'avoine, et quelques tables de sapin qui donnera moien d'entretenir encore ce petit équipage dont les Bourdelois sont fort fatiguéz, cela les contraignant à double despence pour les convois, ce qui leur est pesant et rude.

Un officier revenu depuis six jours de Catalogne, estant party à la fin de mars, nous rapporte que l'armée du Roy y est très affoiblie, qu'il ne reste pas plus de deux mille François au maréchal de la Motte, compris les troupes d'Italie; que la circonvallation que les ennemis ont faicte devant Barcelonne est tellement fortifiée de forts et de redoutes qu'il n'y a nulle apparence de les forcer; que Dom Juan d'Austriche y est en personne avec huict mil hommes de pied, et quinze cens chevaux, que tous leurs vivres et subsistances y entrent par la mer, où ils sont maistres ; qu'ils se sont logez et establis dans le camp comme des gens résolus de pousser l'affaire à bout.

Que les Catalans dans Barcelonne estoient fort fermes, et résolus de leur costé d'attendre le secours qu'ils espèrent de la mer, ce qui n'est pas difficile, selon l'officier, les ennemis estans assez foibles en vaisseaux, mal équipez et remplis de monde. Cela dépendra des chevaliers Pol et de la Ferriere, qui sont assez puissans pour rendre ce service. Il y a dans Barcelonne trois mil hommes françois, suisses, ou vieux régimens catalans, tout cela bien fidelle et résolu. Le bruict estoit encore que le roy d'Espagne s'avançoit jusqu'à Tarragonne; c'est une affaire d'une très-grande importance pour les deux couronnes.

Le mesme officier a traversé le Languedoc, où il n'y avoit nul bruict de guerre; cette province monstrant grand dessein de vivre en repos et demeurer dans l'obéissance. Thoulouse aussy luy parut bien disposé pour le service du Roy.

NOTE QUATRIÈME

Pour le ch. XXVI, p. 265 et suivantes.

Nouvelles de l'armée de M. de Folleville, du mois de mai 1652 [1].

Sur les nouvelles que le Sieur de Folleville receut le vendredy 24ᵐᵉ d'avril à Bazas que les troupes de M. le prince se fortiffioient dans le Périgord, après avoir enlevé le quartier du régiment de Sᵗ-Abre, sembloient voulloir accabler les mieux intentionnés au service du roy en cette province, il partit le samedy 28, des environs de Chalais, avec les régimens de cavallerie de Rouannez, de Folleville, Villeneuve et les compagnies franches; leur donna rendez-vous au passage de la Lisonne, au pont de la Fougère, d'où il destacha trente cavalliers, un lieutenant de son régiment et un cornette de Villeneuve, pour aller à St-Astier joindre le sieur de la Richardière, capitaine dans le régiment de cavallerie de Sauvebeuf, et avec luy descouvrir les desseins ou les quartiers des ennemis. Cependant, il prist son logement à Celles pour estre en estat de secourir M. le comte de Bellay que l'on croioit assiégé. Le dimanche 19, le sieur de la Richardière ayant recongnu le quartier de Flin où estoient les restes des régimens de Nemours et Matta,

[1] Nous avons tiré ce rapport inédit, adressé au ministre Le Tellier, des *Archives du ministère de la Guerre*, vol. 133.

mal gardés, les charge, tue quelque trente hommes sur la place et prend trente-deux prisonniers : un capitaine, un lieutenant et une cornette. Le sieur de Folleville ayant conféré ce mesme jour avec le sieur comte de Bellay, mareschal de camp, et le vicomte de Riberac, de ce qui se pouvoit entreprendre pour la conservation des serviteurs du roy et du bien du païs, il résolut de marcher vers les quartiers des ennemis, soit pour restablir la réputation des troupes du roy tenant la campagne, ou pour entreprendre quelque chose. L'enlèvement du quartier de Flin les avoit tellement estonnés qu'ils s'estoient tous retirés dans Périgueux. Depuis ce temps, ils y ont toujours esté renfermés, jusques là, que les habitants de Périgueux s'en ennuioient. Ils résolurent de se joindre à Baltazar et vinrent prendre leurs quartiers dans le Parrage qui est un païs plain de bois, inaccessible à la cavalerie. Le 13ᵉ de ce mois, se voyant plus forts en nombre, ils divisent leurs quartiers. Le sieur de Folleville, en ayant advis, se résout de chercher les moyens d'en enlever quelqu'un, et il prie le vicomte de Riberac de luy donner seullement cinquante mousquettaires pour asseurer son passage au gay de la rivière de l'Isle.

Divers advis luy arrivent que les ennemis faisoient dessein de le venir attaquer; que Baltazar devoit passer à Périgueux pour le prendre d'un costé, et l'infanterie avec les gendarmes et chevaux légers d'ordonnance des princes qui estoient près Chalais, de l'autre, et quantité de faux rapports font monter à cheval toute la cavalerie. Dans l'incertitude de tant de bruicts, il se confirme dans sa première résolution d'aller chercher les ennemis, tenant pour maxime qu'il vaut mieux donner l'alarme que de la recevoir; il laisse deux cens maistres pour la garde de son quartier, et marche sans bagages avec les régimens de Rouannez, de Folleville et Villeneuve, de Rochefort et les compagnies franches, prend en passant les cinquante mousquetaires du vicomte de Ribérac, et va repaistre à St-Astier pour passer la rivière; reçoit nouvelles conformes aux premières, que les troupes des ennemis estoient en plusieurs quartiers, que Baltazar avoit le sien à Livrac, ceux de ses troupes derrière, vers la Dordogne, que Fabry et le comte de Chasteauneuf estoient logés à Montclar, bourg apartenant à M. d'Estissac, esloigné d'une petite lieue de Livrac. Il partit à onze heures du soir, passe la rivière de l'Isle, et s'estant fortifié de deux compagnies de cavallerie du régiment de Sauvebeuf, laisse les mousquetaires pour la seuretté de son retour et marche à Grignols. Il reçoit encore advis que les ennemis n'avoient point deslogé. Il estoit jour, quand il eut passé la rivière de Vert, et il y avoit encor trois lieues jusques à Montclar qu'il ne pouvoit faire qu'en six heures de marche, le païs estant couvert et ne s'ouvrant en aucun lieu. Il estoit difficile aux ennemis d'estre avertis et ses mesures estoient si bien prises que, après qu'ils eurent faict la descouverte, n'ayant rien aperceu à une lieue, ils creurent pouvoir retirer leur garde, faire repaistre une heure et marcher. Le sieur de Folleville apprend d'un homme de condition que Baltazar estoit à cheval, que les brigades de Montclar estoient en estat de marcher, leurs bagages chargés. Il donne ordre de saisir un passage à un moulin par des mousquetaires. Le sieur de Laborie, gentilhomme de ce païs, et capitaine fort zelé au service du roy, et dont la générosité ne peut estre assez louée, veut absolument y estre en personne, quoy qu'on s'y oppose, ne jugeant pas cet employ digne d'un homme de sa considération. Il y court cependant. Le sieur de Folleville fait donner les coureurs commandés par le sieur de la Richardière, capitaine dans Sauvebœuf, les fait soustenir par le régiment de Rouannez, fait donner le sien sur la droite pour couper les ennemis et laisse en corps les régimens de Sauvebœuf, de Villeneuve et de Rochefort, pour, en cas de besoin, s'opposer à ce qui pourroit arriver. D'abord les ennemis firent assez bonne mine : soixante maistres à cheval dans la place du bourg sembloyent en vouloir disputter l'entrée; mais ce ne fut qu'à coups de mousqueton; sitost qu'ils furent joints, ils furent rompus; le sieur Des Roches se sauva avec quelques-uns de ses compagnons; l'espaisseur d'un bois empescha qu'il ne feust coupé. Le comte de Chasteauneuf crut estre obligé de payer de sa personne; il tira son coup de mousqueton et ses deux pistolets. Il fut porté par terre de deux coups de pistolets et de mousqueton, et demeura devant la porte du chasteau. Le reste voyant leur chef par terre, fut en desroute, nos cavalliers vont au pillage, le bagage estant tout chargé, et de deux-cens cavalliers dont estoit composée nostre avantgarde, il n'en demeura pas cinquante qui feussent en estat de combattre, ayant chacun un cheval, ou un prisonnier. Il s'est trouvé bien quarante hommes tués sur la place d'abord; les paysans en ont assommé davantage, beaucoup en trouvent près de deux cents. Les prisonniers prennent presque tous party. Nous avons encore le sieur de Courveva, capitaine dans Mata, le sieur de Louis, lieutenant, et le sieur Chapitre, cornette, de la Vergne et le Cadet, cavalliers volontaires, prisonniers, et plus de cents cavalliers, ce qui nous fait voir qu'il ne sera pas aisé de remettre ces troupes en estat.

Baltasar, surpris des nouvelles que les fuyards luy rapportoient de cette défaite, envoye les mieux montés pour nous arrester en escarmouchant; cependant qu'il rallie tous ses quartiers de marche en diligence entre Grignols et St-Astier pour se saisir des passages et nous attaquer au défilé sur la retraite; le régiment de Rochefort et de Villeneuve qui se trouva estre à l'arrière-garde se virent à la teste pour la contremarche. Ils furent commandés de marcher au grand trot jusques à Grignols. Cependant notre arrière-garde marchoit toujours. Le sieur de Mitry, commandant le régiment de Rouannez, la faisoit et en respondit au sieur de Folleville qui se fortifie de trois officiers par régiment. Il y laisse encore M. le comte de Rochefort avec son régiment et s'en alla avec les compagnies franches fortiffier le corps qui devoit prendre le poste entre St-Astier et Grignols. Les ennemis faisoient grand bruit pour nous arrester; mais l'avant-garde s'estant mise en bataille dans la lande à une lieue deçà Grignols, et n'ayant rien veu, on ne doubta plus qu'ils ne marchassent par une autre route; le sieur de Folleville double sa marche, envoie faire sortir des mousquetaires de Grignols qui le receurent avec des cris d'aclamation de cet advantage. Comme il n'y avoit point de temps à perdre, il passe outre et se met en bataille à la veue de St-Astier; son avant-garde approche;

il passe la rivière sans que les ennemis parussent, fait repaistre sa cavallerie après avoir posé les gardes de l'infanterie au-gay. Les ennemis arivèrent une demie heure après, et voyant tous nos chevaux à la prairie creurent qu'une si grande traitte ou la bonne chère avoient assoupy nos cavalliers. Ils viennent à la vaultrait pour se jeter à l'eau. Ils furent receus d'un salut de mousquetades qui ne laissa pas retourner tous ceux qui estoient venus. Ils font mine de tenter le passage en plusieurs endroits ; mais en effet leur dessein ne fut que de dire qu'ils nous avoient suivis jusques-là. Cette bravoure ne fit rien changer du dessein du sieur de Folleville. A soleil couchant que ses troupes eurent eu loisir de repaistre, il remarcha en son quartier de la Tour Blanche où il est arivé le samedy au point du jour. Nous y avons perdu le chevallier de St-Clair, cornette, un lieutenant, pris prisonniers, et cinq cavalliers, tous du régiment de Folleville, qui poussant les ennemis vers Bergerac, se sont trouvés coupés dans les bois, et deux du régiment de Rouannez tués en la retraite. Les ennemis y ont perdu le comte de Chasteauneuf, vingt officiers, sur la place, et quelque soixante cavalliers ; les paysans en ont tué davantage dans leur desroute. Il y a bien encor cinquante prisonniers : le capitaine Lescarlatte et ses enfans, un lieutenant de Matta, deux volontaires. Cette action a rasseuré les esprits les plus ébranslés de ce pays, confirmé les biens intentionnés et estonné les plus enclins à la révolte, ce qui pourroit bien y causer un changement, dont le sieur de la Porte a esté envoié à la Cour pour en porter les nouvelles. Ce seroit desrober l'honneur, de céler les noms des gentilshommes volontaires de ce pays, que la générositté et le zèle au service du roy a fait venir en cette occasion : M. le vicomte de Riberac y a servy et de sa personne et de son crédit, il donna avec les coureurs et y fut blessé d'un coup de pistolet à la main ; Messieurs de la Rigalle, de Fontenille, de Foursac, de Laurière, de la Couture, des Rives, de Mirabel, de Laborie, de la Gobertie, de Grisignac, de Croignard, de Laporte et d'Argence, lequel a toujours assisté le sieur de Folleville de ses conseils et y a très-utilement servy. M. le comte de Rochefort, mestre de camp de cavallerie, de Mitry, commandant le régiment de Rouannez, ont grande part en cette action ; tous les officiers de Rouannez et particulièrement le sieur de Méru, lieutenant, les sieurs de Lacroix, Daty, et de Beaumont, de Genouille, commandant les escadrons de Folleville, de Rochefort et de Villeneuve, le sieur de la Touche, commandant les compagnies franches, comme le sieur de Maisonville, faisant la charge de major de cette brigade, y ont fait tout ce qu'il se peut espérer de gens d'honneur et y ont beaucoup acquis.

Sy la générositté du sieur de Folleville a paru en cette entreprise, sa vigilance à pourvoir à tout, sa diligence à l'exécuter et sa prudence à prévoir et donner ordre à sa retraite, ne doibvent pas moins estre considérées. Les ennemis nomment ce dessein une esfronterie de leur enlever tous leurs bagages et trois-cents chevaux au milieu de leurs quartiers et de faire dix lieues de retraite avec quatre-cents chevaux dont deux cents estoient chargés de butin, devant leurs troupes bien plus fortes.

NOTE CINQUIEME

Pour le ch. xxvii, p. 306 et suivantes.

Correspondance adressée de Bordeaux au cardinal Mazarin.

De Bordeaux, ce dix juin 1652.

Vous aurez sceu par ma précédente l'outrage fait à quatorze de Messieurs du parlement. Nous sommes à présent dans les désordres que j'ay toujours prévus. Dans l'assemblée qui se fit vendredy dernier par ceux de l'Ormière il fut résolu que l'on se saisiroit de l'hostel-de-ville et que l'on chasseroit absolument tous ceux qui ne voudroient pas signer ceste nouvelle union qui a esté arrestée dans leur dite assemblée; et comme il se rencontre que tous les plus considérables bourgeois n'ont point voulu signer cette union comme très préjudiciable à la magistrature, ils auroient arresté de les faire tous sortir. Sy bien que lesdits bourgeois en ayant esté advertis, ils se sont trouvés sur leurs gardes et ne se sont point trompés dans les avis qu'ils ont eus, puisque sur le soir, entre onze heures et minuit, quantité de ceux de l'Ormière se cantonnèrent en plusieurs endroits du Chapeau Rouge et furent chez deux des plus considérables bourgeois leur demander à faulcer où signer, et comme on leur dit qu'ils n'y estoient pas, ils commencerent à crier au Mazarin, qu'il leur falloit tout pillier et mettre leurs maisons à sac. Mais là ils ne trouvèrent pas leur compte, car desdites maisons et du corps de garde du Chapeau Rouge on tira sur eux de sy bonne sorte qu'on les obligea de se retirer après en avoir tué cinq ou six et sept ou huit blessez, dont il y a trois blessez à mort. Tout ce mattin l'Ormière a esté assemblée avecq résolution de se vanger. Le quartier du Chapeau Rouge se sont tous mis soubz les armes, bien résolus de faire main basse à tous ceux qui les viendroient attaquer. M. le prince de Conty et Madame de Longueville se sont promenez tout ce matin pour apaiser ces deux partis, et mesme ce prince a produit des lettres de Monsieur le prince, son frère, qui lui mandoit de faire cesser lesdites assemblées de l'Ormière, d'autant qu'elles portoient grand préjudice à ses affaires, et qu'il le prioit de tenir tous les corps bien unis. Mais j'ay peur qu'il n'aye monstré cette lettre trop tard et qu'il n'aye bien de la peine à esteindre ce feu qui est très ardemment enflammé. Ledit seigneur a obtenu tout ce qu'il a demandé de Messieurs du Chapeau Rouge, et d'abord qu'il leur a ordonné de se retirer, ils l'ont fait ; mais non pas ceux de l'Ormière qui sont accourus assemblés. On est dans l'appréhension d'un très grand désordre sy Dieu n'y met la main ; ces gens disent mesme que, s'ils ne sont les plus forts, ils appelleront M. d'Harcourt, lequel est sorty de Marmande et est allé à Aymet. On dit qu'il fait faire des instruments à Montauban pour couper leurs vignes. Je viens de sçavoir présentement que ceux de l'Ormière se sont saisis du chasteau du Hâ; mais que leur party s'affaiblit fort, ce qui fait voir qu'ils l'abandonneront d'eux-mesmes [1].

---

[1] Nous avons tiré cette lettre inédite des *Archives nationales*, Registre KK, 1219, p. 372.

Elle ne porte aucune signature, précaution prise par son auteur dans le cas où elle eût été interceptée; l'écriture, le messager ou un signe convenu faisaient évidemment connaître au cardinal Mazarin le nom de ce correspondant.

NOTE SIXIÈME.

Cette lettre se rapporte au chapitre xx du 2ᵉ volume dans le texte duquel nous l'insérerons dans l'hypothèse d'une seconde édition.

« Monsieur,

« Je viens de recevoir les ordres du Roy, lesquels j'exécuteray. Je ne sçaurois m'empescher de vous dire qu'un séjour des ennemis vers Guise ne veut guère signifier le siége de St-Quentin. On sçait à la cour le fort de l'armée du roy et celle des ennemis. Je ne peux point comprendre comme quoy une armée dont le Roy est si près n'est fortifiée autant qu'il se peut.

« C'est à nous à faire avec le nombre de gens que nous aurons ce qui se pourra ; vous sçaurez qu'il y a des forces si extraordinaires devant qui on n'ose pas se montrer. Il ne vous plaît pas de nous mander ce que devient M. de la Salle. Vous sçaurez qu'on a tousjours compté sur son corps de Picardie pour s'opposer à cette entrée des ennemis. Je suis de tout mon cœur...

« *Monsieur le mareschal d'Aumont en se tenant entre Compiègne et Senlis pourroit nous donner la main, s'il en estoit besoin ou retourner en arrière si les enne-*

mis n'avancent pas davantage en France, ce qui, Monsieur, n'est guère apparent...

« Vostre très-humble et très-affectionné serviteur,

« TURENNE. »

« Au camp de Neuf-Moulin, le 2 aoust 1652 [1]. »

[1] Lettre inédite adressée par le maréchal de Turenne à Le Tellier, tirée des *Archives du Ministère de la guerre*, vol. 134. Le maréchal, suivant un usage fréquent de sa correspondance, a intercallé de sa main entre le corps de la lettre et la formule finale le passage reproduit en lettres italiques. Le corps de la lettre est de la main d'un secrétaire.

APPRÉCIATIONS DIVERSES
SUR CES
SOUVENIRS DU RÈGNE DE LOUIS XIV.

Cet ouvrage, écrit sur des documents historiques inédits, la plupart ignorés des écrivains qui ont retracé la grande époque du dix-septième siècle, est un complément nouveau de l'histoire du règne de Louis XIV.

Lorsque le premier volume eut paru, l'auteur l'envoya à M. Sainte-Beuve qui, lors de l'apparition des Mémoires de Daniel de Cosnac, évêque et comte de Valence et de Die, puis archevêque d'Aix (1), publiés par le même auteur, s'était empressé d'être le premier à rendre compte, dans ses Lundis (2), d'une publication dont la curiosité publique était vivement occupée. L'auteur reçut du célèbre critique cette réponse à son envoi :

« Ce 9 juillet 1866.

« Monsieur le Comte,

« J'ai l'honneur de vous remercier du volume des *Souvenirs du règne de Louis XIV*, où je compte bien retrouver quelque chose de l'esprit et de l'originalité de celui qu'on appelait M. de Valence.

« Veuillez agréer l'expression de ma considération respectueuse,

« SAINTE-BEUVE. »

Les *Souvenirs du règne de Louis XIV*, dont le troisième volume vient d'être publié, ont déjà reçu du public instruit et de la presse l'accueil le plus flatteur. Parmi les Revues spéciales et les Journaux qui lui ont consacré leur attention, nous citons ceux qui suivent avec quelques fragments de leurs articles :

BIBLIOGRAPHIE CATHOLIQUE, 5 novembre 1866 :

..... Et pourquoi ce titre qui semble dire que M. de Cosnac a vu tout ce qu'il raconte ? La réponse est facile. Il a en effet vécu longtemps par la pensée dans l'entourage de Louis XIV ; il s'est mêlé aux principaux personnages de cette époque ; il a interrogé leurs *mémoires*, écouté leurs causeries de toute sorte, et, plein de ces souvenirs, il a voulu les verser dans un ouvrage de longue haleine.

..... M. de Cosnac décentralise, en quelque sorte, l'histoire de la Fronde ; il la considère surtout dans sa phase provinciale, et il donne, sur pièces authentiques, une version, à certains égards, neuve de la campagne du prince de Condé, etc.

..... Il a travaillé comme l'abeille, nous dit-il, et il craint de n'avoir pas préparé au lecteur un miel assez savoureux (p. XXIV); ce qui le rassure : « C'est d'avoir pu, avec la cire, composer un modeste flambeau pour éclairer surtout quelques parties du règne de Louis XIV laissées dans la pénombre par le brillant soleil dont ce monarque avait pris l'emblème. » Eût-on mieux dit à l'hôtel de Rambouillet ?   GEORGES GANDY.

REVUE DES QUESTIONS HISTORIQUES, 8 décembre 1866 :

Les *Souvenirs* ne sont pas des réminiscences puisées dans quelque auteur ignoré de l'époque du grand roi ; ce sont les résultats de recherches personnelles, de fouilles exécutées, avec une intelligence consciencieuse, dans les coins les moins explorés d'un illustre règne, à travers des documents souvent peu connus, souvent inédits.

(1) Mémoires de Daniel de Cosnac, archevêque d'Aix, conseiller du roi en ses conseils, commandeur de l'ordre du Saint-Esprit, publiés pour la Société de l'Histoire de France, par le comte Jules de Cosnac, 2 vol. in-8°. Renouard édit.
(2) Cette analyse a paru, en 1852, dans le journal le *Constitutionnel*, en une série de trois articles ; elle a été depuis réunie en volume avec d'autres œuvres de M. Sainte-Beuve.

Grâce surtout aux investigations heureuses qu'il a faites (l'auteur) dans les bibliothèques de Paris, aux Archives de l'Empire et aux Archives du ministère de la guerre, il a pu imprimer à son œuvre ce cachet d'originalité qui attire également les savants et la foule, etc.

V.

REVUE BIBLIOGRAPHIQUE ET LITTÉRAIRE, 12 décembre 1866 :

...... L'auteur, ce vaste et beau travail une fois accompli, pourra mieux que jamais s'appliquer l'antique et magnifique devise de sa famille :

« Neque auro, neque argento, sed honore »

T. DE L.

REVUE BIBLIOGRAPHIQUE UNIVERSELLE, mars 1868 :

« Le second volume des *Souvenirs du règne de Louis XIV* nous conduit jusqu'à la fin d'avril 1652, époque où le comte d'Harcourt, renonçant, soit à prendre, soit à gagner Bordeaux, se retira dans l'Entre-deux-Mers. M. de Cosnac a mêlé à ses attachants récits un grand nombre de documents, les uns peu connus, les autres entièrement inédits. Une des sources auxquelles il a puisé le plus est une *Relation de ce qui s'est passé en France depuis le 5 janvier* 1652 *jusqu'au 26 avril* 1653, manuscrit conservé à la Bibliothèque impériale, fonds de Sorbonne, n° 1257. De cette relation, très-détaillée et très-exacte, il a souvent rapproché le *Journal des guerres civiles*, par Dubuisson-Aubenay, un des plus précieux manuscrits de la bibliothèque Mazarine, déjà utilisé par M. Chéruel. Mais c'est surtout grâce aux Archives du Ministère de la guerre, que M. de Cosnac a enrichi son second volume, non moins que le premier, de pièces de la plus haute importance et qui, pour la plupart, n'avaient encore jamais vu le jour. Parmi les pièces, je citerai un traité entre le duc d'Orléans et le prince de Condé contre le cardinal Mazarin (24 janvier 1652), traité auquel, comme le savant auteur le remarque justement, l'histoire, faute de l'avoir suffisamment connu, n'a pas accordé toute l'attention qu'il méritait ; diverses lettres de Turenne, lettres qui, pour parler encore comme M. de Cosnac, « complètent les Mémoires du maréchal, que sa modestie a souvent rendus trop succincts. »...

PH. TAMIZEY DE LAROQUE.

MONITEUR UNIVERSEL DU SOIR; 22 décembre 1866 :

..... « Maintenant M. le comte de Cosnac, qui, en préparant une publication si remarquable (*Mémoires de Daniel Cosnac*), a vécu forcément dans le passé, pour ainsi dire, au milieu des gens et des choses, des affaires et des intrigues du dix-septième siècle, et qui a glané tous les épis laissés derrière eux par ses devanciers, nous donne sous le titre de *Souvenirs du règne de Louis XIV*, un premier volume d'études qu'on lit avec intérêt et qu'on pourra consulter avec fruit.... »

OCTAVE LACROIX.

Journal l'**UNION**; 21 et 22 février 1867 :

Souvenirs du règne de Louis XIV........, par mon contemporain et ancien collègue, le comte Jules de Cosnac. Je croyais vraiment qu'il n'y avait que le fameux comte de Saint-Germain qui eût eu le privilége de vivre ainsi à deux siècles en arrière.

Et pourtant ce livre n'est pas une fiction, et son titre n'est pas un trompe-l'œil. Voici comment :

M. de Cosnac s'est tenu, depuis plusieurs années, dans la familiarité très-étroite d'un sien grand-oncle, archevêque d'Aix, prélat de Cour et d'Église, orateur habile, homme d'État, fort mêlé aux affaires et homme du monde, sans cesser d'être un prêtre digne et pieux..., etc.

Que M. de Cosnac continue, et, sans perdre la place distinguée que lui réserve notre âge, il saura en avoir conquis une plus enviable parmi les comménsaux de l'hôtel de Conti, des palais des Etats de Provence et même du Versailles de Louis XIV.

HENRY DE RIANCEY.

Journal **LA FRANCE**; 26 août 1867 :

..... M. de Cosnac opère sur l'histoire de la Fronde un travail de décentraisation qui n'avait pas été fait avant lui. La Fronde de Paris avait absorbé toute l'attention ; il restitue à la Fronde des provinces l'importance réelle qui lui appartient, particulièrement à Bordeaux, en Guyenne et dans les provinces limitrophes.

..... Dans cette œuvre nous remarquons un rideau heureusement déchiré, qui voilait une campagne tout entière du Grand Condé, bonne fortune rare pour un historien que de pouvoir raconter une campagne pour ainsi dire inédite de l'illustre guerrier : sa campagne dans l'Aunis, le Poitou, la Saintonge et la haute Guyenne, en 1652. » RIGAUD.

JOURNAL DES VILLES ET DES CAMPAGNES; 6 septembre 1867 :

« M. le comte de Cosnac appartient à cette noble élite de propriétaires qui, fixés dans leurs châteaux la plus grande partie de l'année, ont su se faire une existence honorable et désirable entre toutes par le seul accomplissement de la tâche naturellement dévolue au nom, à la propriété, à la fortune. Les concours agricoles de la Corrèze le comptent parmi leurs lauréats.....

« Il s'était toujours senti pour l'histoire un goût très-vif, et ce goût avait naturellement dû se porter de préférence sur le dix-septième siècle. Il y avait pour lui un héritage de famille, un patrimoine à cultiver.

. . . .

« Nous aurons l'occasion de revenir sur l'ouvrage de M. de Cosnac. Le premier volume en fera vivement désirer la suite : c'est un livre instructif et des plus agréables... Les érudits même et les curieux le consulteront avec fruit. Ils y rencontreront plus d'un document rare ou inédit, attestant de sérieuses recherches. » J. MONGIN.

MONITEUR UNIVERSEL; 3 avril 1868 :

« Sous ce titre : *Souvenirs du règne de Louis XIV*, M. le comte Jules de Cosnac a écrit une histoire de la minorité du règne du grand roi, qui doit se continuer fort avant dans cette longue royauté, si elle n'arrive pas jusqu'à ses dernières années...

« Vous souvenez-vous du succès obtenu, il y a tantôt quinze ans, par ces Mémoires précieux de Daniel de Cosnac, l'évêque de Valence et de Die, l'aumônier du duc d'Orléans, le confident d'Henriette d'Angleterre ? Ils éclairent d'un jour plus lumineux et plus vrai cette grande époque. En les publiant, M. de Cosnac, qui rendait un signalé service aux recherches historiques, n'avait pas tout donné ....

« L'ouvrage (*les Souvenirs du règne de Louis XIV*) est arrivé à son deuxième volume.

« Nous aurons un jour l'occasion de le reprendre dans son ensemble et d'en dégager la pensée et le talent de l'historien ; nous nous bornons à l'annoncer aujourd'hui, où il n'a pas dit son dernier mot, en applaudissant à l'élévation de ses tendances et de ses jugements, et en signalant une de ses pages sur une question tant de fois débattue, celle de cette Fronde accusée d'inconséquence et de légèreté. » (Suit une citation de la page 12 de l'*Introduction* qui commence ainsi : « Il a manqué à la Fronde une direction, il lui a manqué un homme. Si, etc... ») HENRI LAVOIX.

Journal le **PAYS**; 21 avril 1868 :

« .... M. le comte de Cosnac a conquis, à son œuvre, d'illustres collaborateurs : Louis XIV, le cardinal Mazarin, le grand Condé, le maréchal de Turenne, le célèbre comte d'Harcourt, le maréchal de l'Hôpital, gouverneur de Paris, le marquis de Montausier, gouverneur d'Angoulême, l'époux de la *belle Julie*; le duc de Rohan, le marquis du Plessis-Bellière, le marquis de Praslin, le fameux duc d'Elbeuf, la duchesse d'Aiguillon, et d'autres encore lui ont fourni leurs correspondances inédites, leurs négociations, leurs rapports militaires ; enfin, un heureux rapprochement entre les Mémoires de l'empereur Napoléon et ceux du maréchal de Turenne établit, pour le combat de Bléneau et pour celui du faubourg Saint-Antoine, une appréciation des épisodes de ces combats plus exacte qu'on ne l'avait faite jusqu'ici..... »   C.-D. CAZEAUX.

Le journal LE SPORT, 10 mai 1368 :

« Un membre de nos clubs les plus élégants, un membre du Jockey-Club, vient de nous apporter une preuve de plus à la thèse que nous soutenons souvent que le grand monde se mêle de plus en plus au mouvement qui entraine toutes les intelligences vers les questions d'art, de littérature, d'histoire, d'agriculture avec toutes ses branches, d'économie sociale, en un mot vers toutes les questions utiles.....

« Les *Souvenirs du règne de Louis XIV* complètent les *Mémoires de Daniel de Cosnac*, le spirituel évêque de Valence et de Die, le premier aumônier du duc d'Orléans, frère de Louis XIV ; le confident d'Henriette d'Angleterre, l'archevêque d'Aix, le commandeur de l'Ordre du Saint-Esprit, le président des Etats de Provence, rival des Grignan, dont madame de Sévigné écrivait à sa fille :

« L'archevêque a de grandes pensées, mais plus il est vif, plus il faut approcher de lui comme des chevaux qui ruent, et surtout ne rien garder sur votre cœur. » ....

« Signalons encore le récit de l'énergique conduite de Clémence de Maillé, princesse de Condé, reçue avec une royale magnificence par le duc de Bouillon au château de Turenne, et deux autres figures de femmes qui se détachent sur ce fond de tableau de nos guerres civiles avec leurs caractères si opposés dont le livre fait ressortir les contrastes : la duchesse de Longueville et Mademoiselle de Montpensier, dite la *Grande Demoiselle*............. »   N. S. L.

Journal le CORRÉZIEN ; 27 septembre 1868 :

« M. l'abbé Dubreuil terminait ainsi une analyse des *Souvenirs du règne de Louis XIV :* « Aussi cet ouvrage est-il sûr de remporter tous les suffrages. Nous ne saurions donc mieux finir qu'en lui appliquant cette parole du poëte latin :

« *Omne tulit punctum qui miscuit utile dulci.* »

A. G.

« Le troisième volume, qui vient de paraitre, est riche, comme les volumes qui l'ont précédé, de documents inédits ; il ouvre sur l'époque de la Fronde trois nouveaux aperçus :

« Le premier, relatif à une tentative très-sérieuse de la noblesse de province et plus particulièrement de la noblesse de Poitou, plus ou moins appuyée par le clergé et le tiers-état, pour donner à la Fronde un dénouement pacifique et logique par l'établissement régulier d'institutions représentatives. La nomenclature des gentilshommes qui prirent l'initiative de cet effort ou qui lui donnèrent leur adhésion, est une des curiosités des documents produits.

« Le second se développe par les détails les plus circonstanciés sur les troubles de la ville de Bordeaux, et sur une faction populaire intitulée l'*Ormée*, qui pillait et dressait des listes de proscriptions. Ces précurseurs des bandits de la Commune de Paris avaient, comme eux, formé le dessein de brûler leur propre ville ; heureusement pour Bordeaux l'usage du pétrole n'était pas encore inventé.

« Le troisième est un exposé sur pièces, la plupart inédites, de l'intéressante affaire de Brisach et des opérations de la guerre en Guyenne, en Saintonge, en Poitou, en Périgord : les succès de Folleville, la défaite du marquis de Montausier, par le fameux colonel Balthazar ; les péripéties du siège de Villeneuve-d'Agen ; la disparition inopinée du comte d'Harcourt du milieu de son armée.

« Cet ouvrage sera divisé en deux parties :

« La première, dont trois volumes ont paru, s'arrêtera à la paix de Bordeaux (1653), qui termina la Fronde, et formera un tout complet en cinq volumes.

« La seconde partie ne sera publiée qu'après un intervalle considérable nécessité par la préparation du long travail entrepris par l'auteur. »

FIN DU TROISIÈME VOLUME.

TABLE DES MATIÈRES
DU TROISIÈME VOLUME.

CHAPITRE XXIII.

A qui appartient l'initiative pour une réforme représentative de la France? — Une nation garde pendant toute sa durée les principes de la constitution de son enfance. — Coup d'œil rétrospectif sur les anciennes assemblées représentatives. — Marche suivie par la royauté pour abattre la féodalité. — Effets politiques du contact du peuple franc avec le peuple gaulois. — Différences entre les assemblées de la nation sous les trois races de ses rois. — Esprit libéral apporté par la noblesse dans les assemblées des états généraux. — Époque où l'initiative du tiers état commence à se manifester. — Cahiers des assemblées à diverses époques. — Première apparition de l'antagonisme de la bourgeoisie contre la noblesse; ses causes. — La division considérable déjà de la propriété en France étonne les étrangers. — Condition des paysans. — La dîme, les droits de lods et ventes, les rentes foncières inaliénables, la corvée, la milice, la taille. — Situation nouvelle faite à la noblesse. — Divisions entre la noblesse et le tiers état aux états généraux de 1614. — Programme politique comparé de la noblesse et de la bourgeoisie. — Le terrain politique admirablement préparé en 1652 pour une réforme représentative. — Désordres de la soldatesque. — Lettre inédite du 9 mai 1652 du baron de Courtalain-Montmorency, victime, avec sa famille, de ces odieux excès. — Mouvement général de la noblesse pour une réforme représentative. — Ce mouvement s'accentue plus particulièrement dans le Poitou. — Poursuites contre le marquis de la Roche-Posay. — Lettre inédite du marquis de Paulmy, du 17 avril 1652. — Lettre inédite, du 3 mai 1652, du marquis d'Aumont, gouverneur de Touraine. — Curieuse lettre inédite, du 5 mai 1652, de Mme de Rochefort. — Qui peut être cette Mme de Rochefort, gouvernante de la ville et du château de Lusignan? — Lettre inédite, du 9 mai 1652, du marquis de la Roche-Posay. — Faculté sans limites d'un favori de la cour de persécuter ses ennemis. — Autre lettre inédite, du 11 mai 1652, du marquis de la Roche-Posay. — Prise et destruction des fortifications de ses châteaux. — Quel personnage était le duc de Roannès, gouverneur du Poitou? — Dépêche du roi, du 21 mai 1652, pour lui donner des ordres après le fait accompli. — Lettre inédite, du 22 mai 1652, du marquis d'Aumont. — Attitude de la noblesse ducale dans le mouvement représentatif. — Plan de la noblesse, dans sa campagne représentative. — Lettre circulaire, du 16 mai 1652, adressée à la noblesse. — Acte d'union de la noblesse. — Acte d'union du tiers état. — Lettre circulaire du tiers état. — Analyse comparée des actes d'union. — Acte particulier d'union de la noblesse du duché de Châtellerault, avec les signatures des adhérents, du 15 juin 1652. — Dépêche inédite du roi aux gouverneurs des provinces pour empêcher les assemblées de la noblesse, du 24 mai 1652. — Analyse de cet acte. — Instruction royale inédite à un commissaire envoyé en Poitou, du 20 juin 1652. — Analyse de cette instruction. — Le duc de la Trémoille égaré dans le parti représentatif. — Autres désordres commis par les troupes royales, révélés par une lettre inédite, du 7 juillet 1652, de M. de Montagu. — Dernière assemblée de la noblesse à Coulonges-les-Royaux. — Lettre inédite, du 9 juillet 1652, du maire de la ville de Poitiers. — Quel fut le véritable esprit de la Fronde?.................... Pag. 1

CHAPITRE XXIV.

Coup d'œil rétrospectif sur l'histoire de la ville de Bordeaux. — Importance de cette ville sous la domination romaine. — Les ducs d'Aquitaine au moyen âge. — La Guyenne passe sous la domination de l'Angleterre par suite du mariage d'Éléonore d'Aquitaine avec Henri Plantagenet. — Alternatives de la possession française et de la possession anglaise. — Libertés municipales développées sous ces deux dominations. — Établissement du parlement sous Charles VII. — Construction des châteaux Trompette et du Hâ. — Influence originelle de la domination anglaise sur l'esprit de la Fronde à Bordeaux. — Troubles de cette ville à diverses époques. — Les trois partis de la Fronde à Bordeaux : la grande Fronde, la petite Fronde et l'Ormée. — Origine et caractères de chacun de ces trois partis. — Suppression des Archives de Bordeaux pour toute la période historique correspondant à la Fronde. — La terreur règne dans Bordeaux ; extrait de la Gazette. — Tentative infructueuse de la cour pour transférer à Limoges le parlement de Bordeaux. — Lettre inédite de refus du conseiller du Burg, chargé de cette mission, au cardinal Mazarin. — Nombreux excès de l'Ormée. — Le parlement de Bordeaux supprimé et rétabli. — Nouvelles proscriptions. — La présence à Bordeaux de la princesse de Condé, de la duchesse de Longueville, du prince de Conti, met en contact les éléments les plus opposés. — Les forces navales de l'Espagne réunies à Bourg. — Commerce naval de Bordeaux inquiété. — Expédition projetée par la flotte espagnole. — Le prince de Conti court risque d'être écrasé dans sa maison. — L'espionnage dans les deux partis. — Habileté en ce genre de l'abbé Baron et de sa famille découverte par le marquis du Plessis-Bellière. — Commencement de l'influence de Daniel de Cosnac sur le prince de Conti. — Les intrigues galantes autour de la personne de la duchesse de Longueville ; le duc de la Rochefoucauld, le marquis de Sarsay, le prince de Conti. — Placard injurieux affiché dans Bordeaux contre l'honneur de la princesse et de son frère. — Vers adressés par Sarrazin à la duchesse de Longueville. — Chagrins de la princesse. — Ses tardives aspirations pour la paix. — Curieux fragments d'une lettre inédite à ce sujet. . . Pag. 138

CHAPITRE XXV.

La cavalerie du comte d'Harcourt placée en quartiers dans un vaste quadrilatère. — Motif de l'inaction de ce général. — Son ambition d'être nommé maréchal de camp général et même connétable. — Sa pauvreté; il veut marchander à la cour le prix de ses services. — Le gouvernement de Brisach lui a été refusé après la mort du comte d'Erlach. — Ce gouvernement est donné au marquis de Tilladet, beau-frère de Le Tellier. — Tilladet forcé d'abandonner son gouvernement. — La maréchale de Guébriant sollicite ce gouvernement pour son neveu le marquis de Vardes et même pour elle. — Singulier caractère de la maréchale de Guébriant. — Piége sentimental dans lequel elle fait tomber Charlevoix, lieutenant-gouverneur de Brisach. — Elle l'envoie prisonnier à Philippsbourg. — Elle prend possession de Brisach et est obligée de se dérober par la fuite aux suites de l'indignation de la garnison. — Le comte d'Harcourt, devenu maître de la personne de Charlevoix par sa qualité de gouverneur de Philippsbourg, songe à tirer parti de cette circonstance pour parvenir à ses fins relativement au gouvernement de Brisach. — Lettre inédite du comte d'Harcourt au cardinal Mazarin, 8 avril. — Fragment inédit d'une autre lettre, 15 avril. — Désir du comte d'Harcourt de se rendre à la cour pour traiter lui-même ses affaires. — Fragment inédit d'une lettre de M. de Pontac au cardinal Mazarin, 16 avril. — Prétention du comte d'Harcourt d'obtenir le gouvernement de Guyenne. — Deux lettres inédites du roi écrites le même jour, 21 avril, à la maréchale de Guébriant. — But des prescriptions différentes contenues dans ces deux lettres. — Identité du marquis de Vardes et du comte de Moret. — Lettre inédite de M. de Pontac au cardinal Mazarin, 29 avril. — Lettre inédite du comte d'Harcourt à Le Tellier, 30 avril. — Le comte construit un pont à Marmande sur la Garonne pour faire passer sa cavalerie, et occupe son infanterie aux siéges de Nérac et de Castel-Jaloux. — Lettre inédite du comte d'Harcourt au cardinal Mazarin, 30 avril. — Nouvelle phase de l'affaire de Brisach. — Opérations préliminaires du marquis du Plessis-Bellière dans l'Aunis et dans les îles pour arriver à entreprendre le siége de Brouage. — Rapport et lettre inédite de M. du Plessis-Bellière à Le Tellier, daté du même jour 4 mai. — Contraste entre la ville de Toulouse favorable à la Fronde et les protestants de la ville de Montauban dévoués à la cause royale: — Lettre inédite du marquis de Saint-Luc à Le Tellier, 4 mai. — Fragment inédit d'une lettre de M. de Tracy au cardinal Mazarin, 7 mai. — Lettre inédite du comte d'Harcourt à Le Tellier, 9 mai. — Charlevoix, rendu par ruse à la liberté, met la place de Brisach à la disposition du comte d'Harcourt. — Lettre inédite du comte d'Harcourt au cardinal Mazarin, 9 mai. — Manifeste de Charlevoix après son retour dans Brisach, 20 mai. — Le ton des lettres du comte d'Harcourt devient plus impératif. — Lettre inédite du comte d'Harcourt à Le Tellier, 24 mai. — La cour veut diminuer de six régiments de cavalerie l'effectif de l'armée de Guyenne. — Difficultés à ce sujet, insubordination des troupes mal payées; autres affaires. — Lettre inédite du comte d'Harcourt à Le Tellier, 28 mai. — Délibération du conseil de guerre de l'armée de Guyenne. — Situation générale. — Bruit de l'ordre donné par la cour de l'arrestation du comte d'Harcourt. — Lettre inédite de Sainte-Colombe-Marin à Le Tellier, 27 mai. — L'inaction du comte d'Harcourt paraît avoir pour motif le soin de ses intérêts particuliers, bien plus que la situation des forces qu'il commande.. Pag. 190

CHAPITRE XXVI.

La défaite du régiment de Saint-Abre engage le chevalier de Folleville à tenter une expédition en Périgord. — Il surprend et disperse les débris des régiments de Nemours et de Matha. — Il opère sa jonction avec divers chefs du parti royal. — Les chefs du parti des princes manœuvrent pour le cerner. — Folleville défait à Montclar les troupes commandées par Fabri et par le comte de Châteauneuf. — Le colonel Balthazar accourt pour couper la retraite au vainqueur. — Sa marche est retardée par un chef de partisans, Laborie, embusqué dans une ferrière. — Ce retard donne à Folleville le temps de se mettre à couvert derrière la rivière de l'Isle. — Folleville envoie à la cour un rapport sur son heureuse expédition. — Allégation de Balthazar contre l'honneur de Folleville. — Nouveau succès de Folleville à Montguyon contre le comte de Maure fait prisonnier avec le comte de Chastelux. — Trois lettres inédites de Folleville sur son succès adressées au roi, à la reine, à Le Tellier. — Le Tellier a gardé les deux premières lettres. — Lettre inédite du marquis de Montausier à Le Tellier sur le succès de Montguyon et sur sa désapprobation du siége de Brouage. — Fragment d'une lettre du prince de Condé au sujet de l'intérêt qu'il porte aux officiers de son parti faits prisonniers à Montguyon. — Qu'est-il advenu des récompenses sollicitées par Folleville? — Le marquis de Montausier va joindre le chevalier de Folleville dans l'espoir d'anéantir la Fronde en Périgord. — Composition de son petit corps d'armée. — Il se propose en premier lieu de faire lever les siéges des châteaux de Grignols et de Montançais entrepris par les troupes du colonel Balthazar. — Le colonel Balthazar s'avance à Montançais au-devant du marquis de Montausier. — Les deux partis occupant chacun une rive opposée de la rivière de l'Isle engagent une fusillade jusqu'à la nuit. — Le marquis de Montausier ravitaille dans la nuit le château de Montançais. — Le lendemain, 17 juin, se livre le combat de Montançais. — Héroïque conduite du marquis de Montausier. — Défaite de ses troupes par le colonel Balthazar. — Conduite équivoque du chevalier de Folleville dans cette journée. — Longue maladie du marquis de Montausier. — Voyage à la cour de la marquise de Montausier. — Ingratitude du cardinal Mazarin. — Fragment d'une lettre du prince de Condé au conseiller Lenet à l'occasion de l'affaire de Montançais. — Soumission du Périgord au parti des princes. — Le chevalier de Folleville s'empare d'un brigand surnommé le petit Balthazar. — Lettre inédite du chevalier à Le Tellier à l'occasion de cette capture. Pag. 264

CHAPITRE XXVII.

Le comte d'Harcourt modifie son attitude expectante. — Politique de bascule des princes entre les différents partis qui divisent la ville de Bordeaux. — Le parlement de cette ville reprend courage. — Nouvelles exigences de l'Ormée sous l'inspiration de ses chefs, Dureteste et Vilars. — L'Ormée proclame l'*Union*. — Nouvelle liste d'exilés mise en délibération. — Les deux Frondes du parlement se coalisent contre le péril commun. — Une assemblée générale à l'Hôtel de ville est résolue. — Lettre du prince de Condé à Vilars remise à celui-ci après avoir été modifiée. — Fureur de l'Ormée. — Le parti de l'ordre suppute et organise ses forces dans une réunion chez le prince de Conti. — A la nuit les deux partis sont en armes. — Agression de l'Ormée contre le quartier du Chapeau-Rouge. — Elle est repoussée. — Le prince de Conti et les princesses parcourent la ville pour rétablir le calme. — L'Ormée, à l'occasion de l'enterrement de ses morts, veut réveiller les fureurs populaires. — La ferme attitude de la bourgeoisie oblige l'Ormée à baisser la tête. — Joie du parlement; il rend divers arrêts et rappelle les exilés. — Rentrée triomphante des exilés. — L'Ormée, trop abaissée dans l'intérêt de la politique des princes, se redresse avec leur connivence secrète. — Passage d'une lettre du prince de Condé mettant à nu cette politique. — Sédition dans l'armée des princes contre l'autorité du comte de Marsin. — Ce général accourt de Bordeaux à son armée. — Il frappe un officier. — Refus d'obéissance de toute l'armée à son général. — La présence du prince de Conti devient indispensable. — Daniel de Cosnac obtient avec quelque peine de ce prince qu'il se rende à l'armée. — Ce prince ramène les troupes à l'obéissance en éloignant momentanément le comte de Marsin. — Passage d'une lettre du prince de Condé prouvant que Marsin lui a dissimulé la vérité de la situation. — Expédition du prince de Conti en Périgord. — Lettre inédite du prince de Conti à Lenet pour le paiement des troupes. — Lenet, restant à Bordeaux le seul chef important, travaille à cimenter l'*Union*. — Ses prodigalités calculées pour les maisons religieuses et pour les pauvres. — Ses plaintes du détournement des subsides de l'Espagne. — Lettre inédite de Lenet au prince de Condé, du 20 juin 1652. — Les feux de la Saint-Jean. — Les illusions de Lenet promptement dissipées. — Terrible lutte entre les bourgeois du Chapeau-Rouge et l'Ormée. — Lettre inédite de Lenet au prince de Condé, du 24 juin 1652.—Autres lettres inédites du même au même des 24, 25, 26, 27 juin 1652. — Réflexions sur la politique du prince de Condé, sur la situation des affaires à Bordeaux, sur le rôle conciliateur du prince de Conti........ Pag. 306

CHAPITRE XXVIII.

Commencement du siége de Villeneuve d'Agen. — Le marquis de Théobon, gouverneur de la place. — Le comte d'Harcourt met obstacle à l'exécution des ordres de la cour rappelant plusieurs régiments. — Lettre du comte d'Harcourt au cardinal Mazarin, 22 juin 1652. — Congé accordé au comte d'Harcourt dont il refuse de profiter avant la prise de Villeneuve. — Autre lettre du comte d'Harcourt au cardinal Mazarin, 22 juin 1652. — La comtesse d'Harcourt se rend à Brisack après avoir obvié par un emprunt à ses embarras d'argent. — Lettre du marquis de Saint-Luc au cardinal Mazarin, 28 juin 1652. — Fragment d'une lettre de M. de Pontac. — Le lieutenant colonel du régiment de Charlevoix au camp de Villeneuve. — Lettre de Piloys au cardinal Mazarin, 5 juillet 1652. — Lettre de remercîment du comte d'Harcourt au cardinal Mazarin à l'occasion de quelques faveurs, 6 juillet 1652. —. Fragment d'une lettre du marquis de Bougy au cardinal Mazarin, 14 juillet 1652. — Nécessité de céder aux prétentions du comte d'Harcourt ou imminence d'une rupture. — Violence de caractère du colonel Balthazar. — Il tente inutilement avec le marquis de Montpouillan de secourir Villeneuve. — Brillante sortie des assiégés, défaite du régiment de Champagne, perte de son prestige. — Fragment d'une lettre du chevalier de Créqui au cardinal Mazarin, 6 juillet 1652. — Espérance fondée par les assiégeants sur le succès d'une mine. — Déception. — Lettre de Langey à Le Tellier, 14 juillet 1652. — Construction par les assiégeants d'une galerie couverte. — Lettre de M. de Pontac à Le Tellier, 15 juillet 1652. — Un débordement du Lot oblige à lever le siège. — Lettre du marquis de Saint-Luc au cardinal Mazarin signalant les fautes qui paralysent les armes du roi, 24 juillet 1652. — Reprise du siège, il est converti en blocus. — Lettre de Sainte-Colombe-Marin à Le Tellier pour demander le gouvernement de la place, 30 juillet 1652. — Un parti de cavalerie de l'armée des princes franchit le Lot à un passage mal gardé par le chevalier de Vivens. — Il secourt la place en traversant à force ouverte le quartier du marquis de Saint-Luc. — Sorties des assiégés. — Levée du siége le 8 août 1652. — Lettre du chevalier de Créqui à Le Tellier annonçant cette nouvelle. — Retraite du comte d'Harcourt au camp de Montflanquin. — Lettre du marquis de Saint-Luc au cardinal Mazarin, 10 août 1652, accompagnée de deux lettres du chevalier de Vivens qu'il envoie pour se justifier. — Disparition du comte d'Harcourt. — Sa lettre au comte de Vaillac, 14 août 1652. — Lettre du marquis de Saint-Luc au cardinal Mazarin, 16 août 1652, appréciant les conséquences de ce départ. — Le comte d'Harcourt dirige secrètement ses pas sur Brisack. — Lettre du roi à Charlevoix lui défendant de recevoir ni de reconnaître personne dans Brisack sans son ordre, 16 août 1652. — Ordre d'arrestation du comte délivré à Malleville, enseigne des gardes du corps, 24 août 1652. — Le comte d'Harcourt arrive à Brisack sans être atteint. — Appréciation des motifs de l'étrange conduite du comte d'Harcourt. — Lorsque la Fronde eut pris fin, le comte d'Harcourt reçut, en échange de Brisack, le gouvernement d'Anjou. — Le chevalier d'Aubeterre et la Bérurie envoyés à la cour. — Lettre du chevalier d'Aubeterre à Le Tellier, 21 août 1652. Lettre du marquis de Bougy à Le Tellier, 24 août 1652. — Situation favorable du parti des princes dans la Guyenne . . . . Pag. 369

APPENDICE.

NOTE PREMIÈRE.

Traité de Monseigneur le prince avec le roy d'Espagne. Pag. 425

NOTE DEUXIÈME.

L'Évangéliste de la Guyenne, ov la descouuerte des Intrigues de la Petite Fronde, dans les negotiations et les mouuemens de cette prouince, depuis la detention de Messieurs les Princes iusqu'à present. — A Paris, de l'imprimerie de la Veufue I. Gvillemot, ruë des Marmouzets, proche l'Église de la Magdeleine. M. DC. LII. . . . . Pag. 451

NOTE TROISIÈME.

Nouvelles envoyées par Blaye, le 3 mai 1652. . . . . Pag. 475

NOTE QUATRIÈME.

Nouvelles de l'armée de M. de Folleville, du mois de mai 1652.
Pag. 481

NOTE CINQUIÈME.

Correspondance adressée de Bordeaux au cardinal Mazarin.
Pag. 488

NOTE SIXIÈME.

Cette lettre se rapporte au chapitre xx du 2e volume dans le texte duquel nous l'insérerons dans l'hypothèse d'une seconde édition . . . . Pag. 493

Appréciations diverses sur les Souvenirs du règne de Louis XIV.
Pag. 495

FIN DE LA TABLE DES MATIÈRES DU TROISIÈME VOLUME.

ERRATA.

Tome I, page 433, ligne 14; *au lieu de* villes; *lisez* rives.

Tome II, page 367, ligne 1 et la note 2; *au lieu de* Saint-Sornin; *lisez* : Saint-Surin. Ce n'est pas de Saint-Sornin-de-Marennes dont il s'agit, mais de Saint-Surin, sur la Gironde.

— page 447, ligne 7; *au lieu de* p. 256; *lisez* p. 356.

Tome III, page 32, ligne 15; après le mot *étranger* manque le signe [2] pour indiquer le renvoi.

— page 66, ligne 2, le mot *une*, qui a disparu dans le tirage, doit être rétabli.

— page 138, ligne 24; *au lieu de* en présence; *lisez* contact.

www.ingramcontent.com/pod-product-compliance
Lightning Source LLC
Chambersburg PA
CBHW051132230426
43670CB00007B/781